唯信鈔文意講義

幡谷明
講話集 3

法藏館

唯信鈔文意講義＊目次

凡例

一、本書の編纂にあたっては、できるだけ読みやすいものにすることを第一の方針とした。

一、読みやすさの観点から、引用においては可能な限り、歴史的仮名遣いをさけ、片仮名書きを平仮名にし、原漢文は書き下し文にあらためた。

一、文中の漢字は、一部の人名等の固有名詞をのぞき、原則として旧字は新字にあらためた。

一、人権の視点から配慮すべき表現は、原意を損なわない限りあらためた。

一、本文中の丸括弧（ ）は、編者の補いや註記を示す。

一、本文中に引用される文献で、『真宗聖典』初版（東本願寺出版）にあるものは、これによった。

一、本文中に引用される文献で、『真宗聖教全書』（大八木興文堂）にあるものは、これによった。

一、引用文献は以下のように略記した。

『真宗聖典』初版（東本願寺出版）…………『聖典』
『真宗聖教全書』（大八木興文堂）…………『真聖全』
『定本親鸞聖人全集』（法藏館）……………『定親全』

唯信鈔文意講義

第一章 『唯信鈔』と『唯信鈔文意』

第一節 『唯信鈔文意』を読む

昨年（一九九〇年）のことになりますが、お寺の将来を託した一人娘が、白血病のため三十代半ばで一歳の孫を遺して急逝しました。そのショックがあまりにも大きかったために、精神的に不安定な状態になり、昨年と今年の二年間は本すらも読めない、原稿も書けない空虚な日々が続きました。また、大谷大学でお世話になるのも残り二年間となり、これまで『顕浄土真実教行証文類』（以下『教行信証』と略称）を中心にして、曇鸞大師（四七六～五四二）の『無量寿経優婆提舎願生偈註』（以下『浄土論註』と略称）を学んできたのですが、大学における最後の仕事として、できるならば親鸞聖人（一一七三～一二六二）の晩年の著述について、自分なりの領解をまとめたいと思うようになってきました。またそれは、母親が亡くなりますときに、「お前は間違って学問したから、自分が分からない人間になってしまった。だから学校を辞めて、そしてご門徒の方々から活きた教えの聞ける身になりなさい」と母親が言い残してくれたということがこころの片隅に残っているからでもあります。

親鸞聖人の晩年、七十八歳の時にお書きになった『唯信鈔文意』をはじめとして、八十歳を過ぎてから執筆されました『尊号真像銘文』『浄土三経往生文類』『一念多念文意』『御消息』といった書物は、すべて田舎の文字も知らない、愚痴極まりなき人びとに分かって欲しいという尊い思いのなかで書き残してくださったお書物です。その親鸞聖人のおこころを、田舎の文字も知らない人びとへ、いのちのある限り伝え残していかなくてはならないという思いに少しでも触れさせていただきたい。そして自分自身が文字を知っていながら、まったく文字のこころをいただいていないということもあり、このたび『唯信鈔文意』をテキストとして選ばせていただいたわけです。

それから、いま安居の講本の準備をしている段階ですが、いろいろなことに気づきました。ご存知のように親鸞八十五歳の時に、我が子善鸞（生没年不明）を義絶しなくてはならない事件がおこります。その前年の八十四歳の時に、略本の『浄土三経往生文類』を書かれました。そして八十五歳の善鸞事件を経て、翌年八十六歳の時に、広本が書かれています。これは親鸞の最晩年です。そして善鸞事件を境として、聖徳太子（五七四〜六二二）と法然上人（一一三三〜一二一二）に関する書物を著したり、写しておられます。我が子善鸞を義絶するという傷ましいできごとがおこりましたが、これはほかならない仏法を守るために、親子の縁を断ち切ったのです。それ以後の親鸞は、『和讃』や聖徳太子に関するもの、それから『選択本願念仏集』（以下『選択集』と略称）の述べ書きの書写や『西方指南抄』などを書いていかれます。これは何を物語るのかということです。

親鸞は二十九歳の時、二十年間修行した比叡山を下りて、東山の吉水に法然を訪ねます。そのときに、聖徳太子によって建てられたと伝えられる六角堂に百箇日の参籠を経て、百箇日目に東山の法然のもとを訪ねて、ついに念仏の教えに帰していかれます。それから、約五十五年の歳月が流れているのですが、親鸞にとりましては、歳をとればとるほどよりはっきり見えてきたのが、二十九歳の時に聖徳太子の導きによって、よき人法然上人に出遇うことができた、念仏者として生まれ変わったという、最初の出遇いです。自分が最初によき人との出遇いにおいて念仏者となった、その決定的なできごとに帰っていかれるわけです。

みなさんはこれまで何十年間、仏法を聞いてこられたか分かりませんが、そこのところでいつも問われるのは、私はあのときのご縁をいただいて仏法に出遇うことができたという、そこにいつも帰る原点というものがあります。親鸞は、いつもその原点に帰りながら自分を確かめて聞法し、往生を遂げていった人です。それが晩年において非常に明確になっていく。それは同時に愚者に還るということです。還愚の道です。頭の上げようのない我が身に還ることにおいていよいよ明確になってくるのは、「浄土宗のひとは愚者になりて往生す」(『聖典』六〇三頁)という、愚かな身に還りて救われるということ。賢くなって救われるのではないのです。いよいよ愚者に還る。そういうことを通して、よき人法然に出遇ったということ、それは聖徳太子の導きによるということが歳とともに明らかになっていったことが注意されます。私自身もあとどれだけのいのちをいただくのか分からないけれども、残りの一生というのは愚に還っていくことだと、それが法然上人の教えであるし、親鸞聖人の歩んでいかれた道です。親鸞の教えを聞いて生きる私どもの歩んでいく道であるということを、この頃痛感いたします。

それともうひとつ注意されますことは、親鸞が書き残した最後の書物は、八十八歳の時の『弥陀如来名号徳』(『定親全』三、和文篇、二二五頁)です。『仏説無量寿経』(以下『大経』と略称)に説かれた十二光仏、阿弥陀如来の十二の光の徳について説明を加えられた書物を書いておられます。そしてその同じ年に、唯信坊（生没年不明）宛の手紙が残っています。

ひとびとのおおせられてそうろう十二光仏の御ことのよう、かきしるしてくだしまいらせそうろう。くわしくかきまいらせそうろうべきようもそうらわず。おろおろかきしるしてそうろう。詮ずるところは、無碍光仏ともうしまいらせそうろうことを本とせさせたまうべくそうろう。無碍光仏は、よろずのもののあさましきわるきことにさわりなく、たすけさせたまわん料に、無碍光仏ともうすとしらせたまうべくそうろう。

（『聖典』五八一頁）

この『御消息集』（広本）第十七通の手紙は、八十八歳で『弥陀如来名号徳』を書かれたときと同じ年の手紙です。

さて、ここでひとつ考えられることは、法然の言行録、生涯のできごとや法語をまとめた『西方指南抄』という書物を書いておられますが、そのなかに法然上人が十二光仏の前の半分について説明を加えて説法をなさっている部分があるのです。それを拠りどころとしながら、親鸞は『弥陀如来名号徳』という書物を書いていくわけです。その『弥陀如来名号徳』と、いまの唯信坊宛の手紙と照らし合わせて考えられることは、九十年に及ぶ生涯、ことに二十九歳の時、よき人法然に出遇って以後、往生の歩みを遂げてきた親鸞聖人の生涯は、「帰命尽十方無碍光如来」という名号に摂め取られ、名号のなかに完全に帰一していったご一生であったと、このたびいろいろな書物を読んでいくなかで気づきました。『御伝鈔』の最後には、弘長二年（一二六二）の親鸞の臨終について、「ついに念仏の息たえましましおわりぬ」と極めて簡単に結ばれています。法然のときは紫の雲がたなびいたとか、『高僧和讃』源空讃を見れば、法然がどんな方であったかよく分かります。ところが親鸞の最期は、ただ念仏の息が消えたとしか書かれていません。それは親鸞の九十年の生涯、ことに二十九歳の時、よき人に出遇ったときからの六十年間の生涯は、完全に念仏のなかに包み込まれていった生涯であったということです。

みなさんがあと何十年のいのちをいただいていかれるか分からないけれども、みなさんの人生というものを総括したときに、何が残るかということです。いまの人生を総括したとき、それは一体何ですかということです。そのことを念頭に置いて、これから『唯信鈔文意』を読んでいきたいと思います。

第二節　法然教学と親鸞教学

『唯信鈔』を著された聖覚法印（一一六七〜一二三五）は、法然上人の弟子でもあります。法然上人の弟子方の集りは、いわゆる吉水教団と呼ばれているものですが、これは親鸞聖人を中心として生まれた念仏の僧伽とは性格を異にしています。法然門下は当時の天台の優れた学匠たちも多く、法然の人徳とその教えに帰依された方々がたくさんおられました。それに対しまして、親鸞聖人の弟子にはそういった優秀な学匠だった方はほとんどおられません。文字通り、田舎の文字も知らない人びとが親鸞の教えのもとに集ったわけで、そこに吉水教団との違いがあります。

法然上人は、自分で筆を執って書物をお書きになるということはありませんでした。今日、法然の真蹟として残っている書物は手紙がわずか二、三通であり、『選択集』も弟子が書いたもので、冒頭に「南無阿弥陀仏、往生之業、念仏為本」（原本は「念仏為先」）と自ら書かれているだけです（『真聖全』一、九二九頁）。また結びのところには、この本を読んだならば壁に埋めてみだりに公開してはならない。なぜなら、この書物を見ることによって仏法の教えを非難し、それによって罪を造ることになるから、この書物を読んだら壁の底に埋めて公開するなということが書かれています（『真聖全』一、九九三頁）。『選択集』という大事な書物ですら弟子によって書かれたもので、法然自らがお書きになったものではありません。しかし、それを最終的にまとめられるのは法然上人であり、こういう構想のもとでいままで講義してきたものを材料にして、いろいろな文を入れてまとめ、それにしたがって弟子によって編集されたのが『選択集』です。このほかに、法然の主たる書物を見ますと、東大寺、当時は比叡山よりも東大寺の方が学問の中心でしたが、そこで聖道の学者や一般の人びとに対して浄土三部経を講義された『三部経釈』という書物がありま す。これは一説には『選択集』の草稿と言われますが、その講義を弟子がまとめたものです。この『三部経釈』はすべて漢文で著されていることから見ても、当時の弟子方がいかにすぐれた学者であったかが窺えます。今日、法然上人の語録や講義録が多く残されていますが、このようにほとんどの書物が弟子によって筆録・編集されたものです。ところが親鸞聖人になりますと、弟子が書いたものとしては、唯円（一二二二～一二八九）の『歎異抄』しかなく、それは漢文ではありません。そこに両者の大きな開きがあるのではないかと思います。

それからもうひとつ言いますと、法然上人の名のもとに伝えられてきた数多くの書物のすべては、晩年の法語とされる『一枚起請文』に集約されていると思います。紙一枚にまとめられた、すべては「南無阿弥陀仏」と念仏することに尽きる、それ以外何ものも必要としないと言い切られた『一枚起請文』のなかに、法然上人のご一生のすべてが表されているということができます。

法然教学は、『一枚起請文』『選択集』に示されますように、簡単に言えば、「念仏為本」と「一向専修」

ということです。当時、念仏するのは法然に限らず、聖道の人も念仏をしたのですが、「ただ念仏ひとつ」ということに立ったのが法然教学です。それを「念仏為本」の教えと言います。これは『選択集』の冒頭に「南無阿弥陀仏　往生之業　念仏為本」とあり、我われが生死の苦難を超えていく道はただ念仏のほかにはないと明確にお示しになっているのです。一方、その弟子である親鸞の教えの特徴は、「信心為本」と表されます。親鸞教学の特徴は、信心を徹底して明らかにしていかれます。それは『唯信鈔文意』もそうですが、『教行信証』をはじめとして親鸞教学のうえに見られる大事な点です。純粋な信心に生きるということに徹底して、そのことについて厳しく対決し明らかにしてくださっているのです。

しかし、親鸞の立場を単に「信心為本」というのは問題があると言われています。それは何かと言いますと、教法としては真理です。依って立つべき根本の真理、浄土宗においても念仏のほかにはないということです。親鸞は浄土宗を「浄土の真宗」として表し、法然を「真宗興隆の太祖」、真宗を興された祖師であると明言されています。浄土宗を浄土真宗として明らかにし、さらに法然を真宗興隆の太祖と讃仰された親鸞ですが、そこで言われているのは、その法を我が身のうえに徹底して明らかにしていくということです。曽我量深先生（一八七五〜一九七一）の言葉では「すべての人に公開された公なる法」、金子大榮先生（一八八一〜一九七六）が晩年ことに問題にされた言葉では「普遍の法」（『普遍の法と特殊の機』金子大榮先生米寿記念会、一九六八年）と表されました。金子先生の場合には、普遍と一般ということの違い、一般とは、平均化してというのであって、そこでは個々の立場というのは無視されている。普遍とは、特殊なものを内に包むものでなくては真に普遍とは言えない。それは『大経』のうえから言えば、「唯除五逆、誹謗正法」（『聖典』一八頁）です。大悲の本願においてもなお除かれなければならなかった人間を包むことにおいて、真に普遍の法である、と金子先生は晩年ことに強調されました。曽我先生の「公なる法」、あるいは金子先生の「普遍の法」、それは念仏のほかにはない。このことを徹底して明らかにするのが浄土の真宗です。法然によって明らかにされた「選択本願」、本願において選び抜かれた念仏の教えこそが「誓願一仏乗」、老少・男女・善悪という一切の選びを超えて、平等のさとりを成就することです。どのような生きざまをしていようと、どのような人間であろうと、一切問うことなく、すべての人が仏に出遇い、仏の教えに生きる身となっていく。いわば真の仏弟子となっていくのであり、その道は念仏のほかにはないということです。

そこで問題なのは、念仏を本当に機のところにおいて明らかにするかどうか、ということです。機という立場を、ただ人間というように還元してはならないのです。これは法に対する言葉で、「機法の二種深信」と言われるように、真理によって救われていくほかなき人間、それを機という言葉で表すので、ただ人間ということではありません。真理に遇わなければ救われない者、真実によってのみ救われていく者を機という言葉で言います。念仏の法によって明らかにされる我が身において、本当に私の生きていく道であり、すべての衆生が共に救われていく道であるということを自覚して、確かな信心、目覚めとして明らかにしていくということが念仏の教えにおけるかなめです。そのことを徹底して問うていかれたのが親鸞です。そこに「念仏為本」「信心為本」ということで一応、法然教学と親鸞教学の教えの特徴を表すことができますが、そこには「念仏為本」に対して、「信心為本」があると理解してはなりません。あくまでも「念仏為本」と教えられたその教えをいかに我が身に受け止めているのか。またそれによって何が明らかにされてくるのか。そのことを明確にするところに、「信心為本」で表される親鸞教学の特徴が出てきたと考えられます。

第三節　『唯信鈔』と『歎異抄』

『唯信鈔』という書物は、安居院の法印聖覚僧都で、聖覚法印と呼ばれている方の撰述です。安居院聖覚法印は藤原家の流れを汲む人で、安居院というところに居住しておられた父の澄憲（一一二六〜一二〇三）と共に、『法華経』を中心とした天台大師智顗（五三八〜五九七）の教学によって仏教を明らかにする天台の唱導家でした。唱導家というのは、今日の言葉で言えば布教家で、当時は唱導の名人として名をとどろかせた方です。親子共に天台の学匠であり、当代きっての名布教家でありながら、沙門という、僧侶のかたちを取らない妻子を伴った沙弥でした。二人の説かれる思想の特徴のひとつに、女尊男卑の思想があります。当時の仏教界は、女性差別、女人とは五障三従という重い業を持った者であり、劣れる者とされていました。澄憲親子は自らが妻帯することにより、一切の女性は三世諸仏の母であるということを積極的に説き、多くの人びとの関心を引き寄せた方として注目されました。当時の仏教界や政界、ことに法然に篤い帰依・信仰を寄せていた九条（藤原）兼実（一一四九〜一二〇七）の日記『玉葉』には、聖覚が当時の公家や武家に招かれて法事などの導師を勤められたということが数多く出てきます。ちなみに九条兼実は関白の位にあって法然上人から受戒された方であり、法然が承元の法難（承元元年〈一二〇七〉）によって四国に流罪になったとき、いろいろな配慮をして罪が軽くなるように尽力されましたが、流罪の悲しみのあまりに亡くなったと言われる人です。

聖覚法印は、天台の学匠であって唱導家として名をとどろかせた方ですが、法然上人に対して深く帰依し、その教えにしたがって念仏の道を歩んだ人でした。天台の教えを得ながら念仏の道を歩んでいったのは、黒谷の沙門であった法然と同様です。聖覚は結婚していますから、沙弥です。法然上人は生涯結婚されず、天台に属しながら念仏ひとつに生きられた清僧です。そして法然の数多いすぐれた弟子のなかにあって、法然がもっとも深く信頼を寄せられた方は、我れ亡きあとこの教えを正しく伝えられるのは、聖覚と隆寛律師（一一四八～一二二七）であると伝えられています。

しかしながら、「念仏無間、禅天魔、真言亡国、律国賊」という四箇格言（『昭和定本　日蓮上人遺文』二、一八四五頁）、念仏したならば無間地獄に堕ちるのだという念仏批判を展開していった日蓮上人（一二二二～一二八二）の弟子の日向（一二五三～一三一四）が書いた『金綱集』のなかに、注意すべき事柄が収められています。それは元仁元年（一二二四）親鸞五十五歳の時、関東の地にあって法然上人の十三回忌を念じながら、ひたすらに『選択集』の正しい意味を明らかにするべく、『教行信証』の初稿を書きはじめられていたころ、嘉禄の法難（嘉禄三年（一二二七））という厳しい念仏に対する弾圧がなされ、比叡山延暦寺の僧兵たちが法然の墓を暴いて『選択集』の元の版木を焼き払うといった事件がおこりました。その嘉禄の法難のとき、法然があまり注意されなかった曇鸞大師の教学に深い関心を寄せながら、善導大師（六一三～六八一）の教えを明らかにされた隆寛は流罪となり、その年に亡くなるということがありました。一方の聖覚は、念仏停止を訴えた日向の『金綱集』に拠りますと、隆寛と対立するかたちで念仏停止の側に立ったと記されており、それは学問的にも信頼のおけるものだと言われています。

京都で念仏弾圧が行われたのは、親鸞が関東にあって念仏の教えを人びとに広めていく活動を続けていたときです。そのときに聖覚が念仏弾圧の側に立っていたことは、親鸞も当然知っていたはずです。しかし、そういう厳しい弾圧の側に立った聖覚が著した『唯信鈔』を大事な聖教として書写し、さらに『唯信鈔文意』を書き添えて門徒たちに広められたということは、私どもから考えれば、厳しい念仏弾圧側に立った者の書物がいかにすぐれてありがたい書物であっても許せないと考えがちではないかと思います。法然上人の教えに帰した聖覚でしたが、やはり天台に所属する学匠であり、念仏の教えが多くの人びとに広まり、そこにラジカルな造悪無碍が出てくることに対して厳しい弾圧側に立ったのだろう、と今日の学者は解釈しています。

しかし、このことは注意しなくてはならない事柄だろうと思います。聖覚の『唯信鈔』を法然の教えを正しく伝える書物として人びとに広めていかれたという、どこまでも法を重んじて生きられた親鸞聖人のこころを顕著に表しているものと言えます。それと関連して、善鸞の義絶の問題もそうだと思います。親の情として我が子を義絶するということはとてもできないことです。善鸞が念仏教団を誤らせたということのために、断腸の思いで親子の縁を義絶されたという事件がありましたが、そこにはあくまで法を中心に生き、法を明らかにし、法を伝えるということを自らに与えられた使命として生き抜かれた親鸞聖人の徹底した姿勢があると言えます。

さて、聖覚が『唯信鈔』を著したのは五十五歳の時、法然が亡くなって九年目にあたります。「唯信」と言われるように、信の一念の確立こそが大切であることを強調し、また悪人こそ本願に救われていく目当てであるということが、『唯信鈔』には示されています。そのことを親鸞は非常に大事にされました。

『歎異抄』の研究家であった妙音院了祥（一七八八～一八四二）は、江戸時代の宗学の大成者である香月院深励（一七四九〜一八一七）の弟子で、深励は『歎異抄』の著者は如信（一二三五〜一三〇〇）であると言ったのに対して、了祥は『歎異抄』のなかに出てくる唯円であると主張し、高倉学寮から追放されたと言われる方です。その了祥が『歎異抄聞記』のなかで、『唯信鈔』と『歎異抄』の深い関わりを注意しています。宿業について説かれた『歎異抄』第十三条の一節です。

「さるべき業縁のもよおせば、いかなるふるまいもすべし」とこそ、聖人はおおせそうらいしに、当時は後世者ぶりして、よからんものばかり念仏もうすべきように、あるいは道場にはりぶみをして、なむなむのことしたらんものをば、道場へいるべからず、（『聖典』六三四頁）

「さるべき業縁のもよおせば、いかなるふるまいもすべし」、どんなこともしかねないのが凡夫である、ということを明らかにされたところです。この第十三条に了祥が注目した唯円が出てきます。親鸞と唯円、師と弟子の間に交わされた問答対話が示されていますが、そこでは宿業について、人間が煩悩を具足する凡夫であることを説いていかれます。また掟というものを主張して善人ぶっている人びとが多くなっていることについて、「外に賢善精進の相を現じ、内に虚仮を懐くことを得ざれ」という、善導の『観無量寿経疏』（以下『観経疏』と略称）の至誠心釈（『真聖全』一、五三三頁）に拠って、真面目そうな姿を外に現して、内には虚仮をいだいているのではないかと述べています。

願にほこりてつくらんつみも、宿業のもよおすゆえなり。さればよきことも、あしきことも、業報にさしまかせて、ひとえに本願をたのみまいらすればこそ、他力にてはそうらえ。（『聖典』六三四頁）

「業報にさしまかせて」とは、人間には背負い切れない業報があるが、その業から逃げるのではなく、その業報の引き受けがたいものを念仏のなかに引き受けていく、それが他力念仏の道であるということで

す。さらに続けて、

『唯信鈔』にも、「弥陀いかばかりのちからましますとしりてか、罪業の身なれば、すくわれがたしとおもうべき」とそうろうぞかし。（『聖典』六三四頁）

とあります。ここに『唯信鈔』という書物の名前が引かれてきます。『歎異抄』のなかで、書名がはっきりと挙げられているのは『唯信鈔』だけです。ですから了祥は、『唯信鈔』と『歎異抄』の深い関係を注意したわけです。『唯信鈔』と『歎異抄』が深い関わりを持っていることは、松野純孝先生（一九一九～二〇一四）の『親鸞』という書物のなかの「源空・聖覚・親鸞」という章（『増補　親鸞』東本願寺出版部、二〇一〇年、二二四頁）で、『唯信鈔』は、『選択集』と法然の言行録や法語・伝記を集めた『西方指南抄』を受けて成立している、と解説されています。

つぎに、親鸞がいかに『唯信鈔』という書物を大切にされたかということは、『御消息集』広本にも見られます。『御消息集』第三通には、

御文度々まいらせそうらいき。御覧ぜずやそうらいけん。なにごとよりも、明法の御坊の、往生の本意とげておわしましそうろうこそ、常陸の国中のこれにこころざしおわしますひとびとの御ために、めでたきことにてそうらえ。（『聖典』五六三頁）

という手紙が出てまいります。このことは前の第二通のはじめのところに、

この明教坊のぼられてそうろうこと、まことにありがたきこととおぼえそうろう。明法の御坊の御往生のことを、まのあたりにききそうろうもうれしくそうろう。（『聖典』五六三頁）

と、明法坊の往生のことを繰り返し述べておられます。明法坊というのは、常陸稲田にあって、親鸞を亡

き者にせんと企てた山伏の弁円（一一八四～一二五一）のことです。念仏者として生まれ変わった弁円が、このたび念仏往生を見事に遂げられたということは、常陸国の念仏者たちの範とすべきものであり、「まことにありがたきこと」と述べておられます。続いて、

往生は、ともかくも凡夫のはからいにてすべきことにてもそうらわず。めでたき智者も、はからうべきことにもそうらわず。大小の聖人だにも、とかくはからわで、ただ願力にまかせてこそ、おわしますことにてはそうろうなれ。
（『聖典』五六三頁）

とあり、往生ということは、凡夫の計らいではない。本願力によって私どもが救われていくということは、我われの計らいを超えたものであり、まったく弥陀の誓願不思議というほかはないと示しておられます。そして、

まして、おのおののようにおわしますひとびとは、ただ、このちかいありとききて、南無阿弥陀仏にあいまいらせんことこそ、ありがたく、めでたくそうろう御果報にてはそうろうなれ。
（『聖典』五六三～五六四頁）

と、このたび南無阿弥陀仏にお遇いさせていただき、念仏申す身と生まれ変わらせていただいたことこそが果報であり、このうえなき幸せであると述べておられます。その最後のところで、

おのおの、とかくはからわせたまうこと、ゆめゆめそうろうべからず。さきにくだしまいらせそうらいし、『唯信鈔』・『後世物語』・『自力他力』なんどの文どもにて、御覧そうろうべし。それこそ、この世にとりては、よきひとびとにてもおわします。また、すでに往生をもしておはしますひとびとにてそうらえば、その文どもにかかれてそうろうには、なにごともなにごとも、すぐべくもそうらわず。

法然聖人の御おしえを、よくよく御こころえたるひとびとにておわしましそうらいき。さればこそ、往生もめでたくおわしましそうらえ。

（『聖典』五六四頁）

と、念仏者となった明法坊弁円の往生を喜ばれながら、それはまったく阿弥陀如来の御はからいであると教えられて、聖覚の『唯信鈔』や隆寛の『後世物語』『自力他力』などをよくよくご覧ください。聖覚と隆寛の二人こそ、この世における「よきひとびと」であり、よき先輩・よき師である。しかもその二人は「すでに往生をもしておわしますひとびと」、すでに念仏によって浄土に往生を遂げられた人である、と言っておられます。聖覚の『唯信鈔』や隆寛の『後世物語』『自力他力』に説かれている念仏を自ら身に行じていかれて、阿弥陀の浄土、涅槃の世界に生まれ変わっていかれた方々であるからこそ、間違いのない念仏の証人であり、念仏の教えの間違いないことを身にかけて証明してくださった方である、と二人を讃嘆されています。このことは、信瑞（?～一二七九）が書いた『明義進行集』のなかにも、法然上人の亡きあとに念仏の教えを誤りなく伝える人は、聖覚と隆寛の二人であると示されていることからも、法然が聖覚と隆寛に対して深い信頼を寄せておられたことが窺えるのです。

第四節　『唯信鈔文意』の奥書

親鸞聖人は、嘉禄の法難で念仏の弾圧側に立った聖覚の著した『唯信鈔』を大切に受け止め、それを関東の人びとに伝え読むようにと勧められました。そして親鸞自らもそこに引かれている証文として、中国の法照禅師（生没年不明）の原文を引いて、その証文について一字一句嚙み砕いて丁寧に説明されていかれます。

「文意」というのは、『唯信鈔文意』の最後の奥書に、

いなかのひとびとの、文字のこころもしらず、あさましき愚痴きわまりなきゆえに、やすくこころえさせんとて、おなじことを、たびたびとりかえしとりかえし、かきつけたり。こころあらんひとは、おかしくおもうべし。あざけりをなすべし。しかれども、おおかたのそしりをかえりみず、ひとすじに、おろかなるものを、こころえやすからんとて、しるせるなり。

（『聖典』五五九頁）

とあります。この奥書に示されたお言葉は、『唯信鈔文意』を著して二か月後の二月十七日に写された『一念多念文意』の奥書にも同じ文が記されており、まさしく『唯信鈔文意』撰述の願意が述べられています。田舎の人びとは文字も知らない、浅ましき愚痴極まりなき人びとであり、その人びとに念仏の教えを分かってもらいたいという思いで書き表したと。おそらく賢い人から見れば、親鸞は何という愚かな人間だ、くどくどと同じことを書いていると嘲られるかもしれないが、私にとっては一向に差し支えないことです。私が願うのは、御同朋・御同行、同じ念仏の教えによって出遇い結ばれた人びと、念仏の教えによって涅槃の世界に歩んでいく人びとに分かってほしいという願いのなかで書き表したと表白されています。

御同朋・御同行とは、『教行信証』「証巻」のなかで、『浄土論註』眷属功徳の文を引用されて、

同一に念仏して別の道なきがゆえに。遠く通ずるに、それ四海の内みな兄弟とするなり。眷属無量なり。

（『聖典』二八二頁）

とあり、また『歎異抄』第五条では、

一切の有情は、みなもって世々生々の父母兄弟なり。
（『聖典』六二八頁）

と示されています。念仏によって因縁をいただいた御同朋は、如来浄土の眷属であると受け止めた人びと、それが田舎の人びとであると言っておられるのです。法然上人によって育まれてきた教えのなかで頷くことのできた念仏の教えを、田舎の人びとに伝えていきたい。そこに自信教人信を貫き、常行大悲の行を貫き通した親鸞の生きざまがよく表されています。

常に大悲を行じていく人は、この世において金剛の信心を獲得していく。金剛不壊の信心の人です。如来のまことをこの身にいただいて生きることは、そのいただいた念仏を如来にお返ししていくことです。如来にお返ししていくというのは、人びとにその念仏の教えを、念仏の喜びを他者に伝えていくことである。そして一人ひとりがその念仏の教えに目覚め、無碍道である人生を歩み切っていかれるように念じて生きることである。そういう意味で、『唯信鈔』を大切に受け止めて、法然上人の教えを正しく領解され、その教えを歩んでいかれたよき先達として聖覚を讃嘆されているのです。

みなさんは、田舎の人びとの文字のこころもしらない愚痴極まりなき人びとは違うとお考えになるかもしれない。私は文字も知っているし、浅ましい人間とは違いますとお考えになるかもしれない。あるいは文字通り、愚痴極まりなき浅ましき凡夫ですと、そうおっしゃるかもしれないけれども、大抵の場合はそうは思わないのです。私は文字も知っているし、無学ではないし、教養も積んでいるというところで語っているのです。それを厳しく注意されたのが、『正像末和讃』の「獲得名号自然法爾」です。

よしあしの文字をもしらぬひとはみな
まことのこころなりけるを

善悪の字しりがおは
おおそらごとのかたちなり
（『聖典』五一一頁）

親鸞の悲しみ、嘆きの表現です。「よしあしの文字をもしらぬひと」こそがまことの人であり、「善悪の字しりがお」が我われの姿です。「おおそらごとのかたち」だとおさえられています。分かったようなつもりでいるけれども、本当のものが何も見えていない。賢いつもりでいるけれども、本当のものを見る眼は開けていないということです。さらに、

是非しらず邪正もわかぬ
このみなり
小慈小悲もなけれども
名利に人師をこのむなり
（『聖典』五一一頁）

とあるように、分かった、知ったかぶりをしているけれども、事実は是非も知らず邪正も分からないこの身である。「小慈小悲」、小さなあわれみのこころ、やさしいこころすらも持ち合わせていない。これが愚禿親鸞の姿であると表白されています。『唯信鈔文意』や『一念多念文意』の奥書にある「いなかのひとびとの、文字のこころもしらず、あさましき愚痴きわまりなき、ひとびと」という、重い生活を背負い、人生の苦しみのなかに身を置きながら生きている人びとに、念仏のこころをいただいて生きてもらいたいという、その願いだけで書いたのだと言われています。このように先覚者の著された書物に引かれている大事な言葉を、分かりやすく田舎の人びとに伝えるために撰述されたのが、『唯信鈔文意』と『一念多念文意』です。そのほかに注意されますのは、『尊号真像銘文』です。

『尊号真像銘文』の尊号とは、「帰命尽十方無碍光如来」、如来の本願によって選択された名号であり、念仏の徳です。その念仏の徳を明らかにしてくださった浄土の祖師のうえに、浄土の徳をほめ讃える言葉を書き添えられたのが銘文です。念仏のこころ、浄土の祖師の恩徳をほめ讃えられた大切な文について、分かりやすく説かれたのが『尊号真像銘文』です。これも『唯信鈔文意』や『一念多念文意』と同じ意味を持った書物であると言わなくてはなりません。その『尊号真像銘文』のなかに略本と広本のふたつがあり、はじめに略本が著されたあとに広本を書かれましたが、これは親鸞の浄土教史観を明確にされたものと言えます。曽我量深先生によれば、本願によって無数の諸仏を生み出し、無数の諸仏を通して自らの真実であることを証してきた浄土教の歴史を讃嘆されたものです。

そのなかで、源信僧都（九四二〜一〇一七）の『往生要集』の文、「我亦在彼摂取之中、煩悩障眼雖不能見、大悲無倦常照我身」（『聖典』五二五頁）の文について解釈され、それを受けて法然上人の真影を描いた図影のうえに銘文が示されています。そこには「四明山権律師劉官讃」（『聖典』五二五頁）とあり、「劉官」という字を書かれたのはここだけです。なぜこの字を書かれたかということは、学者の説によると、『選択集』が出版されるとすぐに『選択集』に対する明恵上人（一一七三〜一二三二）による批判が展開されてきます。それに対して隆寛は、法然上人の教えの正しいことを『顕選択』を書いて弁証されていかれます。隆寛は嘉禄の法難のときに流罪に遭い、その年に亡くなったということもあって、親鸞は隆寛に深い思いを抱いて「劉官」という字を用いられたのであろう、と住田智見先生（一八六八〜一九三八）などはおっしゃっています。ここに書かれました隆寛の法然上人を讃嘆する文「普勧道俗　念弥陀仏」（『聖典』五二五頁）の文は、法然の四十九日の御命日に導師を勤めた隆寛の表白文です。

続いて『尊号真像銘文』には、

比叡山延暦寺宝幢院黒谷源空聖人の真像

『選択本願念仏集』に云わく、「南無阿弥陀仏　往生之業　念仏為本」

（『聖典』五二六頁）

と『選択集』を引かれます。『選択集』のはじめと終わりの総結三選の文を引かれて、

また曰わく「当知生死之家　以疑為所止　涅槃之城　以信為能入」文

（『聖典』五二七頁）

と続いてきます。前のところは『教行信証』「行巻」に引かれていますが、この『選択集』三心章の文は引かれていません。法然の場合、念仏とは『一枚起請文』の三心四修であり、念仏を申す信心は念仏のなかにすべて摂まっているという教えです。とかくの計らいをすることなく、ただひたすら素直に念仏を申していけというのが法然の教えです。生死の世界を我われがいつまでも空しくさまよい続けていくのは、仏智の不思議を信じることのない疑惑によるものであり、我われが涅槃の都に帰っていく道はただ本願の約束を信じて念仏していくだけである。そのことを親鸞は、『高僧和讃』源空章に、

諸仏方便ときいたり

源空ひじりとしめしつつ

無上の信心おしえてぞ

涅槃のかどをばひらきける

（『聖典』四九九頁）

と述べています。

次に、『選択集』の文のあとに、聖覚の銘文が引かれてきます。これはさきほどの隆寛と同じように、法然の四十九日の御命日勤行の導師を勤められた聖覚が、法然上人の徳をほめ讃えた表白文です。その終

わりの表白文に、親鸞がこころを込めた領解が示されています。

「然則破壊罪根之輩　加肩入往生之道」というは、然則は、しからしめてこの浄土のならいにて、破戒無戒の人、罪業ふかきもの、みな往生するとしるべしとなり。「下智浅才之類、振臂赴浄土之門」というは、無智無才のものは、浄土門におもむくべしとなり。「誠智　無明長夜之大燈炬也　何悲智眼闇」というは、誠智は、まことにしりぬという。弥陀の誓願は無明長夜のおおきなるともしびなり。なんぞ智慧のまなこくらしとかなしまんや、とおもえとなり。「生死大海之大船筏也　豈煩業障重」というは、弥陀の願力は生死大海のおおきなるふね、いかだなり。極悪深重のみなりとなげくべからずとのたまえるなり。「倩思教授恩徳実等弥陀悲願者」というは、師主のおしえをおもうに、弥陀の悲願にひとしとなり。大師聖人の御おしえの恩おもくふかきことをおもいしるべしとなり。「粉骨可報之摧身可謝之」というは、大師聖人の御おしえの恩徳のおもきことをしりて、ほねをこにしても報ずべしとなり。身をくだきても恩徳をむくうべしとなり。

（『聖典』五三〇頁）

いま読みましたところは、『正像末和讃』にそのまま引かれています。

智慧の念仏うることは
　法蔵願力のなせるなり
信心の智慧なかりせば
　いかでか涅槃をさとらまし
無明長夜の燈炬なり
　智眼くらしとかなしむな

生死大海の船筏なり
罪障おもしとなげかざれ
願力無窮にましませば
罪業深重もおもからず
仏智無辺にましませば
散乱放逸もすてられず
如来の作願をたずぬれば
苦悩の有情をすてずして
回向を首としたまいて
大悲心をば成就せり
（『聖典』五〇三頁）

これらの和讃は、さきほどの『尊号真像銘文』の聖覚の表白文に拠って和讃されたものです。さらに『正像末和讃』の結讃には、

如来大悲の恩徳は
身を粉にしても報ずべし
師主知識の恩徳も
ほねをくだきても謝すべし
（『聖典』五〇五頁）

と、如来と師主知識のかぎりなき御恩徳に対して、謝念の言葉が述べられています。このように親鸞の著書や手紙、あるいは唯円の『歎異抄』のなかに見られる聖覚に対する讃嘆から、親鸞がいかに『唯信鈔』

という書物を大切にし、そして多くの人びとにどうか正しく読んでほしいと願い続けてこられたかが窺えるのです。

第五節　『唯信鈔』撰述の主意

『唯信鈔』の構成を申しますと、前半と後半で教義の顕彰と異義の批判とに分けられます。『歎異抄』で言いましたら、前十か条の師訓篇は親鸞の言葉を表されたものであり、後八か条の歎異篇は浄土真宗の信心、二種深信を明らかにされたものです。浄土真宗の信心が不明瞭のままで明らかになっていない人びとのために、悲しみ・傷み、嘆きのこころを表されたものですが、構成のうえから申しましたら、『歎異抄』は『唯信鈔』に拠りながら表されているということになります。それは前にも申しました妙音院了祥がはじめて注意されたことです。そこに念仏の歴史的な伝承、すなわち法然から聖覚、隆寛、そして親鸞、さらには唯円へと伝えられてきた念仏の伝承があるわけです。

『唯信鈔』は、前半と後半に分けられるという見解があります。前半の四か条は念仏のいわれ、正しい伝承を明らかにされたもので、細川巌先生（一九一九〜一九九六）の言葉では、「正義の顕彰」（念仏の正しいあり方）と「一向専修」（一向に専らに念仏すること）について表されたものです。後半の四か条は異義の批判であり、前半の四か条に表した本願念仏の教えについて、一念・多念、十念というかたちに執われて信心の徹底しない人びとについて表されたものです。古い言葉では「釈疑勧信」、人間の疑い・不信に対してのこころを諭して、本願の念仏をただ信じることを勧められたものと見られます。そして最後のところは、異義とはどういうことなのかを説明された、とても感銘の深い文章です。

つぎに、念仏を信ずる人のいわく、往生浄土のみちは、信心をさきとす。信心決定しぬるには、あながちに称念を要とせず。『経』（大経）にすでに「乃至一念」ととけり。このゆえに、一念にてたれりとす。遍数をかさねんとするは、かえりて仏の願を信ぜざるなり。念仏を信ぜざる人とて、おおきにあざけりふかくそしると。

（中略）善導和尚は、「ちからのつきざるほどはつねに称念す」といえり。これを不信の人とやはせん。ひとえにこれをあざけるも、またしかるべからず。一念といえるは、すでに経の文なり。

（『聖典』九二八頁）

信心が決定したならば、念仏を申す必要はないということは間違っている。いのちあるかぎりは念仏せよ、と善導は教えられた。これは、『大経』本願成就文に、「諸有衆生、聞其名号、信心歓喜、乃至一念」（『聖典』四四頁）と、諸仏の声を聞いて念仏する信のことである。一念のところは『大経』に明らかにされている、と述べています。続いて、

これを信ぜずは、仏語を信ぜざるなり。このゆえに、一念決定しぬと信じて、しかも一生おこたりなくもうすべきなり。これ、正義とすべし。

（『聖典』九二八頁）

と、ただ一度の念仏の教えにおいて、我われの救いは成就していると信じて、いのちあるかぎり念仏を相続し怠ることがあってはならないと表されています。次に、

念仏の要義おおしといえども、略してのぶることかくのごとし。

（『聖典』九二八頁）

と述べて、

しかれども、信謗ともに因として、みな、まさに浄土にうまるべし。今生ゆめのうちのちぎりをしるべとして、来世さとりのまえの縁をむすばんとなり。
（『聖典』九二九頁）

とあります。これは有名な文章です。夢のような今生のご縁を手掛かりとしながら、常住の世界のご縁をいただいていく。この世におけるご縁が彼岸の浄土にまで結ばれていくということです。そして、

われおくれば人にみちびかれ、われさきだたば人をみちびかん。生生に善友となりて、たがいに仏道を修せしめ、世世に知識として、ともに迷執をたたん。
（『聖典』九二九頁）

と結んでいます。これが『唯信鈔』を撰述された主意です。なぜ聖覚が『唯信鈔』を書き表したのかということが、この最後の文のところに最もよく表されています。

この『唯信鈔』の最後の文は、『教行信証』の後序の文を思い起こします。そこには、『選択集』付属と真影の図画についての深いよろこびのこころを表されたあとに、

慶ばしいかな、心を弘誓の仏地に樹て、念を難思の法海に流す。深く如来の矜哀を知りて、良に師教の恩厚を仰ぐ。慶喜いよいよ至り、至孝いよいよ重し。これに因って、真宗の詮を鈔し、浄土の要を摭う。ただ仏恩の深きことを念じて、人倫の嘲を恥じず。もしこの書を見聞せん者、信順を因とし疑謗を縁として、信楽を願力に彰し、妙果を安養に顕さんと。
（『聖典』四〇〇頁）

と述べられています。疑謗も嘲りもあるだろうが、そんなことはさして意に留めることではない。ただこの『教行信証』を通して、本願を信じ念仏申していただきたいという内容です。

次に、道綽禅師（五六二～六四五）の『安楽集』の文を引いて、

『安楽集』に云わく、真言を採り集めて、往益を助修せしむ。何となれば、前に生まれん者は後を

導き、後に生まれん者は前を訪え、連続無窮にして、願わくは休止せざらしめんと欲す。無辺の生死海を尽くさんがためのゆえなり、と。

（『聖典』四〇一頁）

と、感銘の深い言葉を述べられています。「前に生まれん者は後を導き、後に生まれん者は前を訪え」、前に念仏申していかれた人を訪ねて行け。そして念仏の法や教えが絶えることなく伝わっていくようにするべきである、と言われています。この『教行信証』後序の文と、『唯信鈔』の最後の文は響き合っています。またこれは『歎異抄』とも関わりを持つことです。

『歎異抄』の後序は、金子大榮先生の言葉で言えば「述懐篇」、人によっては第十九条と呼んでいる部分ですが、著者の唯円が自らのこころを打ち明けて示された部分です。そこには「聖人のつねの仰せ」である深信の祖語と、「善悪のふたつ総じてもって存知せざるなり」という還愚の祖語が述べられています。

煩悩具足の凡夫、火宅無常の世界は、よろずのこと、みなもって、そらごとたわごと、まことあることなきに、ただ念仏のみぞまことにておわします

（『聖典』六四〇～六四一頁）

ここに、かぎりなき愚の大地、愚かなる人間の大地に帰っていかれたこころが示されています。

かなしきかなや、さいわいに念仏しながら、直に報土にうまれずして、辺地にやどをとらんこと。一室の行者のなかに、信心ことなることなからんために、なくなくふでをそめてこれをしるす。なづけて『歎異抄』というべし。外見あるべからず。

（『聖典』六四一頁）

幸いに念仏の教えに値遇しながら、真に開かれた涅槃界としての浄土に生まれることなく、自見の覚悟や身勝手なところに踏み止まって、迷いに迷いを重ねていくということは悲しみ・傷むべきものであり、そのことを思って『歎異抄』を書き残していくのである、と唯円は結んでいます。

『唯信鈔』の奥書と『教行信証』の後序、それらを受けた『歎異抄』の結びの言葉に一貫しているものは、正しい念仏の教えに帰して、迷いのこころ、執着のこころを離れていけよということです。そこに念仏の歴史があります。念仏の歴史とは、そのまま念仏によって生きる人びとの僧伽の歴史と言ってもいいかと思います。念仏を核として、念仏を中心として、そこにご縁を結び合ってきた人びとによって、今生かぎりの因縁ではなく、彼岸の浄土にまで展開していくご縁のなかで仏の教えが伝えられていくことを願って、真宗の聖教や念仏が伝承されてきたということが思われてなりません。

善導・法然の伝統を踏まえながら、信心こそは涅槃に入る正因である。涅槃の都であり、生死流転の迷いの世界を超えたさとりの世界は、我われにとって帰るべき存在の故郷である。その浄土を開いてくるのが「ただ念仏」というよき人の仰せを通して、本願のまことを信じて生きる。そこに尽きることだと思います。『歎異抄』第二条の「ただ念仏」というよき人の仰せにしたがって生きる。それが私の信心のすべてである。念仏の教えこそ、一切の自力の行に破れていく者に開けてくる真実の行であり、それは私ひとりのために明らかにされた教えである。そういう絶対的主体性の確立というものを、清沢満之先生（一八六三～一九〇三）の言葉で言えば、「独尊子」という、この世においてたったひとりという自覚、私ひとりに与えられた道であるという親鸞の深い領解が表されています。親鸞が写された『唯信鈔』は現在五本残されていますが、少なくともはじめのものは七十八歳となっています。年老いたなかで、いよいよ鮮明になっていく、いよいよ明らかに見えてくる世界が見事な文章で表されている。それが『唯信鈔文意』であると思います。

第二章　念仏往生の証文

第一節「唯信」の字釈

『唯信鈔』の構成は、念仏の要義を明らかにした前半の四か条と、念仏の教えを踏み外していった異義の人びとに対する非難を明らかにした後半の四か条、それから最後に『唯信鈔』を表された目的という構成で編纂されています。『唯信鈔』は、松野純孝先生が指摘されたことですが、『選択集』と『西方指南抄』の内容と相応しています。それゆえ『唯信鈔』は、法然の選択本願の教えを漢文ではなく和語をもって明らかにした内容とも言えるものです。親鸞聖人は、この『唯信鈔』を写すだけでなく、田舎の文字を知らない愚痴極まりなき人びとに分かりやすく伝えるという願いのなかで、『唯信鈔文意』を著されました。そして晩年には、それを五回も書写して門徒の方々に勧められています。そのことは『唯信鈔文意』にかぎりません。隆寛の『一念多念分別事』を『一念多念文意』として著して、同じように田舎の人びとに正しい道を説き明かされています。

『唯信鈔文意』の本文に入っていこうと思います。

「唯信抄」というは、「唯」は、ただこのことひとつという。ふたつならぶことをきらうことばなり。

また「唯」は、ひとりというこころなり。「信」は、うたがいなきこころなり。すなわちこれ真実の信心なり。虚仮はなれたるこころなり。「虚」は、むなしという。「仮」は、かりなるということなり。「虚」は、実ならぬをいう。「仮」は、真ならぬをいうなり。本願他力をたのみて自力をはなれたる、これを「唯信」という。「鈔」は、すぐれたることをぬきいだし、あつむることばなり。このゆえに「唯信鈔」というなり。また「唯信」はこれ、この他力の信心のほかに余のことならわずとなり。すなわち本弘誓願なるがゆえなればなり。（『聖典』五四七頁）

ここに『唯信鈔』という題号の釈義が示されています。「唯信」という言葉は、文字通り、『唯信鈔』のなかに見られる言葉です。そこでは『仏説観無量寿経』（以下『観経』と略称）散善義の上品上生に説かれた「一者至誠心、二者深心、三者回向発願心」（『聖典』一一二頁）という三心について解説されていきます。その『唯信鈔』の三心についての解説の終わりに、

仏力をうたがい、願力をたのまざる人は、菩提のきしにのぼることかたし。ただ信心のてをのべて、誓願のつなをとるべし。仏力無窮なり、罪障深重のみをおもしとせず。仏智無辺なり、散乱放逸のものをもすつることなし。信心を要とす、そのほかをばかえるみざるなり。信心決定しぬれば、三心おのずからそなわる。本願を信ずることまことなれば、虚仮のこころなし。（『聖典』九二四頁）

という言葉が見えます。ここに表されている言葉は、『正像末和讃』にも引かれています。

願力無窮にましませば
　罪業深重もおもからず
　　仏智無辺にましませば

散乱放逸もすてられず
（『聖典』五〇三頁）

この感銘の深い和讃は、『唯信鈔』の文に拠られていることが分かります。

ここで聖覚は、「信心を要とす、そのほかをばかえるみざるなり」と言い切っておられることから、題号に『唯信鈔』と名付けられた意図が明らかに窺えます。

「唯信」という言葉について、親鸞は、「唯（ただ）」ということにふたつの意味を見出しておられます。ひとつは、「ただこのことひとつ」、ただ念仏して救いの道を念仏のうえに見出すということです。「念仏のみぞまこと」とは、『歎異抄』においても繰り返し説かれたことでした。『歎異抄』後序の還愚の祖語と言われる文です。

煩悩具足の凡夫、火宅無常の世界は、よろずのこと、みなもって、そらごとたわごと、まことあることなきに、ただ念仏のみぞまことにておわします
（『聖典』六四〇～六四一頁）

この五濁無仏の世界を生きていかなければならない我われ、煩悩を具足し、迷いから超え出ることのできない我われ、その者のうえに救いの道として念仏の教えが開かれているということが、『歎異抄』後序には示されています。「ただ念仏ひとつ」ということが、我われの歩んでいく道として選び取られるということです。そのことは『歎異抄』第二条におきましても、

親鸞におきては、ただ念仏して、弥陀にたすけられまいらすべしと、よきひとのおおせをかぶり《(蒙)》て、信ずるほかに別の子細なきなり。
（『聖典』六二七頁）

と述べていることからも明らかです。比叡山における親鸞の二十年間の悪戦苦闘は、自力の菩提心の行によって煩悩を滅し、仏のさとりの境涯にいたろうとする理想主義的な方向に敗れ去って、自力の無効であ

ることを思い知らされた。そうした体験を通しながら、念仏の教えに出遇っていかれた信仰の告白のうえに、「ただこのことひとつ」「ただ念仏のみぞまこと」の具体的な意味を見出されたのです。

それと同時に、「唯」とは、「ひとりということなり」と説明してあります。この言葉は私どもにとって感銘の深い言葉だと思います。念仏ひとつを選び取るのは我われ自身によってであり、その教えによって我が道を訪ねていく。我われ一人ひとりの決断によって選び取っていく事柄であることをお示しになっています。これは先輩方が注意しておられるように、「唯はひとりなり」という言葉のなかに、『歎異抄』後序に示された「つねのおおせ」（『聖典』六四〇頁）の「親鸞一人がため」という、それは計り知れない重い宿業を抱えて生きる身であり、そして永劫に地獄の世界を生きるほかなき身である「親鸞一人がため」に如来のご苦労があったという、深い感動を込めて述べておられます。これは寺川俊昭先生（一九二八〜二〇二一）の指摘ですが、一人ひとりの人間が真の人間として独立し自覚していくということは、『尊号真像銘文』に、

「世尊我一心」というは、世尊は釈迦如来なり。我ともうすは、世親菩薩のわがみとのたまえるなり。

（『聖典』五一八頁）

と示された「世親菩薩のわがみ」と同じ事柄である、と注意されています。親鸞においては、「ただ念仏せよ」とよき人の仰せを信じていくことが私の信心のすべてである、と明確に語っていかれるのです。その一人ひとりの深い目覚めと同時に、その「ひとり」という者があくまでも我ら、如来によって「十方衆生」と呼びかけられている者、十方の生きとし生ける者、苦悩する者と呼びかけられているその我らの「ひとり」なのです。

「ひとり」ということは、我われが本当に自己に目覚め、自己の道を生きていく。そこに自らにして我らの道、曇鸞の『浄土論註』で言いますと、「同一に念仏して別の道なきがゆえに。遠く通ずるに、それ四海の内みな兄弟とするなり」（『聖典』二八二頁）ということです。一人ひとり、業を異にしている親子、兄弟、夫婦、代わることもできなければ代わってもらうこともできない業を抱えて生きているのが我われであり、そういう一人ひとりが我らとして生きています。しかし我らの間には、我らの世界を忘れ、我らの世界を見失っているのが私です。そこには孤独の自己があると思いますし、それは観念の世界に止まって生きていくことになっていく。それを我らの世界という厳しい現実の大地に呼び戻され、そして願いのかけられているこの身に目覚めていくということは、教えに出遇い、如来の真実のこころを聞き開いていくことによってのみ明らかにされてくる事柄であると思います。教えを忘れ、教えの見失われた日暮らしによって生かされているいのちに気づくこともなく、ただ思いのままに自己を主張して生きていく。そういう淋しい人生と申しましょうか、わがままな人生が出てくるのだと思います。親鸞聖人はあくまで「愚禿親鸞」として、「弥陀にたすけられまいらすべしと、よきひとのおおせをかぶりて、信ずるほかに別の子細なき」（『聖典』六二七頁）者という自覚のうえに立って生きていかれます。そのような念仏の道に我われを呼び覚まし、我われを呼び入れてくださった方として、よき師・よき友があり、御同行・御同朋という同じ念仏の教えによって出遇いが結ばれてきたという、ご縁の甚深なることをこころから身の果報としていただいていくことが大切です。

このように「唯信」という言葉は、『歎異抄』の第二条や後序に表されている親鸞の信仰の告白と深い関わりを持つということが大事な意味を持っていると思います。「ただ念仏して」とは、まったく疑いの混じわらない虚仮を離れたるこころであり、真実の信心です。信ずるとは、我われにおこる疑いのこころ、それは猶予、結着のつかないこころ、あれもこれもというところで思いあぐねているこころ、そういう疑惑のこころに対して、明確に私にとってこの道よりほかに生きる道はないと結着していく。そこに真実の信心があります。それゆえ『唯信鈔文意』の冒頭に示された「唯信」の字釈には、真の意味での宗教的自覚、選びの厳しさというものが明確に示されていることであり、何度も我が身にあてて確かめていかなくてはならない事柄であると思います。ここに我われの人生を一貫して貫き通すもの、我われの生死流転の人生をして涅槃の大道に転じていくもの、それはいったい何であるのか。それは念仏のみぞ真実と教えられた事柄よりほかにないと思います。それ以外のものはすべて仮なるものであり、それは真に身に付かないものであり、いつかはこの身から離れていくものである。そういうなかにあって、我が身を真に導き育ててくださるものこそが念仏の教えである、と聞き習ってきたことです。

第二節　第十八願念仏往生

『唯信鈔』の冒頭に、『選択集』教相章の内容を受けて明らかにされた文があります。

それ、生死をはなれ、仏道をならんとおもわんに、ふたつのみちあるべし。ひとつには聖道門、ふたつには浄土門なり。聖道門というは、この娑婆世界にありて、行をたて功をつみて今生に証をとらんとはげむなり。いわゆる、真言をおこなうともがらは、即身に大覚のくらいにのぼらんとおもい、法華をつとむるたぐいは、今生に六根の証をえんとねがうなり。まことに教えの本意、しるべけれども、末法にいたり濁世におよびぬれば、現身にさとりをうること、億億の人の中に一人もありがたし。これによりて、いまのよにこの門をつとむる人は、即身の証においては、みずから退屈のこころをおこして、あるいは、はるかに慈尊の下生を期して、五十六億七千万歳のあかつきのそらをのぞみ、あるいは、とおく後仏の出世をまちて、多生曠劫、流転生死のよるのくもにまどえり。あるいは、わずかに霊山・補陀落の霊地をねがい、あるいは、ふたたび天上人間の小報をのぞむ。結縁まことにとうとむべけれども、速証すでにむなしきににたり。ねがうところ、なおこれ三界のうち、のぞむところ、また輪回の報なり。なにのゆえか、そこばくの行業慧解をめぐらして、この小報をのぞまんや。

（『聖典』九一六頁）

ここでは、聖道門の真言と天台のふたつを代表して、聖道門仏教がもはや末法五濁にあっては、その課題を成就することは容易なことではあり得ないと述べられています。

まことにこれ大聖をさとることとおきにより、理ふかく、さとりすくなきがいたすところか。

（『聖典』九一六頁）

その理由として、道綽の『安楽集』の文を引用して、

一には大聖を去ること遥遠なるに由る、二には理深く解微なるに由る。

（『真聖全』一、九二九頁）

と説明しています。末法五濁の世にあっては、聖道の教えをもってさとりを開くことは不可能である。ただ浄土の教えのみが末法五濁の世に生きる凡夫に開かれたる唯一の仏道である。その浄土門とは、

ふたつに浄土門というは、今生の行業を回向して、順次生に浄土にうまれて、浄土にして菩薩の行を具足して、仏にならんと願ずるなり。この門は末代の機にかなえり。まことにたくみなりとす。ただ

し、この門に、またふたつのすじ、わかれたり。ひとつには諸行往生、ふたつには念仏往生なり。諸行往生というは、あるいは父母に教養し、あるいは師長に奉事し、あるいは五戒・八戒をたもち、あるいは布施・忍辱を行じ、乃至三密・一乗の行をめぐらして、浄土に往生せんとねがうなり。これみな往生をとげざるにあらず。一切の行はみなこれ浄土の行なるがゆえに。ただ、これはみずからの行をはげみて往生をねがうがゆえに、自力の往生となづく。行業、もしおろそかならば、往生とげがたし。かの阿弥陀仏の本願にあらず。摂取の光明のてらさざるところなり。（『聖典』九一六〜九一七頁）

とあり、ここでは、『観経』の教えにもとづきながら、自力によって諸行を修して、浄土の往生を願うということはなかなか成し遂げがたいことである。浄土の教えのなかには、自力による諸行往生と念仏往生の道があると述べています。

続いて、聖覚の『唯信鈔』の文を引用します。

ふたつに念仏往生というは、阿弥陀の名号をとなえて往生をねがうなり。これは、かの仏の本願に順ずるがゆえに、正定の業となづく。ひとえに弥陀の願力にひかるるがゆえに、他力の往生となづく。そもそも名号をとなうるは、なにのゆえに、かの仏の本願にかなうとはいうぞというに、そのことのおこりは、阿弥陀如来いまだ仏になりたまわざりしむかし、法蔵比丘ともうしき。そのときに、仏ましましき。世自在王仏ともうしき。法蔵比丘すでに菩提心をおこして、清浄の国土をしめて、衆生を利益せんとおぼして、仏のみもとへまいりてもうしたまわく、「われすでに菩提心をおこして、清浄の仏国をもうけんとおもう。ねがわくは、仏、わがために、ひろく仏国を荘厳する無量の妙行をおしえたまえ」と。そのときに、世自在王仏、二百一十億の諸仏の浄土の人天の善悪、国土の麁妙をことごとくこれをとき、ことごとくこれを現じたまいき。法蔵比丘これをきき、これをみて、悪をえらびて善をとり、麁をすてて妙をねがう。たとえば、三悪道ある国土をば、これをえらびてとらず。三悪道なき世界をば、これをねがいてすなわちとる。自余の願も、これになずらえてこころをうべし。このゆへに、二百一十億の諸仏の浄土の中よりすぐれたることをえらびとりて、極楽世界を建立したまえり。たとえば、やなぎのえだに、さくらのはなをさかせ、ふたみのうらに、きよみがせきをならべたらんがごとし。これをえらぶこと一期の案にあらず。五劫のあいだ思惟したまえり。かくのごとく、微妙厳浄の国土をもうけんと願じて、かさねて思惟したまわく、国土をもうくることは、衆生をみちびかんがためなり。国土たえなりというとも、衆生うまれがたくは、大悲大願の意趣にたがいなんとす。これによりて、往生極楽の別因をさだめんとするに、一切の行みなたやすからず。教養父母をとらんとすれば、不孝のものはうまるべからず。読誦大乗をもちいんとすれば、文句をしらざるものはのぞみがたし。布施・持戒を因とさだめんとすれば、慳貧・破戒のともがらはもれなんとす。忍辱・精進を業とせんとすれば、瞋恚・懈怠のたぐいはすてられぬべし。余の一切の行、みなまた、かくのごとし。これによりて、一切の善悪の凡夫、ひとしくうまれ、ともにねがわしめんがために、ただ阿弥陀の三字の名号をとなえんを、往生極楽の別因とせんと、五劫のあいだふかくこのことを思惟しおわりて、まず第十七に諸仏にわが名字を称揚せられんという願をおこしたまえり。この願、ふかくこれをこころうべし。名号をもって、あまねく衆生をみちびかんとおぼしめすゆえに、かつがつ名号をほめられんとちかいたまえるなり。しからずは、仏の御こころに名誉をねがうべからず。諸仏にほめられて、なにの要かあらん。

（『聖典』九一七～九一八頁）

ここでは、生死流転の世界を離れて涅槃の世界にいたる道については、聖道門と浄土門がある。天台・真言によって代表される聖道門は、現生にこの身において仏のさとりを開くことはまったく不可能なことであり、いたずらに未来における願いの成就を求めることに終わっていくと述べています。そして浄土の教えのなかにあっては、『観経』に説かれた第十九願の諸行往生ということと、『大経』第十八願に説かれた念仏往生があり、自力の行を捨て去って他力念仏の道こそがすべての者が平等に救い取られていく唯一の教えであると示してきます。そこでは、法然においてはあまり重い意味を持たなかった『大経』の第十七願について、念仏の教えは諸仏の咨嗟・讃嘆を通して我われに聞かれてくる本願の名告りであると、第十七願の願文に注目されています。法然の教えを讃仰した『唯信鈔』ですが、そこには聖覚独自の深い領解が加えられていると言えます。念仏が、如来のはたらき、大悲の現行である名号として諸仏のうえに現れ、その諸仏の称名を通して我われのうえにいたり届けられているのが大悲のまことである、ということが述べられています。

第三節　第十七願の開顕

『唯信鈔文意』の第一段、聖浄二門についての領解のところに、念仏往生の証文として、法照禅師の『浄土五会念仏略法事儀讃』（以下『五会法事讃』と略称）の文が引かれてきます。まずはじめに、

「如来尊号甚分明　十方世界普流行　但有称名皆得往　観音勢至自来迎」（『聖典』五四七頁）

と引かれてあり、次に、

「彼仏因中立弘誓　聞名念我総迎来　不簡貧窮将富貴　不簡下智与高才　不簡多聞持浄戒　不簡破壊罪根深　但使回心多念仏　能令瓦礫変成金」（『聖典』五五〇頁）

と引用され、名号はいし・かわら・つぶてのごとくなる我らを転じて、金剛不壊の信心が成就されるものであると言っています。この証文は、聖覚が法然上人の教えを明らかにしていくうえで引用した漢文ですが、聖覚は取り立ててこの文を解釈しておりません。けれども親鸞は、あくまでも田舎の文字も知らない人びと、愚痴極まりない人びとに少しでも分かりやすく伝えるという願いのなかでこの文を解釈していくのです。

『唯信鈔文意』は『唯信鈔』をそのまま説き明かすのではなく、『唯信鈔』に引かれた漢文の証文も分かりやすく解説していかれます。そのなかで、親鸞の独自な領解が積極的に示されています。寺川俊昭先生は、親鸞の晩年のもっとも高揚したときに著された『唯信鈔文意』『一念多念文意』『尊号真像銘文』といった書物に共通して窺える大きな特色として、証大涅槃ということ、大涅槃のさとりを開くということが、晩年の著作のなかでことに積極的に打ち出されている、と指摘されています。

その『唯信鈔文意』に引き出される言葉ですが、

自力のこころをすつというは、ようよう、さまざまの、大小聖人、善悪凡夫の、みずからがみ《身》をよしとおもうこころをすて、みをたのまず、あしきこころをかえりみず、ひとすじに、具縛の凡愚、屠沽の下類、（『聖典』五五二頁）

とあり、これは注目されるべき文です。「み《身》をよしとおもうこころ」とは、私は善人、私は間違っていないというこころを捨て去っていくことです。それだけではなくて、私は愚かな者であるということについ

ても、それに執われてくよくよするという我われは、

無碍光仏の不可思議の本願、広大智慧の名号を信楽すれば、煩悩を具足しながら、無上大涅槃にいたるなり。具縛は、よろずの煩悩にしばられたるわれらなり。（『聖典』五五二頁）

と表されています。さらに「能令瓦礫変成金」の文を解釈して、

いし・かわら・つぶてのごとくなるわれらなり。如来の御ちかいを、ふたごころなく信楽すれば、摂取のひかりのなかにおさめとられまいらせて、かならず大涅槃のさとりをひらかしめたまうは、（『聖典』五五三頁）

と述べられています。ここに「いし・かわら・つぶてのごとくなるわれら」として生き合っている、文字通り衆生です。しかも生き合っていく者のなかにあるのは、愛憎善悪という柵の世界です。愛し憎しみ合っていく重い人間業、その人間業を抱えて生きている者が、このうえなき涅槃、さとりの世界にいたる。それは何によるのかと言えば、本願の名号を信楽するという、ただそのことに尽きる。念仏の不可思議なはたらきとして、証大涅槃の世界が我われのうえに開けていくことである。このことが『唯信鈔文意』をはじめとする親鸞の晩年の著作のうえで強調していかれた事柄です。

金子大榮先生がよく言われたことですが、人間として生まれ、人間として生きていく我われが、人間の業を完全に燃やし尽くしていくこと。その完全燃焼の世界、煩悩を完全に燃焼し尽くしていくものこそ本願の念仏である。その念仏の教え、念仏のはたらきこそは、重い人間の業を転じ変えなす。人間の自我を打ち砕きながら、そこに涅槃の徳を開いてくださるものである、ということです。

法照禅師の『五会法事讃』の文について、『唯信鈔文意』の文釈に戻ります。

「如来尊号甚分明」、このこころは、「如来」ともうすは無碍光如来なり。「尊号」ともうすは南無阿弥陀仏なり。「尊」は、とうとくすぐれたりとなり。「号」は、仏になりたもうてのちの御なをもうす。「名」は、いまだ仏になりたまわぬときの御な《名》をもうすなり。この如来の尊号は、不可称・不可説・不可思議にましまして、一切衆生をして無上大般涅槃にいたらしめたまう、大慈大悲のちかいの御なな《名》り。この仏の御な《名》は、よろずの如来の名号にすぐれたまえり。これすなわち誓願なるがゆえなり。

（『聖典』五四七頁）

ここに、本願の名号のいわれが明らかにされています。『選択集』では、本願の根本とは『大経』第十八願であり、衆生に対する大悲の本願が示されています。「ただ念仏せよ」と呼びかけている如来の教えにしたがって念仏していく。その念仏による救いを説いた第十八願こそは「王本願」である。ところが聖覚の『唯信鈔』では、その第十八願を「王本願」とするとともに、第十七願について触れているところがあります。第十七願とは、我われにさき立って十方の諸仏の讃嘆として、我われのうえに念仏の徳のまことであることが現に証明されているというのが第十七願の内容です。法然の著作のなかにそれがないわけではないけれども、第十八願にさき立って第十七願というものが重要であることを注意した聖覚の指摘は、大切な意味を持っていると言われてきました。

法然上人は、『大経』第十八願を一願建立、一願をもって浄土宗を開顕され、すべての人が平等に選びなく救われていく道を明らかにされました。その法然の教えを受けた親鸞聖人は、その一願に対して二願建立というべき立場を見出されました。それは第十七願と第十八願の二願によって浄土真宗を明らかにすることでした。なぜ親鸞は第十七願と第十八願の二願の関係を明らかにされたのかと言えば、法然は『観経』にもとづいて、諸行を廃して念仏一行を選び取るという廃立の立場を明確にされた。念仏を選び取るというところには、道を求める人にとっての決定的な決断があります。ところがその決断というべきものが見失われ、念仏は一念・多念、有念・無念という、さまざまな問題として取り上げられてくるようになります。そこでは念仏の教えが教条化して、実践のうえでひとつのノルマとして数多く念仏しなくてはならない。数多く念仏することによって、如来の救いにあずかっていくのだということが問題となってきました。念仏の教えが、如来の本願によって選択された行であるということを離れて、我われの自力の行として念仏していくことになる。そうした問題が、当時の法然門下の直面した課題でした。

たとえば、一念・多念の問題ですが、法然は日課七万遍念仏されたと伝えられます。これはまったく我われの想像もつかない大変なことです。本当に時処を構わず念仏し、一日の生活がすべて念仏のなかに包まれていく日課七万遍の念仏は、法然の内面の煩悩との厳しい闘いでした。そのことを見出したのは親鸞でした。他の人は法然における内面の闘いにおける厳しさというものを抜きにして、「智慧第一の法然房」(『真聖全』五、七一五頁)、「一心金剛の戒師」(『聖典』四九八頁)として当時の人びとから敬われ、すぐれた人格者が称える念仏であるから、念仏は尊いものであるということでしか領解できなかった。その一例は、『歎異抄』の後序に示されている「信心一異の諍論」です。

親鸞聖人がまだ善信と名告っていたころ、勢観房・念仏房という先輩方と善信との間に問答が交わされていきます。善信が、私の往生の信心もご師匠法然上人の信心も同じものであると発言したのに対して、勢観房・念仏房は、善信はまったくの思い上がりでしかない、法然の偉大さを知らない人の言うことであると受け入れることをしなかった。決着がつかないことに対して、それでは最終的に法然上人のご裁断を仰ぎたいとお尋ねすると、法然は、私の信心も善信房の信心もともに如来よりたまわりたる信心である。同じ南無阿弥陀仏という念仏の法に帰することを通して開かれてきた信心であり、そこにおいては師とか弟子という隔てを超えて、同じ信心と言わなければならない、と明言された。そういう問答が『歎異抄』の後序に伝えられています。それは多くの弟子たちが法然という偉大なる人格に出遇い、敬虔な眼で法然を仰ぎ見て、念仏の偉大さやすぐれていることを感じ取っていったこととは、まったく立場を異にすると言わなくてはならないと思います。

曽我量深先生は、『大経』第十八願をもって本願の根本とされた法然の教えが、門弟たちの間にはいつの間にか自力の念仏として念仏を励むというかたちをもって、そこに如来のはたらきである念仏が人間の行としてすり替えられていくことがおこってきた。そのことに対して親鸞は、他の法然門下の人びとのように念仏を外面の問題として受け取るのではなくて、念仏していても定散心から離れがたい、念仏しながらも自力を励むという自己の内面の問題を通しながら、念仏はどこまでも私のうえに称えられ、行ぜられていく道でありながら、その念仏は私の行というべきものではなくて、あくまで如来の行であり、如来のはたらきである。そこに機と法の分限を明確にするということが親鸞に与えられた真宗開顕の道であった、ということを先生はおっしゃっておられます。これは非常に大事な指摘だと思います。なぜ親鸞は、法然の一願建立の立場から二願建立の立場を明らかにされたのか。それは、念仏はどこまでも如来のはたらきであり、その如来のはたらきが真実であることの証人として諸仏・善知識がおられます。あるいは我われの周りの無数の念仏者たちの発遣の声に押し出されて、我われは如来の御名を称え、念仏して生きていく身となっていくのです。そのことと関連して、もし我われに念仏という大行がなかったならば、我われの信心が観念として固定化することとなる。いつも脈々としてはたらく信心として展開していくのは、そこに「南無阿弥陀仏」という行があるからだ、ということを曽我先生から教示していただきました。

第四節　名号の讃嘆

法照禅師の『五会法事讃』の文釈のところです。

「如来尊号甚分明」、このこころは「如来」ともうすは、無碍光如来なり。「尊号」ともうすは、南無阿弥陀仏なり。（『聖典』五四七頁）

この文釈の部分は、『教行信証』「行巻」の冒頭に、大悲のはたらきとしての真実の行は、無碍光如来の御名を称えていくことであると示された文、「大行とは、すなわち無碍光如来の名を称するなり」（『聖典』一五七頁）と対応しています。善導・法然が『観経』の下下品の教えによって、凡夫の救われていく道は無量寿仏の御名、「南無阿弥陀仏」を称えていくことだと説かれました。ところが親鸞は、大行とは「無碍光如来」の名を称することだと言われています。

天親菩薩（四〇〇～四八〇頃）・曇鸞大師の教えにもとづいて、この御名は明らかに我われの無明の闇を破り、我われのうえに願生浄土という願いを呼び覚ますはたらきであると、名号の自覚的内容というものを明らかにされました。『唯信鈔文意』の文釈は、この文に対応するわけですが、ここで思われるのは、如来とは「無碍光如来」であり、もっと詳しく言えば、「帰命尽十方無碍光如来」ということです。我われに無碍光なる光によって生きよ、光のある人生を生きていけよと呼びかけて止まないのが如来であり、その如来のはたらきの名が「南無阿弥陀仏」です。「行巻」に示された大行とは、無碍光如来の御名を称することで、無碍光如来のはたらきを表す「南無阿弥陀仏」という名を通して、仏の本願に生かされていくことではないかと思います。これは先輩たちが言っておられることですが、名号本尊ということに関連しまして、真宗における如来とは単なる「無碍光如来」ではなく、「帰命尽十方無碍光如来」である。そこには帰命せよと如来のはたらきを表す意味と、その呼びかけにしたがって生きる我われ衆生の立場とがひとつの言葉として明らかにされているもの、それが真宗における名号の独自性であると言われています。

さて、その如来の尊号としての「南無阿弥陀仏」について、「名」と「号」とに分けて解釈しておられます。「自然法爾法語」の冒頭のところでも同じように、「名の字は、因位のときのなを名という。号の字は、果位のときのなを号という」(『聖典』五一〇頁)という説明があります。それは、「南無阿弥陀仏」あるいは「帰命尽十方無碍光如来」として表される名号は、本願成就の御名であるということを表しているように見えます。親鸞が名号を獲得するという場合、それはただ如来の側についてのみ本願成就の御名だということを語るだけでなくて、我われが「南無阿弥陀仏」という念仏の教えに帰していく。念仏の教えによって生きていくことが「獲得名号」という言葉の意味です。つまり本願成就とは、具体的には私のうえに「南無阿弥陀仏」という念仏の生活が開かれていくことのほかにはあり得ないのです。私を離れて本願の成就ということを考えるわけにはいかない。あくまで私のうえに具体的に念仏申さんと思い立つこころとなって、如来の大悲のはたらきが顕れてくださるという事実のところに、本願成就ということがあるのです。それは親鸞自身の宗教的体験、比叡山における二十年間の修行に破れて、そして六角堂の参籠を経て、よき人法然上人に値遇し、根源なる選択本願に出遇っていかれた宗教的回心を潜っての救済の成就を明らかにする。それが『大経』第十八願成就文である、というのが親鸞教学の依りどころです。

　諸有衆生、聞其名号、信心歓喜、乃至一念。至心回向。願生彼国、即得往生、住不退転。

（『聖典』四四頁）

「ただ念仏せよ」と、よき人法然の発遣の声を聞き、そこに本願招喚の勅命と領解された南無阿弥陀仏の大行に帰していく。そこに我われは、如来の「我」と名告る本願に感動し、その本願に呼び覚まされた自己において往生浄土の道を歩んでいく。それが浄土真宗の教えの根本であると領解いたします。ここでは名号ということについて、「仏になりたまわぬときの御な《（名）》」（『聖典』五四七頁）と言っていますが、所詮は本願成就の御名ということだと思います。

　そこのところで親鸞は、名号は「一切衆生をして無上大般涅槃にいたらしめたまう、大慈大悲のちかいの御な《（名）》なり」（『聖典』五四七頁）と、大事な註釈を施しています。法然の場合は、我われが念仏して浄土に生まれていくことであり、聖覚で言えば、浄土に生まれて菩薩の行を修し、そして仏となっていくことです。念仏して浄土に生まれ、そこで菩薩の行を修して仏となる。そういう過程を通して往生の道を述べている聖覚の立場は、親鸞の立場からすればいまだ不充分と言わなくてはならないと思います。

　親鸞においては、往生とは決していのち終わるときに仏の世界、浄土に生まれ変わるというだけでなくて、それは現在において「正定聚不退転」という確信を得ること、まさしく仏となる身と定められた者であるという確かな自覚をたまわること、それを「即得往生」ということで領解されました。その往生の信心とは、善導の二河譬によって象徴されていますように、貪欲・瞋恚、火の河・水の河でたとえられる業苦に満ちた人生を潜り抜けながら、そこに涅槃への方向を開いていくのが往生の歩みです。「臨終一念の夕」（『聖典』二五〇頁）とは、まさしく往生の歩みが終わるところ、あるいは往生の信心の成就するところです。臨終がただちに仏となり、そこから菩薩行を修してというのではなく、法蔵菩薩は我われの人生を修行の場として選び、そこに本願成就するためにご苦労くださっているというのが親鸞の立場です。修行は浄土に生まれてからではなくて、この生死の世界こそが修行の場である。曽我量深先生は、人間の一生は、人間としてこの世にいのちを受け、人間として生きていく。そのなかにあって絶えず自己とは何ぞやという人間にとっての根本問題を問うことである。いかに生きるかということにさき立って、なぜ人間は生きるのかという問題を抱え、その解決を求めながら聞法していく。そこに、人間が人間となっていく、人間成就の道としての人生であると言われました。浄土に生まれ変わって修行するのではなくて、この人生そのものが聞法の道場であるというのが真宗の立場です。

『唯信鈔文意』では、「南無阿弥陀仏」という本願の名号のはたらきが我われをして無上大般涅槃、このうえなき涅槃のさとりの世界にいたらしめたまうものであると述べられています。寺川俊昭先生は、親鸞の晩年においては、積極的に仏の完全なる智慧のさとりを開くという大涅槃道が強調されて、そこに大衆の仏道としての親鸞の領解の深さがあると指摘されています。大般涅槃ということについて、金子大榮先生は、我われがそれによって縛られている煩悩が完全に燃焼し尽くした境地であり、煩悩が完全に尽くされた境地が涅槃の境涯である、とおっしゃっています。その生死を超えて涅槃の世界に我われを導き入れていくもの、そこに大慈大悲の約束、誓いのはたらきである念仏の徳があるとお示しくださっていると思います。

『五会法事讃』の「甚分明」の釈義についての続きです。

「甚分明」というは、「甚」は、はなはだという、すぐれたりということろなり。「分」は、わかつということ、よろずの衆生ごとにとわかつこころなり。（『聖典』五四七頁）

この文は意味の深い言葉です。「よろずの衆生ごとに」とは、一人ひとりということです。

「明」は、あきらかなりという、十方一切衆生を、ことごとくたすけみちびきたまうこと、あきらかに、わかちすぐれたまえりとなり。「十方世界普流行」というは、「普」は、あまねく、ひろく、きわなしという。「流行」は、十方微塵世界にあまねくひろまりて、すすめ、行ぜしめたまうなり。しかれば、大小の聖人、善悪の凡夫、みなともに、自力の智慧をもっては、大涅槃にいたることなければ、無碍光仏の御かたちは、智慧のひかりにてましますゆえに、この仏の智願海にすすめいれたまうなり。一切諸仏の智慧をあつめたまえる御かたちなり。光明は智慧なりとしるべしとなり。

（『聖典』五四七～五四八頁）

我われの自力の行、人間のさかしらな知恵分別をもってしては、仏のさとりの境涯である大涅槃にいたることはとうてい不可能である。如来の世界、大涅槃は仏の智願海、智慧の本願海であり、それは一切の諸仏の智慧をことごとく集めたまえるものである。我われをして真に生死を超えしめるはたらき、如来の智慧をこの身にいただいていく道は、「南無阿弥陀仏」という念仏の教えのみである、と示されています。

小さな世界に閉じ籠り、どうでもよいことに執われて自ら業を重くしていくような者には、念仏は智慧のかたちであり、智慧のはたらきであるということが本当に自分のうえに心底から頷けているかどうかということを大切な問いとして持ち続けていかなくてはいけないことです。口先で、念仏は智慧のはたらきであると申しましても、本当にそれが無明の闇を破ってくださって、一日一日のいのちを大切に生きていくことが、私のうえに成就しているかどうかが大事なのだと思います。念仏はそういう我われをして大涅槃、このうえなき涅槃にいたらしめる如来の智慧のはたらきであり、大慈大悲の約束のはたらきであると領解いたします。念仏が智慧のはたらきであるということは、

「但有称名皆得往」というは、「但有」は、ひとえに御なをとなうる人のみ、みな往生すとのたまえるなり。かるがゆえに「称名皆得往」というなり。（『聖典』五四八頁）

と、念仏を申す人においてのみ、「称名皆得往」という確かな頷きが示されています。仏が慈悲と智慧のはたらきとして、生死の長い闇を破ってくださるのです。

第五節　親鸞の来迎観

『唯信鈔文意』の『五会法事讃』についての文釈を続けます。

「観音勢至自来迎」というは、南無阿弥陀仏は智慧の名号なれば、この不可思議光仏の御なを信受して、憶念すれば、観音・勢至は、かならずかげのかたちにそえるがごとくなり。この無碍光仏は、観音とあらわれ、勢至としめす。ある『経』には、観音を宝応声菩薩となづけて、日天子としめす。これは無明の黒闇をはらわしむ。勢至を宝吉祥菩薩となづけて、月天子とあらわる。生死の長夜をてらして、智慧をひらかしめんとなり。「自来迎」というは、「自」は、みずからというなり。弥陀無数の化仏、無数の化観音、化勢至等の、無量無数の聖衆、みずからつねに、ときをきらわず、ところをへだてず、真実信心をえたるひとにそいたまいて、まもりたまうゆえに、みずからともうすなり。また

「自」は、おのずからという。おのずからというは、自然という。自然というは、しからしむという。しからしむというは、行者の、はじめて、ともかくもはからわざるに、過去・今生・未来の一切のつみを転ず。転ずというは、善とかえなすをいうなり。もとめざるに、一切の功徳善根を、仏のちかいを信ずる人にえしむるがゆえに、しからしむという。はじめて、はからわざれば、「自然」というなり。誓願真実の信心をえたるひとは、摂取不捨の御ちかいにおさめとりて、まもらせたまうによりて、行人のはからいにあらず。金剛の信心をうるゆえに、憶念自然なるなり。この信心のおこることも、釈迦の慈父、弥陀の悲母の方便によりて、おこるなり。これ自然の利益なりとしるべしとなり。

（『聖典』五四八〜五四九頁）

親鸞以前の来迎観につきましては、ことに『大経』第十九・二十願のところで説かれています。いのち終わるすべての人間が背負っている課題です。生まれた以上、必ず死ななければならないという生死の問題。その生死のところで、本能的にいのち終わるときに安らかに終わりたい。そして仏のお迎えによって仏の世界に生まれ変わっていきたい。こういうことが浄土教においても長い間要請されてきて、平安仏教までは来迎信仰の思想が非常に強烈にありました。それは源信のうえにも見られることですし、法然の場合でも仏のお迎えを期待するということが完全に越えられているとは言い切れないと思います。

ところが親鸞の場合は、平成業成の救いを徹底して明らかにされました。現在において本願を信じ念仏申す身となる、そこに我われの迷いの終わりがあり、さとりの道のはじまりがある。またいのち終わるときに、どのような死にざまをしようとも問題ではなく、現在ただ今のところにおいて我われは真実の教えに出遇い、如来の真実に生かされているという、如来の真実を生きる身となり得ているかどうかが問題である。もはやそこではいのち終わるとき、仏のお迎えを受けて仏の世界に生まれ変わっていくという期待は撤廃され、如来の摂取不捨のはたらきが来迎の具体的な姿であると語っていくわけです。

来迎は「自然」ということで、まったく我われの計らいではなく、如来のはからいである。その如来のはからいとは、釈迦・弥陀二尊のはたらきによって我われが如来の本願に摂め取られていくこと、摂取不捨の徳をいただいていくことです。晩年の親鸞は、念仏申しそうらえどもその念仏を自力の念仏としていく人間の計らいについて深く問い続けられました。その晩年において、ことに「自然法爾」という、念仏はまったく如来のはからいであり、その如来のはからいにおいて一切の煩悩も転ぜられて功徳の水に転じていく。人間の一生の流転の悲しみを通して、そこに涅槃の徳をいただいていくと領解されていると思います。

この「自来迎」の釈義ですが、如来は摂取不捨のはたらきとして、如来自ら我われのところに現れて来りたまうということを「自」と解釈されています。そのあとに摂取不捨である来迎について、親鸞独自の解釈が展開されていきます。

「来迎」というは、「来」は、浄土へきたらしむという。これすなわち若不生者のちかいをあらわす御のりなり。（『聖典』五四九頁）

「来迎」とは、こちらに来るのではなく、浄土へ来らしめる。それは「若不生者」という、本願の誓いを表す言葉です。これも親鸞独自な解釈で、仏がこちらに来られるというのではなく、浄土に我われが召されることを「来」と言われています。続いて、

穢土をすてて、真実報土にきたらしむとなり。すなわち他力をあらわす御ことなり。また「来」は、

かえるという。かえるというは、願海にいりぬるによりて、かならず大涅槃にいたるを、法性のみやこへかえるともうすなり。

（『聖典』五四九頁）

と述べています。浄土に来らしめるというのは仏の本願であるけれども、それによって我われに開けてくる宗教的自覚は帰るべき故郷、その涅槃の境涯に帰るということである。人間に与えられたこの人生は必ずしも平坦な道とは言えない。山あり、谷ありという人生です。生きるということは、それぞれが生きることの重さを味わいながら生きていかなくてはならない。そういう我われにとって、浄土が帰るべき世界として開けているということです。金子大榮先生は、「死の帰するところが生の依るところである。いわば浄土とは人間にとって生死の帰依処であり、我われがいのち終わって帰るところであるけれども、帰る世界があるということが実は旅にも似たこの人生を本当に大切に受け取って生きる依り所でもある」（『人生を語る』コマ文庫、一九六七年、八七頁）と言われました。

法性のみやこというは、法身ともうす如来の、さとりを自然にひらくときを、みやこへかえるというなり。これを、真如実相を証すとももうす。無為法身ともいう。滅度にいたるともいう。法性の常楽を証すとももうすなり。

（『聖典』五四九頁）

存在の故郷と言われるべき浄土に帰っていく。その浄土は、『阿弥陀経』では「倶会一処」と説かれ、我らなる世界が真に成就していく世界として受け取られるということです。具体的には、無為法身のさとりを開くということであり、私の領解から言えば、それは南無阿弥陀仏という念仏の教えによって生かされていき、南無阿弥陀仏のなかに包み取られ、南無阿弥陀仏そのものになっていくのです。それは別のものになるのではなくて、南無阿弥陀仏という念仏の教えによって育てられ、生かされてきた我われが生涯を通して、南無阿弥陀仏のなかに完全に包み取られ、南無阿弥陀仏の言葉に摂め取られていくことが、ここで言われる「真如実相」「無為法身」「法性の常楽を証す」ということであり、涅槃のさとりを開くことであると領解いたします。

続いて、親鸞は、

このさとりをうれば、すなわち大慈大悲きわまりて、生死海にかえりいりて、普賢の徳に帰せしむともうす。この利益におもむくを、「来」という。これを法性のみやこへかえるともうすなり。

（『聖典』五四九頁）

と、浄土に帰らしめ来らしむというだけではなくて、そこからさらに生死海に還らしめることが「来」であると述べています。「来」というのは、如来が我われのうえに来るというのではなく、如来が我われをして浄土に来らしめるはたらきである。それを通して、我われが浄土から生死の世界に還るというはたらきを我われに成就してくださるのが南無阿弥陀仏という名号なのです。

ここに見られる往相と還相という解釈は、いまでもどう領解すればいいのか、いろいろと思案しますが、往相とは完全に南無阿弥陀仏のなかに摂まっていくことであるならば、還相とは南無阿弥陀仏という名号となってこの世に還ってくるのが還相であると領解いたします。それゆえ往相も還相も南無阿弥陀仏に摂まっていく事柄だと思います。『正像末和讃』には、

南無阿弥陀仏の回向の
恩徳広大不思議にて
往相回向の利益には

還相回向に回入せり

（『聖典』五〇四頁）

とあり、往相も還相のはたらきも、すべてが南無阿弥陀仏という言葉のなかにおいてのできごとだと述べられているのです。

そのあとに、『唯信鈔文意』には感銘の深い解釈が出てきます。

「迎」というは、むかえたまうという、まつということろなり。

（『聖典』五四九頁）

「迎」とは、待つということろである。我われが浄土の世界に触れ、その浄土に願生していく。涅槃のさとりを開くという仏道のうえに立って、一日一日を歩んでいくということが如来によって待たれている。帰るべき世界が浄土ですから、帰るべき世界としての家は我われを待っていてくれる親のいますところであり、我われは如来によって待たれてある身である。この言葉は感銘の深い言葉だと思います。続いて、

選択不思議の本願、無上智慧の尊号をききて、一念もうたがうこころなきを、真実信心というなり。金剛心ともなづく。この信楽をうるとき、かならず摂取してすてたまわざれば、すなわち正定聚のくらいにさだまるなり。このゆえに信心やぶれず、かたぶかず、みだれぬこと、金剛のごとくなるがゆえに、金剛の信心とはもうすなり。これを「迎」というなり。

（『聖典』五四九頁）

とあります。来迎は、仏が死に際にお迎えになるということではなくて、如来は摂取不捨のはたらきとしてつねに我われのうえに正定聚不退転の喜びを成就する。そのはたらきとして、我われのうえにいつもはたらいているものが如来の大行です。そのような如来の摂取不捨のはたらきによって、我われのうえに獲得される金剛の信心は、予測することのできない業縁の人生を生きていく者にとって、いかなる障碍にも壊されることのない確かな信心であると解釈されているのだと思います。

そのあと、正定聚不退転との関連において、「即得往生」とは金剛心を獲得し、正定聚不退転の身となっていくということが説かれています。

『大経』には、「願生彼国　即得往生　住不退転」とのたまえり。「願生彼国」は、かのくににうまれんとねがえとなり。（『聖典』五四九頁）

我われが願うのではなく、仏の呼びかけ・発遣の声として、さらに深い言葉で言えば、本願の欲生の叫びとして、「願生」ということが註釈されています。次に、

「即得往生」は、信心をうればすなわち往生すという。すなわち往生すというは、不退転に住するをいう。不退転に住すというは、すなわち正定聚のくらいにさだまるとのたまう御のりなり。これを「即得往生」とはもうすなり。「即」は、すなわちという。すなわちというは、ときをへず、日をへだてぬをいうなり。（『聖典』五四九～五五〇頁）

とあり、これは別のところで、「即」とは即位、位に就くことであると述べられています。

おおよそ十方世界にあまねくひろまることは、法蔵菩薩の四十八大願の中に、第十七の願に、十方無量の諸仏にわがなをほめられん、となえられんとちかいたまえる、一乗大智海の誓願、成就したまえるによりてなり。（『聖典』五五〇頁）

その念仏のはたらきが十方世界に弘まっていくということは、『大経』第十七願に説かれた称名によるものであると述べられています。続いて、

『阿弥陀経』の証誠護念のありさまにて、あきらかなり。証誠護念の御こころは、『大経』にもあらわれたり。また称名の本願は、選択の正因たること、この悲願にあらわれたり。（『聖典』五五〇頁）

とあり、「この悲願」とは、第十七願のうえにあらわれていることであると説明されています。

この文のこころは、おもうほどはもうさず。これにておしはからせたまうべし。この文は、後善導法照禅師ともうす聖人の御釈なり。この和尚をば法道和尚と、慈覚大師はのたまえり。また『伝』には、廬山の弥陀和尚とももうす。浄業和尚とももうす。唐朝の光明寺の善導和尚の化身なり。このゆえに後善導ともうすなり。（『聖典』五五〇頁）

最後に法照禅師の説明をしたところで、『五会法事讃』の文、「如来尊号甚分明　十方世界普流行　但有称名皆得往　観音勢至自来迎」についての親鸞の文釈は終わりとなります。

第三章　唯信の道

第一節　念仏の選び

聖覚の著した『唯信鈔』の「唯信」という題号について、親鸞聖人は深い感動をもって文釈をされています。

「唯信抄」というは、「唯」は、ただこのことひとつという。ふたつならぶことをきらうことばなり。（『聖典』五四七頁）また「唯」は、ひとりというこころなり。

「唯」の二訓ということで挙げてこられます。「ひとつ」と「ひとり」ということです。「唯」とは専、もっぱらということです。あるいは「唯」は「ひとりなり」というようにも読まれています。「ひとつ」というのは専一、「このことひとつ」ということ、そしてさらに「ふたつならぶことをきらうことばなり」と述べています。この「ならぶ」ということをどう解釈するのかですが、ここでは信と行を並べてということではなく、それは法然上人が明らかにされたように、「諸行・自力の万行諸善」と言われるものです。たとえば、『観経』のうえでは、「三福」のような定散二善にまとめているようなものです。こころを静めたり、善いことを行ったりすることで代表される一切の行を捨てて、「ただ念仏」を専らにするということだと思います。ここでは、如来の大悲の行は、如来のはたらきである念仏ひとつによることを言われているものと領解いたします。

法然上人は、四十三歳まで比叡山において悪戦苦闘されました。そのことについて法然は、一切経を五回読んでもなお自分を救う道は得られなかったと語られています。そして自らのことを「三学非器」（『真聖全』四、六八〇頁）と告白されました。一代仏教は、戒・定・慧の三学に尽きると言われます。戒律を守り、こころを静め、智慧をみがくということです。戒は身の問題、定はこころの問題です。まず身を整え、そして規律正しい生活をする。戒律はそんなに簡単なものではございません。僧侶であれば二百五十戒、大乗の戒にしましても四十八戒という戒があります。金子大榮先生は、戒律とはわかりやすく言えば、身を整えることである。身を整えることによって、自らこころも定まってくる。それによって開けてくるのが、真実をあるがままに見る智慧のはたらきである、とおっしゃいました。釈尊によって説かれた仏教は八万四千の法門とも言われるように、その内容は計り知れない教えであるけれども、煎じ詰めて言えば戒・定・慧の三つのことに尽きる。けれども我が身は三学の器にあらず、と法然は自らのことを懺悔しておられます。「智慧第一」「一心金剛の戒師」と言われた方です。法然上人は結婚することなく清僧として生涯を貫かれたわけですし、それは天台の戒律を遵守された「一心金剛の戒師」として当時の人びとから羨まれた方です。智慧において並ぶべき人がないとまで言われた方です。法然の書物を読みますと、それが決してオーバーな表現ではなく、本当に智慧第一の方だと思います。それにもかかわらず、自らを「十悪愚痴の法然房」、愚かなる凡夫であると言われた。「三学非器」とは、戒・定・慧を仏法であるとすれば、もはや仏法の器ではない、永遠に救われざる者ということです。どこにも救いの道を見出せない、その自覚において出遇われたのが、源信の『往生要集』に引かれた善導の『観経疏』散善義の「一心専念弥陀名号、行住坐臥、不問時節久近、念念不捨者、是名正定之業順彼仏願故」（『真聖全』一、五三八頁）という一文でした。どのような生きざまをしているにせよ、そういうことは一切条件としては問わない。ただ問われるべきは、仏の願いにしたがって生きること、念仏して生きること、それのみが救いの行である。その源に触れたときに、まったく道の閉ざされた、どこにも救いの道を見出すことのできないこの私のうえに道が開けていたということに感動して回心されました。それが法然上人四十三歳の時であったということです。

「唯」とは、このことひとつを選ぶということですが、その選びということは末法の世に生きる法然の教えによると、浄土宗を開くのは凡入報土のためであると明確に語っておられます。入報の報とは、真実の報土、いわば仏の本願によって成就された浄土ということです。無漏清浄なる真実そのものです。如来の本願によって成就された世界、その浄土にすべての人が帰っていくことを明らかにするために浄土宗を開くのだと。これが法然の心情です。そこに念仏の選びということがあります。選択本願念仏と言われる選びは、如来の本願における選びであることを表しますが、それにさき立ちまして法然自身にも選びがあったということです。末法の時代を生きる凡夫、五濁無仏のときを生きる凡夫、経道滅尽のときを生きる凡夫である我が身ということです。そこには悪戦苦闘があり、自力のかぎりを尽して、我われが人生を生きていく。そこにいつでもさまよい続けている自分を見なくてはおれないということです。

余談になりますが、私のお寺では毎年の元旦に、短い法語を書いて法座のたびにみなさんと一緒に読む習慣を持っております。今年の法語については、まだはっきり決めているわけではありませんが、ふと思いついた言葉は、「今日もまた貪欲・瞋恚の煩悩の荒れ狂う一日である。しかし今日はまたそれを縁として浄土に生きていく一日である」という言葉を掲示しようかと思っております。今日一日、朝起きたときからいろいろな煩悩の荒れ狂う日ですが、幸いにして我われはその煩悩をご縁として我が身に立ち帰る道が与えられている。そこに煩悩を縁として、浄土への道として方向が転換されていく。浄土への道がいよいよ幅狭き白道として、我われの前に開けてくる。その白道を我われが煩悩に狂わされながらも、一歩一歩、今日一日をいのち終わる日まで歩んでいく身となることができたという、深い悲しみのなかに開けていく喜び。それが我われ真宗門徒に与えられる喜びであると思います。そこには選びがあります。自力を尽してと言われますが、今日一日の日暮らしを振り返って見ましても迷いの日暮らしです。六十年の人生を振り返ってもそのことはなお一層明らかで、本当に迷いに迷いを重ねてきた六十年であったと思います。けれどもそれと同時に、よき人に出遇うことのできた、よき人・よき教えに出遇うことのできた一生であったと思います。

先日、教え子の結婚式でスピーチをいたしました。そのときに、これからの人生はどれだけのことが出てくるか分からない。どんなに祝福されて新しい門出に立った人であろうとも、いま夢見ているような甘い人生がこれからさきに開けてくると思うのはとんでもない間違いであって、それがどんなに狂っていくか分からない。けれどもどんなに狂おうとも、それがどんなにかたちを変えていこうとも、それをご縁とする道を歩んで行ってほしいと申しました。自力のかぎりを尽くしてと重い言葉で表しましたが、それは我われとは遠いことではなく、生きることは自力です。懸命にそれぞれのところで自力を尽くして生きているのです。けれども自力でやっていることのありよう、内容というものを我われが省みますと、それが何とお粗末であり、何と真実ならざるものであるかということです。

そういうなかで、本当に自分の一生を悔いなき一生として、我がいのちをたまわりたるいのちとしていただいていく道がどこにあるだろうか。苦難の人生であり、この生きざまを合掌していくことのできる道がどこかになくてはならない。それを見出さないかぎり、永遠に救いの道はない。救いはどこまでも苦しみ・悩みのなかにしか開けてこないわけですし、この苦しみ・悩みの連続と言っていい人生が本当に合掌していく道がどこかになくてはならない。それを法然は念仏のうえに見出された。念仏とは、文字通り合掌して生きることです。その仏に対する合掌というのは、そのまま自分のいのちに対しての合掌にならなくてはならないはずです。そういうものを抜きにして仏さまにだけ合掌するのであれば、それは祈りになってくるわけで、真の合掌とは言えない。真の合掌であれば、仏さまに対して合わされた手が、自らの苦難の人生に対して合わされていく手でなくてはならない。そこに法然の念仏における選びがあったというべきです。

そのようなかたちで出遇われた念仏であるけれども、もうひとつ言い添えておきたいのは、法然は善導の文に触れて念仏の教えに帰され、念仏の法を我が道として選び取られました。けれども念仏の教えが真実である、そのことを事実、身にかけて生きていてくださる人に直接に出会わなければ最終的な結着がつかなかった。それは遊蓮房（一一三九～一一七七）という方ですが、真に念仏の教えを身に行じている人に出会うことによって、法然は明確に「ただ念仏」という選びをされていくのです。これは善導で言いましたら、「就人立信」（『真聖全』一、五三七頁）です。信心を我われが確立するということです。真の目覚めを我われが持つということは、人に就くことです。よき人に就くということ、出会いということを抜きにしてはあり得ないことです。法に出遇うと言いましても、人に出会うということを抜きにしてはないのです。ことに念仏は、『阿弥陀経』に説かれますように、易行難信の道である。念仏の教えほど信じがたい教えはないと言われます。その極めて信じがたい念仏の教えが、救いの法であるということをどこで我われが信ずることができるか。その確かな事実に触れなくては、我われは念仏の教えを信ずるということができないということがあります。そこにおいて、行に就いて信を確立する「就行立信」(『真聖全』一、五三七頁)、人に依り、行に依るというほかに我われは真の目覚め、信を確立することはできないというのが善導の教えです。それはまた善導にかぎらず、法然の道であり、親鸞の道であり、また我われの道であるということです。そこのところで、「ただ念仏」という選びが成し遂げられていきます。

私において出遇った念仏、私において選ばれた念仏は、実は私にさき立って本願において選び取られた道だということです。それが確かな根拠です。私の選びというのがどんなに明確になされたものでも、それはあやふやなものです。親鸞の領解から言えば、念仏の選びということは、この教えを聞いていくことが私にとって本当に私になっていくことなのだという頷きです。そういう頷きも如来によって与えられた選びであるということです。出会いもそうだと思います。私の方から出会ったと思うけれども、それは出会うべくして出会い得たのであるし、むしろ向こうの側から待たれてあって、その待たれてあったこころがいまようやくにして私のうえに受け取られた出会いとして成就したということです。みなさんであったら、多くの先生やいろいろなご縁にお遇いになってこられたと思います。そのときには自分が足を運んで聞いたと思っていたけれども、教えに出遇ってみればそうではなくて、待たれてあった自分であり、呼ばれてあった自分ということが頷けるという事実があります。

我われにおける選びは、そのまま如来によって選び取られてあったところに法然の確かな根拠がありま
す。根拠は私のうえにあるのでなく、あくまでも真実そのものである如来のうえに信心の根拠があるとい
うことです。私のうえにどれだけ自分の信心が壊れないように、どれだけ力んでみましても、それは常に
ふっ飛んでしまうようなものです。道綽の言葉で、「信想軽毛」（『真聖全』一、四二一頁）です。人間は十信
のなかにも入らない、軽毛のごとき存在だと。吹けば飛ぶようなものです。そういう者がどれだけ信心を
固めようとしても、それは徒労に終わります。そうではなくて、どこまでも如来にその根拠があるところ
に人間の真の救いがあると思います。本当に人間が安立する場所です。信心というのは安立するというこ
とですから、安心してそこに立つということ。清沢満之先生の言葉で言えば、「吾人は如何にして処世の
完全なる立脚地を獲得すべきや」（『清沢満之全集』第六巻、岩波書店、二〇〇三年、三頁）ということです。「完
全なる立脚地」そのものを獲得しないならば、我われはどんなことをやってもそれは空に絵を画くがごと
きのものである。清沢先生はそのことを『わが信念』のなかで、「私はこれまで幾度も幾度も真理がつか
めた、真理を見出したという思いをもった。けれどもそれは次から次へと壊れていった。そしてようやく
にして十悪愚痴の法然房、愚禿親鸞と名告ったその人のこころに触れ、その人の道に立つことができた。
智慧の限りを尽くして自分は悪戦苦闘して、その研究だのといろいろなことをやって、そのあげくに愚と
いう大地に立つことができた。それに対して人は随分くだらない廻り道をしたものだと言うかも知れない。
けれども私にとってはそのことが必要であった」（『清沢満之全集』第六巻、一六一頁趣意）と語っています。
研究だのいろいろなことをやってきた。しかし、帰するところは愚という人間の大地そのものに立ち帰る
ことであった。いろいろなことをやってきた、いろいろな迷いを重ねてきた。そういうことが無駄でなか

ったと言える世界がどこかに見出せないかぎり、人間の救いはどこにも見出せないということです。最後まであてにならない希望をいだいて、その希望を追いかけることに疲れ果てて、何の人生であったのかという空しい思いを持って人生の幕を閉じていかなくてはならない。それほど惨めな人生はないということでしょう。

第二節　弟子の道

法然上人は「ただ念仏」という道を選んでいかれました。その教えをただ信ずるということに弟子の道があります。教えを聞いてその教えに頷き、その教えを信ずる。安田理深先生（一九〇〇～一九八二）は、信ずるということは、ああそうであったかと膝を打って頷くことのできること、それが信心というものだ、とよくおっしゃいました。それをただ信ずる。これは弟子の道です。師の道は、「ただ念仏せよ」というほかにありません。「念仏して生きよ」、そこに師の教えのすべてがある。しかしそれによって生きる弟子の道は、ただそれを我が身に頷き、我が身に引き受けて生きることがそこにあるのです。

曽我量深先生は、救われる法はすでに如来によって与えられている。それが念仏です。けれども信ずるということまで如来から与えられるということはない。信ずるとは文字通り、面々一人ひとりの問題である、とおっしゃいました。私は、先生の言われるその言葉の意味が最初分かりませんでした。親鸞教学は回向の教学です。行も信も浄土に生まれていくことも、浄土から還ることもすべてが如来の回向であるというのが親鸞教学だと習ってきました。そういうことを頭で憶えてきた私にとりまして、信ずるということは一人ひとりの問題であり、それまで如来から与えられるというわけにはいかないのだという言葉に対して、親鸞の言葉と曽我先生の言葉とは違うではないかという思いを抱きました。ところが『歎異抄』の第二条を見ますと、親鸞は、「ただ念仏せよ」とよき人法然の教えを信じて生きる、それが私のすべてであると。それ以外は愚かなる身以外何ものもない。そのうえで念仏をとって生きるかどうかは「面々の御はからいなり」(『聖典』六二七頁)と言い切っています。一人ひとりがこの道を生きるかどうか、一人ひとりの責任のところで念仏を選べと。誰の責任でもなくて、我が身の責任として念仏を受け取り、我が身において念仏して生きよと語っていくわけです。法は念仏として与えられていますが、それを我が身のうえに頷き、我が身に引き受けるかどうかは、一人ひとりの問題です。そこで、「ただ念仏して」ということが私の生きる道だと頷いたときに、その頷きは実は如来から回向されたものであったとはじめて明らかになる。そういうことを抜きにして回向ということをどれだけ語ってもそれは空論でしかないし、それは本当に言葉の遊びでしかない。如来の救いということは、救われざる者という自覚を抜きにしては如来の救いはあり得ないということです。

ところが我が身のところを離れて、我われは救い、回向ということを語るわけです。あるいはありがたいということばかり言うのです。どれだけ聞いてもありがたくなったつもりに止まって、ありがたい身になれない。そういう我が身を抜きにして、ありがたい、ありがたいと言っているに過ぎない。そこには救いは少しもないのであって、如来の救いは回心ということにのみ成就するということです。そのことをただ信ずるということにおいて、弟子の道があるのではないでしょうか。

『唯信鈔文意』の文釈に戻ります。

「唯信抄」というは、「唯」は、ただこのことひとつという。ふたつならぶことをきらうことばなり。また「唯」は、ひとりというこころなり。（『聖典』五四七頁）

キェルケゴール（一八一三～一八五五）というデンマークの哲学者の言葉に、最初は「あれもこれも」、そのうち「あれかこれか」となるだろう。人間は宗教を求めていくけれども、そういうことに裏切られていくときに「あれかこれか」という問題が出てくるのだと言っています。「あれもこれも」という段階から「あれかこれか」という段階になっていく。そういうことが「ただこのことひとつ」という言葉で表される専一、一向専修です。傍らに念仏を申していくということではなく、ただ念仏において日暮らしさせていただくということです。法然で言えば、「念仏の申されん様にすぐべし」（『真聖全』四、六八三頁）ということです。人生どのような生き方をするか、それはその人の業ですが、どのような生き方をするにせよ、大事なことは念仏が申されるように過ごすということです。そういう立場がはっきり決定しているかどうかです。それを金子大榮先生は、念仏なくしては生きていけないのが人生です、と言い換えられました。人が生きていくかぎり、念仏なくしては生きていけない。それが私どもに与えられた人生です。師の言うことをただ話と聞いて終わるということではないのです。その聞いたことが我が身のなかに徹倒する。そして教えの言葉が光となり、道となっていくまで聞き開いていくということが我われの一生でなくてはならないのです。

根本のところ、あなたは何によって生きているのかと突き付けられたときに、それは死というところで否応なしに突き付けられることでしょう。死という大きな問題を通して、あなたは何によってこの人生を生きてきたのか。あなたの人生は総じて言えばどうだったのか。いずれの日か人生の総決算をされるわけですから、そのときに、私の人生いろいろなことがあったけれども、その人生は総じて言えばこういうことでございました、と明確に答えられなくてはならない。これは金子先生の喜寿のときの講演であったと思います。「死なせていただく喜びというものをお与えいただきました」とおっしゃいました。死なせていただくことのできる喜びを与えていただく。禅の立場で言えば、死の覚悟がなくて何ができるかということです。悟りというのは、死んでいけるということが徹底したことである。けれども真宗の立場は違います。そういう死の覚悟などおおよそできない人間が、できないままに死なせていただける喜びに恵まれる。そこに真宗の救いがあると金子先生は言い切られました。聞いた教えが私の光となり、道となって私を生かすものとなるということです。

第三節　独立者の道

「ひとり」とは、ただ信ずるということにおいて、清沢満之先生の言葉で、「独立者となる」(『清沢満之全集』第六巻、岩波書店、二〇〇三年、一一二頁)ということです。あるいは『歎異抄』後序の「親鸞一人がため」(『聖典』六四〇頁)、如来のご苦労、よき人の一生のご苦労というのは、ひとえに「親鸞一人がため」にあるということです。ただ信ずるとはそういうことです。人間とはというところで語られるのは宗教でなくて、この我が身においてはということです。この私ひとりがためのご苦労であったと。家族の苦労も私ひとりのためであったということまで見えてこなくては、本当の自分に出遇ったことにならないのではないでしょうか。身近なところの苦労というものが見えないで、遠いところの仏のご苦労ということをどれだけ言ってみましても、それは仏に出遇っているとは言えないのではないかと思います。仏のご恩の深さ、よき人のご苦労の深さや重さ、そういうものが私ひとりのためであったと頷ける。私の身近なところにおられる人びと、それは決してよい人ばかりではございません。よい人には抵抗なくありがとうと言えるかもしれない。しかし自分にとっては嫌な思い、辛い思いをしてきたことにも、ありがとうと言える世界がどこかにないと本当の喜びにはならないのではないでしょうか。

先日、教え子の結婚式のスピーチで、自分の思うように物事が運ぶ人生はどこにもないということを話ました。端の眼からは幸せと見えるかもしれないが、その人その人で言いしれぬ苦しみや悩みを抱えているわけで、思うようにいく人生はどこにもない。思うようにいったら最後まで自分に出遇わないままであり、もののありがたさも分からないままで終わっていくと思います。壁にぶつかることが大事なことで、順逆ともに「親鸞一人がため」と見えてくる世界がないと、人間における本当の救いは成就しないと思います。我われにとって信じるとは、この私ひとりがためであったといただく。それが如来の本願です。

「十方衆生よ」と呼びかけている本願のこころを明らかにした釈尊の教えは、『教行信証』「信巻」に引かれました『涅槃経』の「阿闍世王の「為」に涅槃に入らず」（『聖典』二五九頁）ということではないかと思います。それは有為の衆生、迷える衆生のためである。決して無為の衆生、迷いのない衆生のためにあるのではないと言っておられます。一切衆生と言いながら、そこにあるのは阿闍世のためということです。十方衆生と呼びかけている本願は、決して大風呂敷を広げたところで語っているのではなく、それは「汝」ということで呼びかけておられる。そのことを善導は、二河譬のたとえのなかで明確に語ったわけです。水・火、二河のなかに溺れ沈み込んでいく我われに対して、「汝一心に正念にして直ちに来れ」

（『聖典』二二〇頁）と呼びかけ、釈尊も「汝この道をただちにたずねてゆけ」と呼びかけているのです。押し出す方も「汝」と呼び、迎える方も「汝」と呼びかけている。そういう仏のこころを伝えてくださった、よき人の仰せというものを通して、我われの人生における順逆そのものが「親鸞一人がため」ということを教えてくださる大事なご縁であると言えます。

それを清沢先生は、「独立者になる」ということで表されたのだと思います。本当にひとり立ちしていける身になるということ、それが人間の最後の根本の課題だと思います。一人ひとりが本当に独立していける。独立しない者が他者に依頼していくとそこには何が出るかと言えば、対立が出てくる以外にないのです。私という者がいつも付きまとうわけですから、私がこれだけやっているからというものがあるかぎり、決して独立者にはなれません。そこには話し合いの場が開けないまま、夫婦であろうと、親子であろうと、対立のままで孤立の世界を生きていく以外にない。その孤立の世界のなかで共通の広場が開けるのは、私というこころがどこかで破られるほかはない。その私というこころを破ってくださるものが真実の教えである。それが具体的には南無阿弥陀仏という念仏なのです。

曽我量深先生は、もし念仏という行、生活がなければ信心が観念になる、とおっしゃいました。どんなにありがたそうなことを言っても、それが念仏を抜きにして語られ、念仏の生活を抜きにして言われるとき、それは観念でしかない。もっともらしいことが言われれば言われるほど、残るのは空しいものであるということが出てきます。これも曽我先生がおっしゃられたことで、話を聞く前からありがたいと頭を下げている。だから話は頭のうえを通り越して向こうの方にいってしまって、何にも教えを聞いたことになっていないと。ありがたいということは、本当に教えに遇い、我が身に遇う人生を知らせてもらう。それを抜きにしてはじめから頭を下げていると、そこには教えが生きてはたらかない、と言われました。

「唯」は独立者ということです。これについて注意しなくてはならないことは、廣瀬杲先生（一九二四～二〇一一）は、「偏依」と「独立」ということを言われました。『歎異抄』の第二条がまさしくそうです。

親鸞におきては、ただ念仏して、弥陀にたすけられまいらすべしと、よきひとのおおせをかぶり《(蒙)》て、信ずるほかに別の子細なきなり。（『聖典』六二七頁）

法然上人は「偏依善導一師」（『真聖全』一、九九〇頁）と、偏えに善導に依ると明言されました。これが法然の立場です。私は、偏えに善導の教えに依って生きると。念仏の教えを説かれたのは、善導独りにかぎらない、多くの方々が念仏の教えを説かれたのに、なぜ善導独りに依るのかということを問題にしていかれます。

それは、菩提心を必要としないということでした。菩提心を必要としないということを言い切ったのは、善導だけです。菩提心というのは、自分の力によって煩悩を断ち切って、さとりを開くということです。そのことが無用であると明確に言い切ったのは善導独りです。さらにもうひとつ、善導は三昧発得の人であるということでした。いわば三昧において仏に出会った人であるということです。本当の仏に出会った人が善導であるから、善導の説くことは人間としての善導が説いているのではなく、弥陀の直説である。仏に出会った人が仏に聞いた教え、それがそのまま善導の言葉である、というのが「偏依善導」という立場に立った理由です。自分の力で自分の人生が解決できるように思う、そういうこころを必要としないと明確に語った人であり、自ら三昧という境地において仏と出会い、仏の教えを直接に聞いた人に依るのだというのが、法然の立場でした。それでは親鸞の立場はどうであったのか。「偏依善導」と語った法然に偏えに依ると言われたのが親鸞です。たとえだまされたとしても後悔しない。なぜそんな道を歩むのかと群賊悪獣から呼ばれようとも、決してそれによってたじろぐことのない身になるというところに親鸞の立場があります。

その偏依ということですが、偏えに依るということは決して偶像崇拝ということとは違います。それを絶対的なものとして、神格的なものとして偶像崇拝し、それに固執する。その人の名前を挙げることによって、自分までありがたくなったように勘違いしてしまう。あの先生はありがたいということによって、自分までありがたくなったと思い込んでいる。師というのは発遣の人ですから、教主であって救主ではありません。教主と救主は明確に区別されます。浄土真宗におきましては、救主というのは阿弥陀仏です。念仏の道のほかにはないと明らかにしてくださるのが教主、それは釈迦・諸仏・善知識です。教主というのはあくまでも発遣の師であります。我われをそれぞれ道のうえに立たせてくださる方です。『大経』上巻の終わりを見ましたら、「各各安立　無量衆生　於仏正道」（『聖典』四三頁）と言ってあります。各々一人ひとりの者をして、このうえなき仏の正道に安立せしめたまう。それが真実の教えであると。ですから偏えに依るということは、そのまま独立者となること。だまされてもいい、そういう人間にならせていただくというほかにはないと領解されるべきことだと思います。

第四節　疑蓋無雑のこころ

「信」は、うたがいなきこころなり。すなわちこれ真実の信心なり。虚仮はなれたるこころなり。

「虚」は、むなしという。「仮」は、かりなるということなり。「虚」は、実ならぬをいう。「仮」は、真ならぬをいうなり。本願他力をたのみて自力をはなれたる、これを「唯信」という。

（『聖典』五四七頁）

さきほどは、『唯信鈔文意』の「唯」という字釈について説明してきました。次に「信」についてですが、信とは不疑ということ、疑わないということです。疑いなきこころ、それが真実信心であるとおさえられます。

「疑」は、サンスクリット語で「ヴィマティ」（vimati）という言葉ですが、ヴィマティという言葉にはいろいろな意味があります。猶予、モラトリアム、余裕があるという意味です。急ぐべきことを急がないで、さき送りしていく余裕のあるこころです。まだ切実に私自身の問題になってこない状態、向こうの方に見ている状態、あるいは「あれもこれも」と決着がつかないような意味がサンスクリット語の「疑」にはあります。ところが問題なのは、「疑」とは文字通り信心決定しないことですが、親鸞は信心ということについて、「疑蓋無雑の信」ということでおさえていかれます。「蓋」というのは真実に蓋をすることですから、煩悩のことです。「疑蓋無雑」とは、疑いの煩悩がまったく混じわらない、純粋であるということです。

『教行信証』「信巻」の字訓釈において、法然が「王本願」とおさえられた『大経』第十八願のこころを、一字一句の言葉についていろいろな経典に拠りながら、その言葉の意味を明らかにし、それを「疑蓋無雑」（『聖典』二二四頁）と釈していかれます。曽我量深先生は、仏が我われを信じ、我われを愛しておってくださるから、仏を信ずることができる、と講義のなかでおっしゃったことがあります。仏が我われを愛し、我われを信じておってくださる。だから我われは仏を信ずることができる。「疑蓋無雑」とは、我われが疑わないこころではなくて、如来のこころ、如来の真実心を表す言葉です。「疑蓋無雑」の如来の真実に触れるとき、我われに何が見えてくるのか。その場合、我われは「疑蓋」のほかにないということが見えてくるのでしょう。如来の疑いなき真実に触れたときに、我われに見えてくるものは、疑うこころを離れることができないという事実です。その疑いの内容は、『大経』の智慧段において、「不了仏智」（『聖典』八一頁）という言葉で明らかにされています。一方、真実というのは「明了仏智」、明了に明らかに知っているということです。それに対して、我われは仏の智慧というものが明らかでない、仏の智慧を信じているようでもそれが明らかでなく、不徹底であるということです。

それではなぜ信心が不徹底な不純なものになっていくのか。そこには罪福信があるからだと。信がないわけではないけれども、その信の内実というものは罪福信だと言われる。罪を恐れ、幸せを求めるというところにおける信であって、そういう自己を中心とした信、自己の思いの破れたところ、あるいは自分の思いを超えたところに成り立ってくる信ではないのだということが問題なのです。

昨日、福岡のお寺の会で、『観経』を一緒に読んでいましたら、「教我思惟、教我正受」という言葉が出てきました。韋提希が釈尊に、「我れに思惟を教えたまえ、我れに正受を教えたまえ」と懇願するところです。思惟とは、「あれもこれも」と人間が推し量っていくことです。正受とは、善導の『観経疏』に拠りますと、考えてさとるということすらも捨て去られたところに正受があると説かれています。人間の浅はかな、それに執着する頑固な人間の思いを突き破って、この身のなかにいたり届いてくださったものが身心徹倒であり、正受ということです。その身心徹倒したことを、親鸞は「金剛心」という言葉で表しています。

金剛心という言葉は、弥勒の下にまで到達した、そして仏となることが間違いなく決定した、と弥勒について語られる言葉です。その言葉に注目し、大事にしたのが善導です。これは『観経疏』「勧衆偈」の偈文のなかに出てきます。そして善導が大事にした金剛心という言葉を、親鸞は、「金剛心の行人」という言葉で表されています。金剛心とは何を表すのかと言いますと、文字通り金剛不壊のこころです。人生において出遭うさまざまな苦難によっても破壊されることのない、金剛不壊のこころです。外なる群賊悪獣、内なる群賊悪獣によって惑わされることのないような確かなこころです。そしてもうひとつは、金剛というのはダイヤモンドですから、それはこのうえなき高貴な尊いこころです。この二重の意味を込めて、親鸞は信心を金剛心と表しています。そしてその金剛心をいただいた人間を「行人」という言葉で表されました。『歎異抄』にも、「信心の行者」（『聖典』六二九頁）というように言っています。あくまでも念仏の行に生きる人です。曽我先生は、往生とは念仏の生活である、とはっきりとおさえられました。その念仏の生活に生きる人、それが「金剛心の行人」と表されているのです。

罪福信とは、そういう自我の思い、私の思いを破って、如来の真実が私のうえに徹倒したようなこころではなくて、罪をおそれ、幸せを願って生きるような人間の思いのところで宗教を求めているような立場のことを言いますが、それでは真実の智慧は開けてきません。『大経』を読みますと、サンスクリット本、漢訳本でもそうですが、「信は智慧を伴う」とあります。漢訳では「信慧」という言葉で表します。信心は、必ず智慧を伴うものであり、確かな智慧の眼が開けることである。『正像末和讃』には、「信心の智慧」（『聖典』五〇三頁）という言葉で信心を表され、念仏を「智慧の念仏」（『聖典』五〇三頁）と表しておられます。智慧の念仏を得ることによって、如来の智慧のすべてがそこに表されてくる。念仏によって我われは信心の智慧をいただいていくのだということです。信心とは、本当に自分が見えてくる眼が開けてくることであると教えられています。ですから罪福信というところでは、罪をおそれ、幸せを願っていくという信心もあるけれども、そういう信心は人間の思いから出たものである。そのかぎりにおいて、それは仏智とはほど遠いものである。そういうこころが破れたとき、はじめて明瞭たる仏智が開けてくるということです。信心とは疑蓋無雑のこころである、と親鸞は明言しておられるのです。

その疑蓋無雑のこころは、じつは如来のおこころである。その如来の疑蓋無雑のおこころが見えてきたときに、我われはもはや疑えない。正親含英先生（一八九五～一九六九）がよくおっしゃった言葉ですが、疑わないということではなくて、疑えないということだと。我われにとってもはや疑うことができない。私のような者にも如来が本願をかけてくださっている。私が念仏の道に目覚めるように仏が本願をかけ、よき人が私を育て、導き護ってくださる。その事実を疑うことのできないものになっていくこと。疑わないと私が目覚めるのではなく、疑えない事実があるということです。そのことが大事なのです。本書第一章の最初に私の母親のことを申しましたが、最後の最後まで念じてくださっている。それは「本当に教えを聞いて、ご門徒の人から活きた教えを聞く身になれ」と言い残してくれた、そういう念力のなかにいまの私があるのです。この身の事実は疑えないということが無疑ということでなくてはならないと思います。

『唯信鈔文意』では、「虚仮はなれたるこころなり」（『聖典』五四七頁）と述べています。我われのこころは虚仮雑毒であると善導が繰り返し述べたことです。そのことは『観経疏』散善義の至誠心釈に展開されており、それを受けて親鸞も『教行信証』「信巻」に至誠心釈の文を引用しておられます。いかなる人間の善も虚仮雑毒だということです。たまたま善いことをしたら、善いことをしたということに執われていく。執われることによって、善いことをしたことが自分自身を苦しめることになっていく。善いことをしているつもりが、決して幸せに結びつかない、むしろ苦しみ・悩みに結びついていく。そこに人間の虚仮雑毒ということがある。そのような虚仮雑毒のこころを一切離れたものが、疑蓋無雑のこころであります。

第五節　乗彼仏願の道

本願他力をたのみて自力をはなれたる、これを「唯信」という。

（『聖典』五四七頁）

『唯信鈔文意』には「唯信」についての釈義として、と結ばれています。「本願他力をたのみて」の「たのむ」という言葉は、蓮如上人（一四一五～一四九九）の『御文』のなかで繰り返し述べられた言葉です。「たのむ」とは、何かを期待し、依頼することではありません。「たのむ」という言葉は、まかせ切ることです。『教行信証』「行巻」の名号釈に、「「南無」の言は帰命なり」（『聖典』一七七頁）と詳細に説かれるところがあります。帰命とは、「よりたのむ」「よりかかる」と示されています。「よりかかる」「よりたのむ」とは、帰するということです。私の存在のすべてをそこに委ねていくということです。

親鸞は、善導の二種深信を受けて、法の深信というのは乗彼願力を深信することだと、『愚禿鈔』のうえでおさえています。向こうの方の力を信ずるというのではなくて、仏願力に乗ぜられている我が身を信ずるということです。どのように逃げようとしても逃げることのできない身として、ここにあるということとです。仏願力のなかに包まれ、仏願力のなかに摂め取られている身としてある。そのことを信じなくては信心ということにはならないのです。どこか向こうの方に仏願力ということを考えて、向こうの方から助けてもらうというかぎりは深信にはなりません。それは浅い信心であって、深い信心にはなっていない。仏を向こうの方に見ているかぎりは、信仰であっても信心ではないのです。

仏教では信仰という言葉は使いません。経典を見ましても、信仰という言葉は使われていません。これは仏教の特徴です。曽我量深先生は、「如来われとなってわれを救いたまう。如来われとなるとは法蔵菩薩誕生のことなり」と言われました。如来は遠いところにあるのではなくて、我が身にまでなって、「南無阿弥陀仏」という言葉にまでなってくださるのが如来だということです。私の寺にご縁がありました松木大信先生（一九〇一～一九六七）は、我らの人生の日々は如来永劫の修行の道場である、とおっしゃいました。我われの人生それ全体が如来永劫の修行の場所であると。我われが苦悩するとき、我われが悲しみ・嘆きのこころをもって、あるいは愚痴をこぼして生きているときに、如来はそこに永劫の修行を続けていてくださる。文字通り「荷負群生」、群生を荷負し、担って如来はご苦労くださっているという人生の深さです。そういう人生の深さというものを、我われは教えを聞くことによって知らせていただく。人生は決して平面的なものではなく、人生は底知れなく深い。我われの宿業は深いけれども、宿業よりもっと深いところにあってご苦労くださっている。如来在《ましま》すということのご苦労の重さを知るということです。生きる力は私の宿業の根底のところ、その根底よりもっと深いところでご苦労くださっている如来の真実から生まれてくる。その力にいわば押し出されて、私は生きているということを、歳とともに感じることができるようになりました。

「たのむ」とは、乗じていくことですし、それは願力に乗ずる我が身を信ずることです。親鸞は『尊号真像銘文』において、「「乗我願力」というは、乗はのるべしという、また智なり」(『聖典』五二二頁)、願力に乗ずるとは智慧を得ることだとおさえられました。本当の智慧を得ること、智慧をいただいていくということが大事なのだと思います。願力をたのむことにおいて、自力の信の間に合わないことを知る。生きることは自力でなくてはできません。誰かが食事を運んでくれるなどと思っていたら食事は摂れません。やっぱり自分でご飯を炊いて、目玉焼きを作って生きていかねばならぬことです。その自力によって生きていること自身、迷いという世界から出られない、苦しみの世界から出られないわけで、その苦しみから出るところはもはや自力では間に合わないということです。だから自力は駄目だと言ったら、何もかも生きることを捨てなくてはいけません。生きることは、どこまでも自力を尽す以外にはないのです。しかしその自力から離れることのできない人生の迷いを超える道はもはや自力ではできないということです。そういうことを正しく知ることが智慧ということです。

『唯信鈔文意』の「本願他力をたのみて、自力を離れたる」の言葉は、自らが善しと思うこころを捨てる。同時に、悪しきこころを省みるこころすらも捨てるのだと言っています。これは大事だと思います。自分を善しとするこころを捨てる、これは分かります。どれだけ人を苦しめてきたか、これは身に覚えのあることとです。自分は善いという思いや執着心が、どれだけ人を苦しめてきたか。けれどもさらに、我が身の悪しきこころを賢賢《さかさか》しく省みるこころも捨てる。私は悪い人間だと、悪いことをしたということを反省し、そういうことに執着していくこころも一切捨てる。つまり善悪総じてもって存知しないというところに立つということです。何が善いのか、何が悪いのか、一切分からないということです。『正像末和讃』

の「獲得名号自然法爾」のあとに、

是非しらず邪正もわかぬ
このみなり
小慈小悲もなけれども
名利に人師をこのむなり

（『聖典』五一一頁）

という身です。しかしそういう身でありながら、「名利に人師をこのむ」、先生と敬われたいというこころ、そういう愚かなこころを捨てきれない、恥ずかしき身であると親鸞自身は告白しています。親鸞が『歎異抄』で明確に語っているのは、何が善いのか、何が悪いのか、一切分かりませんと、徹底してそこに生きるということです。しかし善悪の彼岸に我われが突き抜けていくことは、これほど難しいことはありません。善悪を心得たつもりで生きているわけで、善悪総じてもって存知しないと言い切ることは、本当に難事だろうと思います。もしそこを突き抜けたら楽な人生が開けるはずです。しかし人生が楽でないのは、善悪に執われがあるからです。大学におりましても、家庭にあってもそれがつねにつきまとうわけで、そういう我われの苦労のもとである善悪の計らいを超えるもの、彼岸の世界に乗せて渡すもの、それが何かと言えば、ひたすらに教えを聞いて念仏して生きるほかに、善悪の彼岸という世界に我われを乗せて運んでくださる道はないということです。そういうことが他力の信心、唯信ということです。唯、信ずると自力の一切の思いを捨て果て、他力の本願に身をまかせて歩んでいくこと、そこに乗彼仏願の道があると教えられます。

第六節　他力の信心

また「唯信」はこれ、この他力の信心のほかに余のことならわずとなり。すなわち本弘誓願なるがゆえなればなり。（『聖典』五四七頁）

ここでは、題号についての結びの言葉が出てきます。「唯信」とは、他力の信心のほかによき人法然から聞き習ったことはない。法然上人から聞き習ってきたことは、他力の信心という、ただそのことひとつであると。仏教においては智慧を得ると言いますが、その智慧はどこで開けるかと言いますと、親鸞は、「聞思して遅慮することなかれ」（『聖典』一五〇頁）と、聞思ということを抜きにして、智慧をいただく道はないのだと述べています。戒律を守って修行してということには、まったく手が出ません。その我われにも如来の智慧をいただくのは、聞思によるということです。教えを聞き、この身にいただいていくことにおいて与えられる、その他力の信心のみを、よき人法然の教えを通して聞き習ってきました、と表白されています。

習うということには、いろいろな習い事があります。習字もありますし、お茶の道でも稽古でしょう。お手前の稽古、長い間かけて磨き上げられてきた作法には、堅苦しく思えることでもそれを稽古していくならばひとつも無駄なことのないことが分かってきます。そういうことは理屈で分かってということではなく、まず身をもってかたち通りのことを習っていき、そしてかたちを離れていくことがなくてはならないと思います。かたちを通して、かたちを超えていくということがあります。習うということを仏教では

「薫習」と言います。安田理深先生は、いま我われがここに生きているということ、あるのはただあるのではない。なったものとしてあるということであり、それは人間の宿業なのだ、ということをよくおっしゃっていました。いま我われがここに存在しているのは、ただあるわけではなく、なったものとしてあるということです。『教行信証』「信巻」で言いますと、

無始よりこのかた乃至今日今時に至るまで、穢悪汚染にして清浄の心なし。虚仮諂偽にして真実の心なし。（『聖典』二二五頁）

と語られています。

我われは歴史によって生み出されてきた者です。宿業を背負って生きている我が身という者、そこに薫習づけられたもの、これはもうなかなか直せません。いつの間にか沁みついてきたものがあります。そういう薫習づけられた宿業の身として、いま私がここにこうしてあるということです。そういう有漏雑毒なる我が身に何が入ってくるのかと言えば、「聞薫習」です。「浄法界等流の教法の聞薫習」と、『摂大乗論』では言われます。もっとも清らかな真理の世界から「等流」、サンスクリット語で「ニシァンダ」（nisyanda）ですが、ニシァンダという言葉は flowing into と英訳されます。流れ込んで来るということです。真心徹到ということです。この身の骨髄にいたるまで沁み込み、入り込んでくださる真実の教えということです。

教えを聞くことは、頭で聞くことを通しますが、教えが聞こえてくるところは身体の底、身の髄に響いてくるということです。「響流十方」という言葉があります。教えの響きというのは、どこに響くかと言えば、この耳を通して身の髄になる部分です。身の髄というのは、我われのどす黒く、どうにもならない

ような部分です。上辺はどのように着飾っていても、身の髄になる部分にはみんなどす黒いものを抱えて生きているのだし、そのどす黒い部分に教えは響いてくる。そういうことを通して、清浄真実なるものが我われの宿業の身のうえに薫習してくる。そこに自らの闘いがあるのです。聞こうと思うこころも事実だけれども、聞きたくもないというこころもあるわけです。そういう自分のなかにあるいろいろなモヤモヤしたものと闘っていくなかで、そういうものを突き破りながら真実の教えは我われのなかに沁み込み入ってくださるのではないでしょうか。一滴一滴、水が落ちるように、ひとつの言葉が我が身の髄のところに響いてくる。頷くということはそういうことでしょう。教えを聞いて頷く。頷くのは身に頷くわけで、その身に頷けたものだけが薫習し、私の習いとなるのです。『歎異抄』の言葉で、「所留耳底」(『聖典』六二六頁)ということです。その言葉が耳の底に留まるとは、ああそうだったなあと自分を取り戻す言葉として、耳の底に留まってくださる。それが聞き習うということです。聞き習うことによって身に付いていく。身を成就するということがそこに成り立っていくわけです。

習った言葉、聞こえた言葉が私の道となっていく。金子大榮先生がよくおっしゃった言葉で言えば、人間はただ一句の言葉に出遇うために生まれてきたのだ、ということです。これは孔子の『論語』に「朝に道を聞かば夕べに死すとも可なり」(『論語』、『新釈漢文大系』明治書院、一九六〇年、九一頁)という有名な言葉があります。人間は多くのことを学び、多くのことを聞いていくのですが、ただ一句の言葉を求め、ただ一句の言葉に出遇うことによって救われていくのだということです。聞こえた言葉がこの身に成就するのです。その言葉が無限の法蔵「為衆開法蔵」(『聖典』二五頁)、法蔵を開くと言いますが、聞こえたのは「南無阿弥陀仏」という一句です。この一句が無限の法蔵を開いていくのです。それは不思議というほかはないのです。

どういうことを今日お話しようかと思ってここに来ましたが、みなさんの前に立たされたときに、聞き習ってきた、耳の底に留まってきた言葉が私の考えを超えた別のところではたらいてくるのです。喋りながら聞かせてもらうということです。曇鸞の『大智度論』に出てくる言葉ですが、「阿修羅の琴の鼓する者なしといえども、音曲自然なるがごとし」（『聖典』一九三頁）ということです。仏法とはそういう世界です。鼓する者なくして自然に鳴る、讃嘆とはそうでなくてはならないと思います。自然に喜びが湧いて出てくるということがあります。それは、「南無阿弥陀仏」という一句が無限の法蔵を開いていくということだと思います。その「南無阿弥陀仏」という一句ですが、私どもにおける一句はいろいろなかたちで出てくるのです。たとえば、因幡国（現在の鳥取県）に源左（一八四二〜一九三〇）という妙好人がいました。その人の常の仰せは「ようこそ、ようこそ」でした。「ようこそ、ようこそ」と言うのが源左の「南無阿弥陀仏」です。「南無阿弥陀仏」が源左の言葉となったときに、「ようこそ、ようこそ」という言葉となって現れる。この「ようこそ、ようこそ」という言葉が、無限の法蔵を開いていって、我われのうえに習うということで表されるのです。

聖覚は『唯信鈔』のなかで、他力の信心というものを聞き習ってきました、と述べています。それは虚仮不実なる自力のこころを捨てた他力の信心、あるいは虚仮不実なる自力のこころを離れていく他力の信心と言った方がいいと思います。どこまでいっても虚仮不実なる自力のこころを離れていく。他力の信心のみを私は聞き習ってきましたと言われているのです。そのことを親鸞は、晩年の御消息に、法然から聞き習ったことは、「浄土宗のひとは愚者になりて往生す」（『聖典』六〇三頁）という言葉が、手紙のなかに繰り返し出てきます。賢くなって救われるということではないのです。立派になって救われるということとも違うのです。賢くもなれない、立派にもなれない。太宰治の言葉で「人間失格」である。けれども、そういう愚者になって、そこにのみはじめて開けてくる道が往生という、本当に人として生きていく道がある。愚者になるということです。聞法するということはそういうことです。仏法を聞いて賢くなるのではないのです。お聖教の言葉を覚えて賢くなるということではない。蓮如上人が、「八万の法蔵をしるというとも、後世をしらざる人を愚者とす」（『聖典』八三三頁）と言われたように、数多く聞いたというのが問題になるのではない。教えを聞いて立派になったということではなく、むしろ事実は逆なのです。聞けば聞くほど頭の上げようのない身が見えてくるということだと思います。頭を上げたがるのが我われですが、聞けば聞くほど頭の上げようのない我が身が見えてくる。それが「南無阿弥陀仏」ということです。「南無」は文字通り頭が下がるということですから、頭の上げようのない我が身がいよいよ明らかになってくる。そこに聞法の智慧、信心の智慧という世界があると領解いたします。

第四章　『唯信鈔』と『選択集』

第一節　聖道門と浄土門

『唯信鈔』を撰述した聖覚は、二百人近い門弟のなかでも法然上人が深い信頼を寄せて、我が亡きあと念仏の教えを正しく伝えるのは聖覚と隆寛であるとまで言われた人です。しかしどういうわけか、『選択集』を付属された門弟はわずか五、六人であって、そのなかに聖覚は加わっていません。そして嘉禄の法難において、聖覚は天台の学匠として念仏弾圧側に立つという、考えも及びつかないことすらあったわけです。その聖覚の『唯信鈔』は、『選択集』にもとづいて明らかにされたものであるということは多くの学者が指摘している通りです。そこで、『唯信鈔』と『選択集』との関係について触れておきたいと思います。

『選択集』の第一章は教相章、それから第二章の二行章、第三章の本願章という三つの章にもとづいて明らかにされた『唯信鈔』の文章を読んでいきます。

『唯信鈔』の冒頭には、

それ、生死をはなれ、仏道をならんとおもわんに、ふたつのみちあるべし。ひとつには聖道門、ふたつには浄土門なり。聖道門というは、この娑婆世界にありて、行をたて功をつみて今生に証をとらんとはげむなり。（『聖典』九一六頁）

と述べられています。仏教を聖道と浄土に分けることは、道綽の『安楽集』に拠ります。聖道門とは、釈尊によって説かれた八万四千の法門です。それを聖道門として統括するのですが、「この娑婆世界にありて、行をたて功をつみて今生に証をとらんとはげむなり」と聖覚は述べています。「さとらんとはげむなり」とは、いわゆる此土入聖ということで表される、此の土において聖者となる、さとりを開くということです。それが聖道の教えである。その代表として、当時の仏教界の代表である真言と法華を挙げています。

いわゆる、真言をおこなうともがらは、即身に大覚のくらいにのぼらんとおもい、法華をつとむるたぐいは、今生に六根の証をえんとねがうなり。（『聖典』九一六頁）

この身がそのまま仏になるということ、それが真言の教えであるという。「六根」とは、眼・耳・鼻・舌・身・意の六つの感覚です。それがいわば清浄になる、汚れのないものになるということです。

まことに教の本意、しるべけれども、末法にいたり濁世におよびぬれば、現身にさとりをうること、億億の人の中に一人もありがたし。（『聖典』九一六頁）

この文は、『安楽集』の言葉（『真聖全』一、九二九頁）です。この世において釈尊と同じようなさとりを開こうと努力するけれども、いまは末法の世である。末法濁世においてこの身にさとりを開くということは、ひとりもあり得ないということでおさえます。

これによりて、いまのよにこの門をつとむる人は、即身の証においては、みずから退屈のこころをお

こして、

「退屈のこころ」とは、途中でその修行に疲れ果てて、そして退転してしまうこと、あるいは修行することをあきらめてしまうということです。

（『聖典』九一六頁）

あるいは、はるかに慈尊の下生を期して、五十六億七千万歳のあかつきのそらをのぞみ、

（『聖典』九一六頁）

いま弥勒菩薩が兜率天において修行をされておられるけれども、五十六億七千万年の後にこの世に出現されて、釈尊と同じく教を説きたまう。その教えを聞いて、弥勒と同じようにさとりを開くということを期待するということです。いわば弥勒信仰です。

あるいは、とおく後仏の出世をまちて、

（『聖典』九一六頁）

後に仏が世に出たまう、そのときを待てと。遠い昔から今時にいたるまで生死流転を重ねてきて、いつまでも迷いの闇に閉ざされたままで生き続けている、それが現実における我われの姿である。

多生曠劫、流転生死のよるのくもにまどえり。あるいは、わずかに霊山・補陀落の霊地をねがい、

（『聖典』九一六頁）

「霊山・補陀落」について、親鸞は「観音の浄土、釈迦のましますところ」（『真聖全』二、七三九頁）という左訓を付けています。左訓とは、難しい言葉の意味に説明を加えて分かりやすいように配慮された言葉です。この書物にかぎらず、『三帖和讃』をはじめ、親鸞の書物に多数出てくるものです。「補陀落」とは観音の浄土、「霊山」とは霊鷲山、釈尊の在したところです。

あるいは、ふたたび天上人間の小報をのぞむ。結縁まことにとうとむべけれども、速証すでにむなし

きににたり。ねがうところ、なおこれ三界のうち、のぞむところ、また輪回の報なり。

（『聖典』九一六頁）

この身においてさとりを開くということはまことに難しいことである。どれだけさとりを願い求めたとしても、それも三界・迷いのうちであり、輪回の世界から離れるものではない、とあります。

なにのゆえか、そこばくの行業慧解をめぐらして、この小報をのぞまんや。まことにこれ大聖をさることとおきにより、理ふかく、さとりすくなきがいたすところか。

（『聖典』九一六頁）

それはなぜかと言えば、「まことにこれ大聖をさることとおき」「理ふかく、さとりすくなき」という、ふたつの理由を挙げています。「大聖をさることとおき」とは、「大聖」とは釈尊ですから、人類の教師である釈尊がもはや在さない、いわば無仏の世界であるということが末法におけるひとつめの問題です。釈尊が在さなくても、釈尊によって説かれた経典は残されている。だからまだ救いの道があるではないかと考えられる。しかし真理がどのように残されてあろうとも、それを受け止める力がもはや我われにはない。それがふたつめの理由です。そのふたつの理由を挙げて、いまの時代、五濁無仏の世に生まれた我われ凡夫の救われていく道は、浄土の一門、浄土に生まれて仏となるというほかにはないと言われたのが道綽の『安楽集』です。それを受けて、当時における聖道門仏教の状況を示し、そして自覚を促す。このことは『教行信証』「化身土巻」に、「今の時の道俗、己が分を思量せよ」（『聖典』三六〇頁）という言葉が述べられて、末法という、正・像・末の三時ということが問題にされてきます。すでに末法であるということを明らかに知ることがない時代に生きる自分を知れ、というように覚醒を促しているわけです。それゆえ『唯信鈔』においても、末法の時代においてこの身にさとりを開くことは不可能なことであり、時代と己の身の事実を知れと覚醒を促している事柄です。

次に、『唯信鈔』では、

ふたつに浄土門というは、今生の行業を回向して、順次生に浄土にうまれて、浄土にして菩薩の行を具足して、仏にならんと願ずるなり。この門は末代の機にかなえり。まことにたくみなりとす。

（『聖典』九一六～九一七頁）

と述べています。この文で問題になるのは、「今生の行業を回向して」、娑婆世界の苦難に満ちた人生において、念仏の行を回向してということです。「回向して」ですから、我われが仏の側にふり向けていくと受け取れます。けれども、そう受け取ったのでは自力の回向ということになります。この回向とはどういう意味なのかと言えば、「回思向道」、人間の自力の思いや計らいを捨て去って、仏道・涅槃への道に立つということです。それは当然、回心懺悔ということを内実にします。「回思向道」という、人間の思いを翻して仏道に立つ。思いを翻すということは、我われにとっては回心懺悔ということを抜きにしてはあり得ない。いかに我われが計らいだらけの人間であり、計らいの離れぬ身であるのかということを深く懺悔する。このこと以外に「回思向道」ということはあり得ないわけですから、この「回向して」という文は、「回思向道」のことと領解すべきだと思います。今生においてさとりを開いてということは、もはやまったく望みのないことです。このいのち終わって仏の世界に生まれ変わって、そして菩薩の行を成就して仏にならんと願う。それが浄土の教えであるということです。

そうすると、浄土の教えの基本にあるのは何かと言いますと、「この門は末代の機にかなえり」とありますように、いわば時機という問題です。時代・歴史的な現実と言っていいと思います。「機」とは凡夫であり、その凡夫は「煩悩具足の凡夫」と表されるものです。『歎異抄』の言葉で言えば、「さるべき業縁のもよおせば、いかなるふるまいもすべし」（『聖典』六三四頁）のような身として生きているということです。いまは虫けらひとつも殺さぬような顔をしておりましても、あるいは立派な妻であり、夫であるという顔をしておりましても、こころのなかに何を思い、何を為し、何をしゃべるのか。縁次第によっては、人間は自分自身を忘れてしまい、人間としてすまじきことを平気でする。それが煩悩具足の凡夫です。

その機についての自覚、それが浄土の教えの基本です。そこには明確な時代と自己についての認識、自覚があるということです。浄土を願うということは、そこに為楽願生という極楽として浄土を期待して、この現実から逃げていくようなことが浄土門ではないということです。そこには深い現実に対する悲歎と時機に対する自覚、その時機の内容は当然深い悲しみ、「愚禿悲歎」（『聖典』五〇八頁）と言われるように、悲しみ・嘆きです。あるいは懺悔です。悲歎・懺悔を内実とするものです。人様の前で私は立派な人間ですなどと、とても言えない。ただお恥ずかしいとしか言いようのない我が身です。その深い悲しみ・嘆き、懺悔のこころを通して、浄土を願生していくということです。それは決して現実からの逃避ではなくて、真に人間として生きたいという願いです。

曽我量深先生は、仏教は仏になることを課題にする教えであるけれども、我われにとって仏になる前に大きな課題がある。それはせっかく人間に生まれて人間として生きながら、人間であることを見失い、人間であることを忘れて生きている。そこにまず仏になる前に人間が人間として成就するという大きな課題がある、と人間成就の道ということを教えてくださいました。私どもも六十歳になってみていよいよ人間であることから失格している自分というものが見えてきます。人間成就ということが、もし人間が立派な者になると考えられるならば、それはとても手も足も出ない事柄だと思います。曽我先生の言われる人間成就ということは、立派な人間になるということではなく、人間である事実を事実として受け止めていく人間になることだと思います。そのことが我われが浄土を願生して生きるということです。決して現実の悩みに満ちた世界から逃げていく世界として浄土が考えられるものではない。むしろ、そういう状態で考えられる浄土があるとすれば、それはあくまでも化土でしかないわけで、それ自身が輪廻の世界から一歩も出るものでないということです。そのことがいまの「のぞむところ、また輪回の報なり」とおさえられているのです。どんなに逃避の場所として極楽が求められようとも、その全体が輪廻の内なる世界である。求めながら求めていること自体が輪廻をいよいよ深め、輪廻の淵に沈み込んでいくことになっていく。そのことが注意されなくてはならないと思います。ここまでが『選択集』第一章の教相章に拠った聖覚の解釈です。

第二節　諸行往生と念仏往生

次に、『選択集』第二章の二行章に相応する部分ですが、「この門に、またふたつのすじ、わかれたり」とあります。「この門」というのは浄土門です。

ひとつには諸行往生、ふたつには念仏往生なり。諸行往生というは、あるいは父母に孝養し、あるいは師長に奉事し、あるいは五戒・八戒をたもち、あるいは布施・忍辱を行じ、乃至三密・一乗の行をめぐらして、浄土に往生せんとねがうなり。これみな往生をとげざるにあらず。一切の行はみなこれ浄土の行なるがゆえに。ただ、これはみずからの行をはげみて往生をねがうがゆえに、自力の往生となづく。行業、もしおろそかなれば、往生とげがたし。かの阿弥陀仏の本願にあらず。摂取の光明のてらさざるところなり。
（『聖典』九一七頁）

「ひとつには諸行往生」とは、浄土ということに限らず聖道の門、仏法の法門と領解した方がいいと思います。仏法の法門にふたつの筋道があると言って、諸行往生が挙げられています。一、親に孝行する。二、師を敬う。三、殺生しない。四、偸盗しない。五、淫らな男女の交わりをしない、というような五戒、あるいは布施、忍辱といった六波羅蜜の行を修して、浄土に往生することを願う。これは寛大な表現だと思いますが、「これみな往生をとげざるにあらず」、往生を遂げるということができないわけではない。なぜかと言えば、すべての行はみな浄土の行であるからだということです。

善なる行、親を大事にするというようなことからはじまって、大乗で説かれる六波羅蜜の行、菩薩の行を修するというようなさまざまな行が説かれていますが、それらの行において、究極的に求められているものはいったい何かということです。パウル・ティリッヒ（一八八六〜一九六五）という神学者は、「究極的関心事」という言葉を使っています。我われはいったい何を求め、何を願って生きているのかということです。金も欲しい、名誉も欲しい、家も欲しい、いろいろなことがあります。いろいろなことがありますが、「あれもこれも」ということではなくて、究極的にこれひとつを挙げるならばそれは何ですかという問題です。さまざまな欲望があり、その欲望に振り回され、自らを見失って生きているわけです。そのなかで自分を回復していく道として、これひとつが自分にとってなくてはならないもの、これひとつあるならばほかはどうなろうとかまわない、そういったものをあなたは持っておられるかどうかが問われるのです。唯一なるものです。しかも唯一とは多くのなかのひとつということではなくて、究極的なものでなくてはならない。それは何かと言えば、浄土だと述べています。浄土という、一切の苦楽、一切の善悪を超えた世界、苦・楽、あるいは善悪・邪正、そういう一切の人間の相対的な分別を超えた世界をみな願って生きている。浄土こそは、念仏する人だけでなく、すべての人が求められなければならない世界である。求め続けているものは分からないながら、身の深いところにあって願い求め続けている世界、それは「善悪のふたつ総じてもって存知せざるなり」(『聖典』六四〇頁)と言い切れるような世界です。

そして、「唯」ということをもって事実を確かめていくのです。では確かめられた事実は何かと言うと、「ただ、これはみづからの行をはげみて往生をねがうがゆえに、自力の往生と名づく」と述べています。父母に孝養することを自力によって成し遂げようとする、これが人間の姿である。自力によって幸せをつかんでいこうとするわけで、そこに自力の行を励みて往生を願う。だから「行業、もしおろそかならば、往生とげがたし」と、どのように立派な業を行おうとも、それが真実でなく末通らないものであるならば、それは往生を遂げるということはまったく不可能であると言わなくてはならない。最初に挙げられた親を大事にしなさいということは人間のもっとも基本的な倫理ですが、現実を問い返してみれば、我われはおよそ父母孝養ということよりも親不幸以外にないわけですし、親に最後まで苦労や心配をおかけし、しかも苦労をかけた親に背いて生き続けるという事実がそこに確かめられてくるのでしょう。そういうなかで、自力の往生の不可能であることが断定されてくるのです。そしてそのことがさらにより深い根拠として、自力の限界ということがあります。人間がいかに善を行おうとしてもそれは末通らない。自力無効という限界です。その自力無効という現実を明らかにして、さらにもうひとつの深い根拠が、「かの阿弥陀仏の本願にあらず、摂取の光明のてらさざるところなり」ということだと思います。そのような行いは、阿弥陀仏の本願において選ばれたものでもなく、摂取の光から外れたものである、と諸行往生を結んでいます。

諸行にはさまざまな行があります。別な言葉で言えば、雑行と表されます。さまざまな思いを持って、さまざまな行を修して、何とか幸せになろうと努力するけれども、それが期待に終わり、そしてこんなはずではなかったと終わっていくというところに問題があるのです。

諸行往生は自力の往生であるとおさえられましたが、自力無効と信知することによって開かれる他力の往生ということが、次に説かれています。

ふたつに念仏往生というは、阿弥陀の名号をとなえて往生をねがうなり。これは、かの仏の本願に順ずるがゆえに、正定の業となづく。（『聖典』九一七頁）

念仏往生とは、まさしく浄土に生まれ仏となり、涅槃のさとりを開く行である。この言葉は善導の言葉です。前の聖道門のところは道綽の『安楽集』にもとづかれましたが、この念仏往生については道綽の弟子の善導の文にもとづいて明らかにされてきます。生死を超えるということ、すみやかに生死の迷いを超えて仏の世界に生まれていくという往生は、阿弥陀仏の名号によると。それはなぜかと言えば、阿弥陀仏の本願において選び取られたものであるからだ、と述べられています。

ひとえに弥陀の願力にひかるるがゆえに、他力の往生となづく。（『聖典』九一七頁）

「弥陀の願力」とは、自力に対する言葉です。自分の力でなく阿弥陀仏の本願の強い力に引かれていく。引かれるということは、非常に意味の深いことだと思います。牽引力という言葉を使います。念仏の本願の力に引っぱられ、引きずり込まれていくと領解してもいいと思います。いつの間にやら念仏の世界に引きずり込まれてしまったという感慨さえあるわけです。その願力に引かれて往生を遂げていく、それが他力往生、念仏の道であると説かれています。

次に、『選択集』第三章の本願章に相応する部分ですが、念仏は本願に順ずる正定の業であると述べてきます。正定の業という言葉の意味にはふたつあるように思います。ひとつは親鸞の使っている意味から申しましたら、まさしく決定するということです。どう決定するのかは、仏の世界に生まれて、涅槃のさとりを開く身に決定するということです。生死の迷いを離れて、涅槃のさとりを開く身に決定するということが正定ということですが、そのような身とならしめる行、はたらきが念仏です。その正定の業によって生きる人間、あるいは正定の業である念仏によって生きる身を正定聚の機と言います。正定聚不退転の機ですから、もはやどのように迷おうとも、その迷いのなかに永遠に埋没して終わるということのない身となることです。

ついでに言っておきますと、正定聚の聚という言葉は、聚落の聚です。聚という言葉は、個人ではなく仲間です。いわば僧伽です。浄土をこの世に映す僧伽、『無量寿経優婆提舎願生偈』（以下『浄土論』と略称）の言葉で、「大会衆門」（『真聖全』一、二七七頁）と表されます。『浄土和讃』に拠って言えば、いま念仏する者は「弥陀初会の聖衆」になると、『大経』に拠って念仏する身となり得たことを讃嘆しているのです。阿弥陀如来が最初に説法される、その最初の説法の会座に出遇うことのできた身である、と正定聚の機となったことを親鸞は喜ばれています。これは非常に深い、仏法に出遇い得た言葉です。それがどんなに我われの思いを超えたできごとであるかということを物語っていると思います。曇鸞の『讃阿弥陀仏偈』に拠って和讃された「讃阿弥陀仏偈和讃」は、「弥陀成仏のこのかたは」からはじまります。その十四首目

に、

　弥陀初会の聖衆は
　　算数のおよぶことぞなき
　　浄土をねがわんひとはみな
　　広大会を帰命せよ
（『聖典』四八〇頁）

と和讃されています。伝統的には、念仏する人は「弥陀初会の聖衆」として、聖衆のひとりであると領解されてきた事柄です。正定聚とは、念仏の僧伽の一人として、まさしく浄土に生まれ、仏となり、涅槃のさとりを開くことに決定した人びとの仲間に加えられるということです。さらに、法然の説明のところを見ますと、定めたのは仏によってまさしく決定されたということです。定めた主体は、法然の場合は阿弥陀仏にあり、それが本願に順ずるということです。当然そこには阿弥陀仏の選びということがあります。選択という、いかにして衆生を救うかということについての選びがある。そのことがそのあとに説かれてくる内容です。

それでは「なぜ念仏するのか」という問題です。念仏往生を説明されたのですから、「なぜ念仏が救いなのか」ということです。念仏が救いだと言う場合に、一般的には念仏してから救われるというように考えられていますが、親鸞が明らかにしたのはそうではなかった。念仏してからではなく、念仏が申されるときに救いの成就があるということです。そのことを明らかにしたのが、『教行信証』をはじめとする書物であり、親鸞の生涯であったと言っていいと思います。

第三節　選択本願念仏

続いて、『唯信鈔』には、

そもそも名号をとなうるは、なにのゆえに、かの仏の本願にかなうとはいうぞというに、そのことのおこりは、阿弥陀如来いまだ仏になりたまわざりしむかし、法蔵比丘ともうしき。そのときに、仏ましましき。世自在王仏ともうしき。法蔵比丘すでに菩提心をおこして、清浄の国土をしめて、衆生を利益せんとおぼして、仏のみもとへまいりてもうしたまわく、「われすでに菩提心をおこして、清浄の仏国をもうけんとおもう。ねがわくは、仏、わがために、ひろく仏国を荘厳する無量の妙行をおしえたまえ」と。そのときに、世自在王仏、二百一十億の諸仏の浄土の人天の善悪、国土の麁妙をことごとくこれをとき、ことごとくこれを現じたまいき。法蔵比丘これをきき、これをみて、悪をえらびて善をとり、麁をすてて妙をねがう。たとえば、三悪道ある国土をば、これをえらびてとらず。三悪道なき世界をば、これをねがいてすなわちとる。自余の願も、これになずらえてこころをうべし。

（『聖典』九一七～九一八頁）

と述べられています。これは『大経』上巻の内容を分かりやすくまとめられたもので、みなさんがお読みになっている「正信念仏偈」のところにも出てくる事柄です。

このゆえに、二百一十億の諸仏の浄土の中よりすぐれたることをえらびとりて、極楽世界を建立したまえり。たとえば、やなぎのえだに、さくらのはなをさかせ、ふたみのうらに、きよみがせきをならべたらんがごとし。これをえらぶこと一期の案にあらず。五劫のあいだ思惟したまえり。

（『聖典』九一八頁）

あらゆる世界のなかから、すぐれたることを選び取り浄土を建立されたのは、「これをえらぶこと一期の案にあらず」、一期というかぎられた期間とは違うということです。五劫の間、思惟を尽くされたうえでのことだということです。我われの思いを超えた、五劫の間、思惟に思惟を重ね尽くして選び取られたのが阿弥陀の浄土であると述べています。

かくのごとく、微妙厳浄の国土をもうけんと願じて、かさねて思惟したまわく、国土をもうくることは、衆生をみちびかんがためなり。国土たえなりというとも、衆生うまれがたくは、大悲大願の意趣にたがいなんとす。これによりて、往生極楽の別因をさだめんとするに、一切の行みなたやすからず。

（『聖典』九一八頁）

ここで最初に出てきますのは、浄土の建立ということです。その浄土の建立ということは、五劫の思惟、如来が思惟のかぎりを尽くして選択し、選び取られたもので、それは選択本願によって成就する。けれども浄土を建立する目的は何かと言えば、すべての衆生を救う目的のため、その目的を成就するためにはどうすればいいのかという問題が出てくるわけです。ここでは順序をきちんと踏まえて、まず最初に浄土を建立することを述べ、次にその浄土を建立するのはなぜかということを示し、そしてすべての衆生を導くためにはどうすればいいのかというその方法が問題になってくるわけです。

ただ阿弥陀の三字の名号をとなえんを、往生極楽の別因とせんと、

（『聖典』九一八頁）

「別因」、特別の因として、それを五劫の間思惟し終わって、そこに『大経』第十七願が引かれてきます。

まず選択本願によって念仏を選び取られる。それが浄土の別因であると言われます。ここでは特別の因ということです。続いて「まず」という言葉を置いて、

まず第十七に諸仏にわが名字を称揚せられんという願をおこしたまえり。この願、ふかくこれをこころうべし。名号をもって、あまねく衆生をみちびかんとおぼしめすゆえに、かつがつ名号をほめられんとちかいたまえるなり。しからずは、仏の御こころに名誉をねがうべからず。諸仏にほめられて、なにの要かあらん。

（『聖典』九一八頁）

と、「諸仏にほめられて、なにの要かあらん」と述べています。諸仏に、まず名号をほめられたいということを誓われる諸仏称揚の願、それは第十七願です。しかしそれは名誉欲によるのではないのだと。人からほめられていったいどれだけのことになるかということです。「なにの要かあらん」とは、諸仏称揚と誓われたのはほかではない、衆生に念仏せしめる、念仏を届けるということです。ただ衆生、自分を見失って生きている衆生が直ちに立ち帰る道、自分を取り戻すことのできる道、その道である念仏を衆生にいたり届けるという、その目的を実現するために諸仏称揚ということを「まず」もってそこに誓われた。そこに「まず」ということが大事な意味を持っています。そのあとに、

「如来尊号甚分明　十方世界普流行　但有称名皆得往　観音勢至自来迎」（五会法事讃）

（『聖典』九一八頁）

と、後善導と言われた法照禅師の文を引いて、阿弥陀の四十八願においてその念仏による往生、念仏による救いを誓われた第十八願にさき立って、第十七願の諸仏称揚の願を立てられた理由を明らかにしていきます。ただ注意すべきは、『唯信鈔』ではその文については何も説明していません。聖覚が説明していな

い法照の漢文を、親鸞は『唯信鈔文意』のなかで詳しく説明を加えています。「如来尊号甚分明、このこころは」というところから、随分詳しい註釈を加えていくわけです。

以上見てきましたように、『唯信鈔』は『選択集』の教相章、二行章、本題章の三章についてのかなめを、和文でまとめたものとして窺うことができます。

第四節　浄土三部経の選定

法然上人の大事な教義は、『選択集』第一章の教相章にあります「浄土宗を立てる」ということです。浄土の教えをもって根本とする。「宗」というのは宗要、かなめです。もっと言えば、いのちと言っていいわけですから、それを「宗」というかたちで明確にしたのが法然の教義です。「浄土宗を独立する」ということです。独立するとはどういうことかと言いますと、それまでは浄土の教えは仏教の流れのなかでは「寓宗」という扱いで、方便ということです。方便としての浄土の教えは、インド・中国・日本において考えられてきたというのが大勢の学者の見解です。それまでは戒律を守るとか、こころを静めるとか、そういうことによって智慧を磨くという戒・定・慧の三学の修行が中心でした。戒というのは生活です。身を整えるということですから、正しい生活をするということです。それによってこころを静める禅定。身を整え、こころを静めることによって開けてくるのが智慧であると。仏教広しといえど三学におさまると語ったうえで法然は、「戒・定・慧の三学のうつは物にあらず」（『真聖全』四、六八〇頁）と自分を語った人です。その「三学非器」である凡夫のために、やむなく方便として説かれたのが浄土の教えであると考えられてきました。それに対して、末法の時代に生きる凡夫にとって三学を中心とする聖道の教えはもはや役に立たない。ただ浄土の教えのみが末法の時代に生きる唯一の宗教であると明確に宣言し、独立されたことが法然上人のなされた仕事でした。

浄土宗を独立するのは何のためかと言えば、はっきりと「凡夫入報」のためであると述べられています。「報」というのは、真実の浄土ということです。凡夫が真実の浄土に生まれていく。そのことを明らかにするために浄土宗を興す、というのが法然の根本信条です。その道を明らかにされたのが浄土の三部経であると。『観経』の成立は学問的に問題がありますが、浄土の三部経というのは、インド・中国において曇鸞の時代には整います。けれども、浄土の三部経こそがまさしく浄土宗の拠って立つ根本の経典であると明確に決定したのは、法然が最初です。そして法然の著書は、この浄土の三部経を明らかにするということで一貫されています。『三部経大意』から『三経部釈』、そして『選択集』へと展開されていくのですが、『三部経釈』は、当時の学問の中心であった東大寺において、すぐれた学者や一般大衆を対象にして浄土三部経を講義されたもので、それを素材にして『選択集』が纏められていきます。

その最初の書物である『三部経大意』ですが、親鸞は正嘉二年（一二五八）八十六歳の時に書写をされています。親鸞の生涯は九十年という長い生涯ですから、思想の変遷があります。変遷がありますが、何よりも決定的なのは二十九歳の時、よき人法然上人との出遇いという決定的なできごとであり、それが生涯一貫されるわけです。そして歳とともに、二十九歳の時に法然に出遇った教えに帰っていかれます。どういうかたちで帰っていかれたのかと言いますと、ふたつの言葉によって表されます。

ひとつは、『歎異抄』の、

「念仏には無義をもって義とす。不可称不可説不可思議のゆえに」

（『聖典』六三〇頁）

という、第十条の言葉で、「不可称不可説不可思議のゆえに」と結ばれます。「無義」というのは、人間の計らいのないことで、人間の計らいを超えているのが念仏であるということです。前の「義」は人間の計らいです。人間の思義です。念仏は、人間の思義をまったく離れたものである。それが念仏の本当の意味、本当のこころであると領解されます。伝統的な学者のなかには、あとの「義」もはからいという意味で、この場合は凡夫の計らいではなく、如来のはからいであるという説もあります。そういう解釈をめぐっての問題がありますが、念仏はまったく人間の計らいの尽き果てたところ、計らいを超えたものであるということです。これが晩年の親鸞の著作のうえに出てくる法然から教えられ、耳の底に残り、血となり肉となった言葉です。歳とともに、いよいよ計らいのない、計らいを超えた念仏のなかに包みこまれていかれた。文字通り、ただ念仏の世界に生きていかれたということです。

もうひとつは、「浄土宗の人は愚者になりて往生する」ということを聞き習いました。そのことが、歳とともにいよいよその通りであると深く頷かれてくる。そういうふたつの言葉で表されるかたちで、親鸞は法然の教え、「ただ念仏して生きよ」という教えのなかに生きていくのです。そして最後は、『御伝鈔』に示されますように、

口に世事をまじえず、ただ仏恩のふかきことをのぶ。声に余言をあらわさず、もっぱら称名たゆることなし。しこうして同第八日午時、頭北面西右脇に臥し給いて、ついに念仏の息たえましましおわりぬ。

（『聖典』七三六頁）

という最期を迎えられました。親鸞の生涯の幕は、九十歳をもって閉じていかれた。その最期は念仏の息

が絶えたということで表されています。苦難の人生を貫いて、折に触れ、縁に触れて称えられてきた念仏、その念仏がいわば親鸞の血となり肉となって、文字通り親鸞その人となった。その念仏の息が絶え終わった、それが親鸞の最期であったと『御伝鈔』は結ばれています。

第五節　廃立の教学

『三部経大意』という書物ですが、非常に明快に浄土三部経をまとめられたものです。そこに『雙巻経』とありますが、「雙巻」というのは、『大経』は上巻・下巻の二巻から成り立ちますから、法然は『大経』を『雙巻経』と呼びます。その『三部経大意』に、

弥陀如来は因位のとき、もはら我が名をとなえん衆生をむかえんとちかいたまいて、兆載永劫の修行を衆生に廻向したまう。（『真聖全』四、七八二頁）

という、注意すべき言葉があります。法然教学を象徴するものは、「選択」という選びです。救いの行として念仏を選び取る、それが阿弥陀の本願であり、「選択の教学」です。一方の親鸞教学は、「回向の教学」と言われます。その選択された救済の行である念仏は、如来によって我われに回向されたもの、与えられたものである。行も信も、念仏申すということも、本願を信ずるという、すべてが如来によって与えられたものであるということが親鸞の教学です。「選択」から「回向」へと継承、展開されていきます。法然の場合、「回向」という言葉はほとんど用いられていません。ところが『三部経大意』には、いまの兆載の永劫、終わりなき修行のことが語られます。終わることのない修行を「衆生に廻向し給う」という、

この言葉はそういう意味において注意しなくてはならないと思います。

続いて『三部経大意』には、「次に『観経』には定善・散善をとくといえど、念仏をもちて阿難尊者に付属したまう」（『真聖全』四、七八四頁）と出てきます。そこからが『観経』についてのまとめです。『大経』は簡単にまとめられてありました。ところが『観経』は、最後のところまで続いています。『阿弥陀経』はわずかな文にまとめられました。『三部経大意』のなかで、量的に言いましても『観経』が重要であるということは見当がつきますが、なぜ『観経』にこれほどまでに力を込めて表されているかという問題が出てきます。親鸞は『教行信証』「教巻」で、「それ、真実の教を顕さば、すなわち『大無量寿経』これなり」（『聖典』一五二頁）と述べており、『大経』のこころを明らかにしたものが『教行信証』と言えます。ところが法然の場合には、浄土三部経と言いながら、『観経』に力点を置いているのはなぜなのかということです。

それは「正信偈」に、「善導独明仏正意」とありますように、『観経』によって凡夫の救いを明らかにしたのが善導だからです。善導独りが仏の正意を明らかにした、これ自体が教学的に言いますと大変なことなのです。善導は『観経』によって凡夫の救いを明確にされた。凡夫の救いをどう明らかにしたかと言いますと、「一生造悪の凡夫」、一生涯、何ひとつ善いことのできない人間ということです。いのち尽きるところまで、臨終のときまで、罪に罪を重ねて生きるほかはない。生き恥をさらして生きるということがあります。その凡夫の救われる道は念仏のほかにはない、ということを説いたのが『観経』であり、それを明らかにしてくださったのが善導です。

その善導について法然は、「偏依善導一師」と言い切っています。浄土の教えを説かれたのは、インド・中国・日本において数多くの祖師・先輩方がおられます。七高僧と仰ぐ龍樹、天親、曇鸞、道綽、善導、源信、それ以外にも法照禅師など、数多くの方がおられるけれども、法然は、「私は偏えに善導一師に依る」と言い切るのです。その理由のひとつは、善導は「三昧発得の人」であるということを重要視します。「三昧」というのは、こころを静めて仏に目の当たりに出会うことのできた人ということです。もっと分かりやすく言えば、仏を見た人ということです。本当に仏を見た人、仏に出会った人、それが善導だということです。仏について考えたということとは違うのであって、仏に直接出会った、三昧の境地にあって仏に出会ったということです。

もうひとつの理由は、「菩提心無用」ということを明確に表された人だからです。「菩提心」というのはさとりを求めるこころですし、さとりを求めて修行するということです。自力の菩提心とは、自分の力によって煩悩を断ち切って仏に近づき、仏になろうとするのですが、そのような菩提心は一切必要ないと明確に言い切ってくださったのは善導独りであると言われた。それは自らが菩提心に破れたという、法然自身の実体験から生まれてきたことです。法然自身が菩提心をおこして、そして菩提心の行に励んだけれども、ついに自ら「三学非器」「十悪愚痴の法然房」としか言いようのない我が身であるという、自らの体験を通して菩提心必要なしと教えてくださった方が善導独りであった。だから私は善導独りに依って、念仏して生きるのだ。これが法然の信条です。その善導のうえに救いをもたらしたものは、『観経』です。凡夫の救いとして念仏を説く『観経』の教えに依って私は救われていくのだということ、それが善導・法然の立場です。

そしてそのことは、『歎異抄』の第二条に、親鸞におきては、ただ念仏して、弥陀にたすけられまいらすべしと、よきひとのおおせをかぶ《(蒙)》りて、信ずるほかに別の子細なきなり。

(『聖典』六二七頁)

とあり、親鸞におきては、「ただ念仏して生きよ」という、よき人法然上人の教えにしたがって生きる、それが私の信心のすべてである、と表白されています。さらに最後の結びのところで、

弥陀の本願まことにおわしまさば、釈尊の説教、虚言なるべからず。仏説まことにおわしまさば、善導の御釈、虚言したまうべからず。善導の御釈まことならば、法然のおおせそらごとならんや。法然のおおせまことならば、親鸞がもうすむね、またもって、むなしかるべからずそうろうか。

(『聖典』六二七頁)

と、そこに弥陀・釈迦、善導・法然という伝統を挙げておられます。それを宗学の伝統的な言葉で、「三祖相承」と言います。「正信偈」には七祖が讃仰されていますが、ここでは「三祖相承」、善導・法然の二祖によって示されています。阿弥陀の本願、釈尊の説教、善導の御釈、法然の仰せ、そして親鸞の信心と、念仏の歴史を明らかにしていかれます。それを曽我量深先生は、『歎異抄聴記』(弥生書房、一九七一年)のなかで、その歴史は念仏に何か加えたことでなくて、念仏が等流してきた歴史である、とおっしゃっています。

『三部経大意』に戻りますと、

次に『観経』には定善、散善をとくといえども、念仏をもちて阿難尊者に付属したまう。「汝好持是語」といへる、これなり。

(『真聖全』四、七八四頁)

とあります。これまでこころを静めるとか、父母孝養とかという定善・散善が説かれてきたけれども、最

後には阿難に念仏ひとつを与えられたということです。『観経』の終わりの流通分と言われるところです。いままで正宗分で説かれてきたのは、こころを静めて浄土を見よとか、あるいはそういうことのできない人は努めて善いことをしなさいということだったのです。ところが最後のところにきて、釈尊は阿難に、

汝好くこの語を持て。この語を持てというは、すなわちこれ無量寿仏の名を持てとなり。

（『聖典』一二二頁）

と、念仏を持《たも》て、そして念仏のこころを伝えていけ、ということを最後に伝えられた。そのことを法然の教学で言いましたら、廃立です。定善・散善は自力の無効の修行であることを教え、それを捨てて最後に、ただ念仏を明らかにするために『観経』の教えがある。諸行を廃して念仏を立てる、あるいは諸行は役に立たないものであり、我われが真に立つべきは念仏以外にないという、それを明らかにしたのが廃立の教学です。阿弥陀の本願における救いの行の選びは、我われの自力の無効を通して、立つべきものは念仏のほかにないということを明らかにしていったのが法然の教学です。その依りどころとなったのは『観経』であり、最後のところにきて決して釈尊は定善・散善を持てとは告げられなかった。念仏を身に持ち、念仏を伝えていけということで結ばれたことが『三部経大意』でも取り上げられてくるのです。

第六節　念声是一

続いて、『三部経大意』では、

第九の真身観に「光明遍照、十方世界、念仏衆生、摂取不捨」といふ文あり。済度衆生の願は平等に

してあることなれども、縁なき衆生は利益をかぶる事あたはず。このゆへに弥陀善逝平等の慈悲にもよをされて、十方世界にあまねく光明をてらして、うたた一切衆生にことごとく縁をむすばしめむがために、光明無量の願をたてたまえり、第十二の願これなり。（『真聖全』四、七八四頁）

と、『大経』第十二の願を挙げられます。そして次に、

つぎに名号をもて因として、衆生を引摂せむがために、念仏往生の願をたてたまえり。第十八の願これなり。（『真聖全』四、七八四頁）

と、第十八願を挙げて、続いて、

その名を往生の因としたまえることを、一切衆生にあまねくきかしめむがために諸仏称揚の願をたてたまえり、第十七の願これなり。（『真聖全』四、七八四頁）

と、第十七の願を挙げておられます。さらに、

このゆえに釈迦如来のこの上にしてときたまふがごとく、十方におのおの恒河沙の仏ましまして、おなじくこれをしめしたまへるなり。しかれば光明の縁あまねく十方世界をてらして、もらすことなく、名号の因は十方諸仏称讃したまひてきこへずということなし。「我至成仏道、名声超十方、究竟靡所聞、誓不成正覚」（大経巻上）とちかひたまいし、このゆえなり。しかればすなわち、光明の縁と名号の因と和合せば、摂取不捨の益をかぶらむことうたがふべからず。又この願ひさしくして衆生を済度せむがために寿命無量の願をたてたまえり、第十三の願これなり。（『真聖全』四、七八五頁）

と、第十三願を出しています。

ここでは、特に第十七願が注意されるべきです。法然教学というのは、偏えに善導に依って、『観経』

の教えにもとづいて『大経』を見ていきます。『大経』は四十八願を明らかにした経典ですが、そのなかの「王本願」、四十八願の王であり中心であるのは第十八願であると法然は言い切られました。

たとい我、仏を得んに、十方の衆生、心を至し信楽して我が国に生まれんと欲うて、乃至十念せん。もし生まれずは、正覚を取らじ。（『聖典』一八頁）

そこに「乃至十念」とあります。この十念の念というのは、善導・法然はまさに称名念仏だと言われました。それではなぜ「乃至十念」の念は称名念仏と善導はおさえたのかという問題です。その根拠となったのが、『観経』の下下品です。

仏、阿難および韋提希に告げたまわく、「「下品下生」というは、あるいは衆生ありて、不善業たる五逆・十悪を作る。もろもろの不善を具せるかくのごときの愚人、悪業をもってのゆえに悪道に堕すべし。多劫を経歴して、苦を受くること窮まりなからん。かくのごときの愚人、命終の時に臨みて、善知識の、種種に安慰して、ために妙法を説き、教えて念仏せしむるに遇わん。この人、苦に逼められて念仏するに遑あらず。善友告げて言わく、「汝もし念ずるに能わずは、無量寿仏と称すべし」と。（『聖典』一二〇頁）

「下品下生」とは、九品往生のなかの最低の人間です。その下品下生とは、「此人苦逼、不遑念仏」、こころに念ずるということすらできない人間です。もう苦しいだけで、死ぬのではないかという不安におそれおののき、仏を念ずることなどまったく不可能な人間に対して、「汝もし念ずるに能わずは、無量寿仏と称すべし」と言われた。その理由は、

かくのごとく心を至して、声をして絶えざらしめて、十念を具足して南無阿弥陀仏と称せしむ。仏名

を称するがゆえに、念念の中において八十億劫の生死の罪を除く。
（『聖典』一二〇〜一二一頁）

とあり、善導は自ら下品下生の機として、自己の姿を見たのです。その下品下生の我が身に聞こえてきた第十八願は「乃至十念せよ」という、念ずることもできない、観念することもできない、こころを静めることもできない人間は、「ただ念仏せよ」という称名念仏のことだと決定したのです。

こころを静めようと思っても、こころが静まらない。散乱麁動するわけです。その散乱麁動、腹の立つままに、愚痴のままに念仏申していくということしか我われにはできない。仏前に座りましても、次から次にといろいろなことが頭のなかに出てくるわけです。妄想雑念が出てくるなかで、口にまねごとの念仏を申していくしかない。『観経』の下品下生のところに、我が身を見出し、そこに第十八願が聞こえてきた。それゆえ善導・法然は第十八願を念仏往生の願、念仏による救いを成就された願とおさえたのです。第十八願とは称名念仏による救いを約束された本願であると。これがいかなるものによっても救われない人間に与えられた救いの行であると決定していくのです。

法然上人の根本の書物『選択集』には、『大経』の第十七願は出てきません。ところが『三部経大意』には第十七願が出てきます。それを受けて聖覚の『唯信鈔』は、「まず第十七に諸仏にわが名字を称揚せられんという願をおこしたまえり」（『聖典』九一八頁）と述べてありました。法然は第十八願の一本槍だと言われるけれども、決してそうではなかった。第十七願というものに注意されながらも、『選択集』にはなぜか引いてこられないということがあります。

そのことについて、曽我量深先生が安居で講義されました『教行信証「信の巻」聴記』を引用します。

親鸞聖人は一つの根本の大行の上に、第十七願・第十八願というものをみられた。その一つの根本の行の願が二つに分かれて、そこに始めて大行・大信の分限分際というものが明らかになってきている。そういうことを『教行信証』にお述べになっている。法然上人の『選択本願念仏集』は一願建立であるなら、親鸞聖人の『教行信証』は二願建立というべきでしょう。法然は一願建立であり、親鸞は二願建立である。このようにお二人の関係は一願か二願かということであり、その二願とは第十七願・第十八願で大行・大信の二願である。法然上人はただ行を選び出したけれども、その行が法であるということが明らかでない。すぐにその行が機にわたるわけである。つまり我ら衆生が称える行となる。

親鸞聖人では法蔵菩薩が、選択摂取なされたところの行は能行でなくして所行の法である。（中略）我々が称えたといっても、我々が称えしめられたものである。我らが称えたというなら能行というのでありましょうが、称えしめるものは仏である。つまり行というのは如来の本願である。信もまた如来の本願である。行も信も共に如来の本願であるが、信はどこまでも行者の機に属するものであり、行はどこまでも諸仏の法に属するものである。そのようにはっきり違うのである。

（『曽我量深選集』第八巻、弥生書房、一九七一年、一〇四頁）

法然は「一願建立」であり、それを受ける親鸞は「二願建立」とされました。なぜ第十七願を注意したかというと、念仏の行がいつのまにか自分の行、人間の行、自力の行になる。たくさん称えた方がよいということになってしまいます。そこに如来の行、はたらきである念仏の行が自力のところにすり替えられていくところに大きな問題があるということを明らかにされたのです。

どこまでも機と法との分限・分際を明らかにする。機と法との混乱を惹き起さないようにしてくださるのが浄土真宗であります。その機と法との分限分際を明らかにするのが『大無量寿経』である。『観経』や『阿弥陀経』は機と法との分限、分際は明らかでない。（中略）お念仏が我ら衆生の機に属するのが第十九願・第二十願であります。お念仏が自分に属する、称える行者の権利に属するというものではありません。

（『曽我量深選集』第八巻、一〇五頁）

曽我先生は、我われは念仏を称えることを権利として主張し、如来に救いの義務を要求する。それが人間の自力というものだ、とおっしゃいました。これは見事な指摘です。権利と義務ということ、我われは念仏を申していますと自分の権利として主張し、そして如来に救いの義務を要求する。それが人間というものだと先生から教えていただきました。

その大信心というものが機に属するものであるから、大行なるものは決して私のところに置く必要はないのである。南無阿弥陀仏は自ら自然法爾に第十七願の諸仏称名の法界に帰入し、そして法界荘厳の仕事をしてくださるものである。（中略）第十七、第十八願というものは現今の四十八願では二つになっているが、これは本来は一つのものである。（中略）第十七願、第十八願と二つが法と機とに分けられたのであります。

（『曽我量深選集』第八巻、一〇一頁）

『教行信証』「行巻」を見ますと、『仏説諸仏阿弥陀三耶三仏薩楼仏壇過度人道経』（『大阿弥陀経』）および『無量清浄平等覚経』（『平等覚経』）というもっとも古い原始浄土経典の『大経』では、第十七願と第十八願がひとつになっているのです。『浄土文類聚鈔』を見ていくと、「往相につきて大行あり、また浄信あり（就往相有大行、亦有浄信）」（『聖典』四〇三頁）とあります。この「亦」というのは何を表すのかと言いますと、それは大行から生まれるもの、大行に属し大行に包まれるもの、それが信心だということを表すものとし

て解釈されてきました。そのことについて曽我先生は、

行と信と二つの頭を並べないようにして信は行によって立てたもので行の方が根本であることを顕してある。行は信の体である（中略）南無阿弥陀仏を体として、その南無阿弥陀仏が我らに廻向されて血となり肉となったところが、即ち至心であります。南無阿弥陀仏が血となり肉となっているので、その南無阿弥陀仏を所行の法という。

（『曽我量深選集』第八巻、弥生書房、一九七一年、一〇一頁）

と言われています。「所行の法」というのは如来の行ということです。「能」というのは我われの主体的な、「所」というのは客体的なということです。

所行というのは、南無阿弥陀仏がすでに我々の血となり肉となって我々に与えられてあるのである。だから我々は、宿善開発して善知識に遇うて南無阿弥陀仏のいわれを聞くというが、単にその善知識の言葉のところに、その南無阿弥陀仏のいわれがあると聞くのでなくして、一方には南無阿弥陀仏は血となり肉となっているものである。南無阿弥陀仏は、所信の法といわれるようなそらぞらしいものではなくして、南無阿弥陀仏はすでに衆生の法体、衆生の行体として、我々の血となり肉となっているものである。

（『曽我量深選集』第八巻、一〇二頁）

我われは生まれたときからすでに南無阿弥陀仏という、念仏のなかに生まれてきたということです。生まれたとき、すでに我われは大行、南無阿弥陀仏のなかに産声を上げているということが、本当に頷けるかどうかということが浄土真宗の聞法のかなめであると言わなくてはなりません。

また曽我先生はこのような冗談も言っておられます。

何でも受動的であるから、有難い、有難いといっている。説教をよく聞かないで、半分だけ聞いて、

ただ有難い、有難い。説教者が半分いううちにただ有難い、有難い。聞こうとしても聞こえない。「ナンマンダブ、ナンマンダブ、ああ有難い」といって、説教を妨げてしまう。説教者も妨げられるほうが安全である。余りよく聞かれるとあげ足をとられる。そこでワアワアいうと、何をいうても大概は聞いておらんから、あげ足をとられないから安心できる。けれども行が一番大事である。信があって行のない教えになっては大変である。行といえば自力になるという、長い間の因習が付き纏うておるということ、永い間の偏執が付き纏うて、そのために行がない。行がないから自信がない。自信というものは行というものがあって自信がある。行のないところに自信はない。

(『曽我量深選集』第八巻、四三頁)

聞法していても、行がなければ自信が得られない。行とは念仏です。念仏の大行がなければ、我が身を信ずる、我が身を知るという智慧は成就しないということです。

信の中に願の契機を含む。積極的な生活、信心生活という行の元になる願が出てくる。それがないから生活がない。だから真宗に教えがない。教というものは生活である。信心の生活が大事である。ただ信心ばかりいっても何もならん。信心の体がなければお化けである。お化け信心である。「一流安心の体は、南無阿弥陀仏の六字である」と、蓮如上人は一生の間、くり返しまきかえし、信心の体南無阿弥陀仏といわれた。

(『曽我量深選集』第八巻、四四頁)

このような意味において、念仏の大行があるのです。如来が現に生きて在すということです。曽我先生の言葉で、「如来我となって我を救いたまう。如来我となるとは法蔵菩薩誕生のことなり」と教えていただきました。

如来は南無阿弥陀仏という言葉となって、私のうえにいまはたらいていてくださるという事実です。その事実を離れて信心を語っても、それは妄念妄想でしかないということです。大事なのは念仏の行である。その念仏の行は諸仏によって証明される。なぜかと言うと、念仏は難信の法だからです。ただ念仏と言いますが、念仏ほど難しい行はないのです。その念仏の法が信じがたいということは、具体的に言うと、自分が分からないからです。我が身が分からない、我が身が見えていないから、念仏が分からない。善導は、下品下生のところに自分を見出された。それゆえ称名念仏せよという本願が聞こえた。我が身が分からなければ念仏の教えが分からない。分からないどころか要らない、不要です。けれども、我が身が知れたならば念仏のほかにないという、一切の言葉が尽き果てます。身近な者の死に直面したときには、どんな言葉も慰めにならず、言葉の空しさというものを痛切に感じます。その言葉の尽き果てたところで一体何が出てくるかと言えば、ただ「南無阿弥陀仏」ということしかないのでしょう。言葉の尽き果てたところ、何ひとつ語ることのできない人間の無力さ、人間がいかに弱いものであり、人間がいかに力なきものかという、その身の事実に触れたらもう理屈ではないのです。念仏する事実のほかにはないのです。その事実を抜きにして信心を語っても、それは観念でしかないということです。ただ念仏申すという事実がある。その身の事実を通して、念仏のいわれを聞くということ、それが我われの一生の大きな仕事だということです。

第五章　法照禅師『五会法事讃』の文釈㈠

第一節　第十七願のこころ

『大経』第十七願は、「諸仏称揚の願」と言われます。『教行信証』「行巻」では、第十七願を「諸仏称名の願」とおさえています。聖覚の『唯信鈔』では、

まず第十七に諸仏にわが名字を称揚せられんという願をおこしたまえり。この願、ふかくこれをこころうべし。名号をもって、あまねく衆生をみちびかんとおぼしめすゆえに、かつがつ名号をほめられんとちかいたまえるなり。しからずは、仏の御こころに名誉をねがうべからず。諸仏にほめられて、なにの要かあらん。（『聖典』九一八頁）

と述べられています。これはいかにも聖覚らしい表現です。阿弥陀が、無数の仏方に我が名をほめていただきたいと誓われたということです。それは決して阿弥陀が名誉欲で誓われたことではないのだと。人にほめられたからといってそれがどれだけの意味を持つのか、そんな名誉欲で仏さまは我が名を称えて欲しいと言っておられるのではないということです。

それはなぜかと言えば、諸仏を通して衆生に仏のこころを伝えたいからだということです。『阿弥陀経』

っていないのです。念仏ほど易しい道はないと言うけれども、それはやったことのない人が勝手に言っているだけのことで、念仏ほど難しいことはないのです。念仏ほど申しがたく、信じがたいものはないのです。『阿弥陀経』では「極難信法」と述べられています。『阿弥陀経』を読みますと、十方の諸仏は釈尊が念仏の教えを明らかにされたのを、あなたはようこそ説いてくださったとほめてくださった。その難しい仏のこころをどのようにして伝えるのかと言えば、すでに目覚めた人、すでに道のうえに立って、道のうえを生きている人を通して伝える以外に方法はなく、はじめからストレートに伝えるわけにはいかないのです。すでに道のうえに立って救われた人を通して、救いを求めている人に救いの道を伝える以外に道はないということです。そこで問われてきたのが諸仏です。

みなさんがどうしていまここに足を運んで来られる身になられたか。自分の菩提心でここに来られたという人は一人もおられないと思います。私をここまで足を運ばせてくれたのは、あの人やこの人のお蔭であるということが必ずあるはずです。親鸞のご苦労というものがなかったら、我われが念仏申すということはあり得なかった。さらに遡って言えば、阿弥陀の五劫思惟のご苦労、兆載永劫の修行がなかったら、私がここまで足を運ぶということは本当にあり得なかった。およそ仏法に耳を傾けるということはあり得なかったということです。このことが、諸仏を通して衆生に念仏を伝えるということです。それが第十七願の問題です。法然においては、第十八願を念仏往生の願と言われ、第十八願の一願建立とされた。法然の教えの中心は第十八願の念仏による救いということのほかにはないと。一方の親鸞は、法然の教えを受けながら、第十七願と第十八願の二願を分けて明らかにされた。我われが念仏を申すということは、諸仏の導きに依るのだということです。

もうひとつは、我われがどれだけ念仏を申しても、それは私が念仏を申すのではなくて、それ自体が如来のはたらきだということです。第十八願の念仏往生の願を依りどころに浄土宗を開顕された法然の教えを受けながら、その念仏のこころを第十七願と第十八願のふたつの願を通して明らかにされた親鸞。我われが念仏を申すというのは、よき師・よき友のお蔭によるということです。そしてそのことによって念仏を申す身となるけれども、我われが念仏を申すのは、私が念仏しているのではなくて、念仏を申すこと自体が如来のはたらきだということです。曽我先生がよくおっしゃっていたことは、もし我われに念仏の行、公なる念仏の行がなかったならば、どれだけ仏法を聞いて喜んでいようとも、それは観念でしかないということです。我われの聞法による信心の喜びが観念にならないのは、念仏の行があるからだということです。

話がそれますが、今年の安居で、親鸞聖人の晩年の『浄土三経往生文類』の講義をするご縁をいただきました。いま思惟の最中なのですが、法然上人の生涯を一口で申しますと、ことに善導に依って浄土三部経のこころを明らかにする、というのが一生の仕事であったと言っていいと思います。このたびいろいろなものを学ぶことによって教えられたことで、浄土三部経のこころを明らかにするということは、選択本願のこころを明らかにすることでした。これが法然教学のすわりです。所依の経典を浄土三部経に定めると明言された法然の一生は、その浄土三部経のこころを明らかにすることに尽くされます。

その浄土三部経とは何かと言えば、阿弥陀の本願において選びとられた念仏の道ということです。法然の著書にはいろいろな書物がありますが、そのひとつが『三部経大意』です。これは学者によっては浄土三部経に対する法然の最初の註釈書だと言われます。そのあと奈良の東大寺の偉い学者や一般の民衆を前にして堂々と念仏の教えを説かれた『三部経釈』があります。そして『逆修説法』という、浄土三部経の講義をされておられます。それらを踏まえて完成されたのが『選択集』だというのは今日の学者の説です。『三部経大意』は、その意味において法然の浄土三部経についての最初のものだと言われているのですが、私は果たしてそうかなという感じを持っております。むしろ『選択集』よりあとではないかという感じを持つのです。それを明確に論証する力がいまはないので困っている状態なのですが、「大意」とありますように浄土三部経のかなめ、大事なところを明らかにされた短い書物です。『大経』のところでなく、『観経』のところでいくつかの本願を引き出して説明しておられます。

『観経』の本論は、こころを静めて仏と一体となるという定善と、こころが静まらないで散ってしまうような人間は努めて善いことをするようにという散善が説かれています。しかし最後の結びのところにおいて、釈尊は阿難に対して本論で長々と説かれた定善・散善を行えと言わないで、ただ「念仏を持て」と言われました。定善・散善は廃、廃は捨てるために説かれたものであって、ただ立つべきものは念仏のほかにはないという廃立を明らかにしたのが法然の教学です。廃立の教学、念仏以外の一切を捨てて、ただ念仏ひとつに立つということ。これが『観経』によって法然が明らかにした念仏の道です。自力の行がまったく不可能であり、自力無効であることを教えて、他力の念仏に生きよということが説かれていることを明らかにしなければならなかった。そこで、なぜはじめから念仏の道を説かれなかったのか、なぜ定善・散善を長々と説かなくてはならなかったのか、という問題が出てくるわけです。

これは一口で申しますと、結局、我われは自力を一歩も離れられないということです。できないくせにできると思い込んでいる。そういう根性が我われだということです。こころを静めることもできない、親に孝行を尽すということもできない。できないくせにできると勝手に思い込んでいるのが人間であって、そういうことがまったく役に立たない。できないことを思い知らせるために、あえて捨てられる定善・散善を説かなくてはならなかったということです。はじめから結論を出すわけにはいかない。出せない理由はどこにあるかと言えば、我われの側にあるのです。我われが自分は善人であると思い、自分は善いことができると思う。その根性を捨て切らせるために、どれだけ言ってみても駄目だからやってみなさいということです。そのために『観経』が説かれたのです。親鸞がなぜ二十年間比叡山で苦しんだのか、法然がなぜ四十三歳まで三十五年間にわたって比叡山で苦しんだかと言えば、このことを知り尽すためです。本当に頭の上げようのない自分になり切る、そこに開けてきたのが「ただ念仏」という教えだったのです。頭が上がっている間は念仏にはご縁がないわけです。念仏は要らないわけです。頭を下げようとしない人間、その下げることのない人間に頭の上がらないことを教えてくださるのが仏法であり、そのことを本当に身に付けていくのが仏法です。簡単に私は頭が下がりますとか、私は喜んで念仏しておりますとか、こんなことは言えない人間です。人生のいろいろな苦しみ・悩みに出遭ってきたはずなのですが、その出遭ってきた身でありながら、依然として頭を下げたくないし、頭が下がらないということがあるのです。

法然上人は『三部経大意』のなかで、

次に『観経』には定善・散善をとくといえども、念仏をもちて阿難尊者に付属したまふ。「汝好持是語」といえる、これなり。第九の真身観に「光明遍照十方世界念仏衆生、摂取不捨」といふ文あり。済度衆生の願は平等にしてあることなれども、縁なき衆生は利益をかぶる事あたはず。このゆへに弥陀善逝平等の慈悲にもよをされて、十方世界にあまねく光明をてらして、転一切衆生にことごとく縁をむすばしめむがために、光明無量の願をたてたまえり、第十二の願これなり。

（『真聖全』四、七八四頁）

と述べています。「縁をむすばしめむがために」とは、ご縁を結ぶということです。寺の住職の仕事は、どのようにしてご門徒の人に念仏のご縁を結んでいくか、仏とのご縁を結ぶにはどうしたらよいか、それが寺に住んでいる者の仕事です。これは寺だけではなく仏法に出遇われた者の大事な仕事だと思います。人を救ってやると思ったらとんでもない間違いです。できるのはご縁を結ぶ手助けをするだけだと思います。仏とご縁を結ぶ、その手助けをどうすればできるか。その努力をさせていただくことが、念仏によって救われた者の果たすべき仕事だと思います。

続いて『三部経大意』では、

つぎに名号をもて因として、衆生を引摂せむがために、念仏往生の願をたてたまえり。第十八の願これなり。その名を往生の因としたまえることを、一切衆生にあまねくきかしめむがために諸仏称揚の願をたてたまえり、第十七の願これなり。

（『真聖全』四、七八四頁）

と言ってきます。ここのところで、法然は第十七願を注意しておられます。『選択集』では第十七願は引用されていませんけれども、第十七願をまったく問題にしなかったのかと言えば決してそうではない。そのひとつの証明が『三部経大意』に見られるのであり、それを受け継いでいったのが聖覚です。

もうひとつの問題は、なぜ仏は第十八願にさき立って第十七願を立てなくてはならなかったかということです。仏の側からではなく、衆生の側から言えば、私がどうして念仏の教えに出遇うことができたのかということをはっきりさせなければいけません。聖覚が第十七願の証明として引いた法照禅師の『五会法事讃』の文について、親鸞は最後のところで説明を加えています。

この文のこころは、おもうほどはもうさず。これにておしはからせたまうべし。この文は、後善導法照禅師ともうす聖人の御釈なり。この和尚をば法道和尚と、慈覚大師はのたまえり。（『聖典』五五〇頁）

「この文」というのは、「如来尊号甚分明」という、善導のあとを継ぐ人と言われた法照禅師の文です。慈覚大師円仁（七九四〜八六四）は比叡山の学者ですが、中国に渡って苦労した人です。その慈覚大師円仁は、法照禅師のことを法道和尚と呼んでおられます。

また『伝』には、廬山の弥陀和尚とももうす。浄業和尚とももうす。唐朝の光明寺の善導和尚の化身なり。このゆえに後善導ともうすなり。（『聖典』五五〇頁）

また『浄土三国仏祖全集』に拠りますと、廬山というのは廬山の慧遠（三三四〜四一六）と言い、白蓮社という念仏結社を最初に作った人です。廬山というのは土地の名前ですが、慧遠は中国浄土教の始祖と言われる方です。白蓮社という念仏結社は、知識人や僧侶を中心とした念仏の集団です。念仏してこころを静めるという般舟三昧を中心に行った人が慧遠です。その廬山で修行した法照禅師は、唐の都だった長安の光明寺において活躍され、善導の生まれ変わり、化身とも言われていることから、後善導と言うのであると付け加えておられます。

第二節　『五会法事讃』の釈義

法照禅師の「如来尊号甚分明」の文についての解釈のところを読んでいきます。『唯信鈔文意』には、

「如来尊号甚分明」、このこころは、「如来」ともうすは、無碍光如来なり。「尊号」ともうすは、南無阿弥陀仏なり。「尊」は、とうとくすぐれたりとなり。「号」は、仏になりたもうてのちの御な《名》をもうす。「名」は、いまだ仏になりたまわぬときの御な《名》をもうすなり。この如来の尊号は、不可称・不可説・不可思議にましまして、一切衆生をして無上大般涅槃にいたらしめたまう、大慈大悲のちかいの御な《名》なり。この仏の御な《名》は、よろずの如来の名号にすぐれたまえり。これすなわち誓願なるがゆえなり。

（『聖典』五四七頁）

とあり、まず最初に「如来」という言葉についての字釈が出てきます。「如来」という語は、サンスクリット語で、「タターガタ」（tathāgata）で、語源分解しますと、tathāとは「あるがまま」「如」ということです。それにagataあるいはgataという語が結びつきましてtathāgata、それを漢訳者は「如来」と訳したのです。tathāというのは「如」と訳されるのですが、「如」とは「あるがまま」ということです。gataは「行く」、英語で言えばgoです。agataというのは「来る」、comeです。ですからtathāgataという語には、あるがままの世界に行くということと、あるがままの世界から来るという、ふたつの意味があり、後者の意味のほうを「如来」と言います。それでは、あるがままの世界とはどういう世界なのか。「如」ということで表されることは何なのかということです。「真如」「一如」とも熟語されます。まことそのも

のということで、それは一なる世界ということですが、それが何なのかということです。『教行信証』「証巻」のはじめのところには、滅度ということについて、さまざまな言葉を用いてさとりの世界とはどういう世界なのかということが表されています。それは『唯信鈔文意』でもそのことが出てきます。

また「来」は、かえるという。かえるというは、願海にいりぬるによりて、かならず大涅槃にいたるを、法性のみやこへかえるともうすなり。法性のみやこというは、法身ともうす如来の、さとりを自然にひらくときを、みやこへかえるというなり。これを、真如実相を証すとももうす。

（『聖典』五四九頁）

涅槃、さとりの世界を、「真如実相」「無為法身」「滅度法性の常楽」と言われるように、いろいろな言葉で表しています。さとりの世界は言葉を超えた世界ですから、大乗の経典などでは、「心行処滅」とか「言語道断」などの表現があります。「言語道断」とは、あいつは言語道断、けしからんやつだというように世間では使います。「心行処滅」とは、こころのはたらきの滅するところという意味です。一切の人間のこころのはたらきというものが完全に役立たない、そういうものが完全に消え去った世界ということです。言葉も、思いも、絶え果てた世界、それが「言語道断」と表されます。言葉を超えたこころの行の滅するところ、こころのはたらきの完全に消え尽きたところ、それは言葉をもっても表し得ない世界、それが「真如」とも、「一如」とも表される境地です。それはさとりの境地、涅槃です。涅槃とは「ニルヴァーナ」（nirvāṇa）、パーリ語では「ニッバーナ」（nibbāna）ですが、それは煩悩の完全に燃え尽きた世界です。人間の欲望の炎が完全に吹き消された状態です。それが仏教のめざした究極の世界です。我われのなかに荒れ狂う身もこころも、それによって燃やし尽くされていく。大乗の経典に拠れば、「仏教は慧命を滅ぼす」という言葉や、「煩悩は智慧のいのちを滅ぼす」という言葉があります。我われの身もこころもそれによって焼き尽くされ、滅ぼされていく。その煩悩の根っこにあるのは何かと言いますと、涅槃に対するものは輪廻、「サンサーラ」(saṃsāra)、「生死輪廻」と訳されます。その生死輪廻の世界は、迷いの世界です。同じことを繰り返し、性懲りもなく堂々巡りの世界を経巡り続けていくものです。はじめなきときから終わりなき世界に向けて、迷いに迷いを重ねていくものです。その生死輪廻の根底にあるものは何かと言いますと、自我に対する執着だとおさえるのが仏教です。

仏教とは、執着・執われということを問題にする教えです。人間の迷いのもとは執着にあります。金に執着し、名誉に執着し、財産に執着し、執着することによって繋縛されていく。執着するということは、繋縛されて生きていくということです。それに繋がれ結ばれて、がんじがらめに縛られて生きていくということです。その一番根本なるものは何よりも自我に対しての執着です。ですから迷いの根本は、自己に対する執着にある。自己に対する執着こそ、もっとも捨てがたいものです。自己そのものですから、それを捨てると死と同然です。生死輪廻の世界からいかに解脱していくかということです。解脱とは「解放」と訳してもいい言葉です。そこから解き放たれるということ。がんじがらめに縛りつけられ身動きできない者が、そこにおいて解放され、そこに真の自由を得る、自在を得るということです。自由自在ということです。これは英語で言えば、「リバティ」(libarty)、「フリーダム」(freedom)と訳されます。リバティとフリーダムは違います。リバティはあとから得た後天的・能動的な自由なのに対し、フリーダムは生まれつきの先天的・受動的な自由ということで使い分けをしています。何かからの自由という場合は逃避ですが、そういう自由は決して自由ではあり得ない、むしろ自在ということです。解脱とは、自在の境地、自らそこにあるもの、あるがままということでなくてはならない。苦しみから逃げたいということは人間のはかない夢で、迷いでしかない。本当の自由とは、どんな境遇に置かれようとも、そこにおいて自己を見失うことなく生きていけるということです。そのような自在を得た境地を涅槃と表します。それは自我からの解脱ですから、この世界は無我の境地ということです。『蓮如上人御一代記聞書』のなかに、「「仏法には無我」と仰せられ候う」(『聖典』八七〇頁)という言葉があります。仏教をひと言で言えば、無我ということだというのが蓮如上人の領解です。

自我と無我との問題ですが、その無我の境地が涅槃と呼ばれるものです。その涅槃ということが「如」という世界です。いわば自我における執着からの開放、自我によって繋縛されているものから解脱する、そしてそこにおいて自在の境地を獲得していく。それが「如」という世界であり、そのさとりの境地に到達せる者が仏陀です。そのさとりの境地、それは我われの一切の相対的な分別や思惟、言葉というものを超えた世界です。表現しようのない世界、そのさとりの世界から来る、それが如来です。「来」とは、さとりの世界、言葉を超えた世界が言葉となって我われのうえに現れてくださる。言葉を通し、言葉となって現れてくださるのが「来」の意味です。

これは曽我量深先生の言葉ですが、「南無阿弥陀仏とは、言葉にまでなってくださってある如来である」という有名な言葉があります。言葉というのは答えを求める呼びかけです。呼ぶというのは当然それに対する呼応、応答を求めるものです。応答を求めない呼びかけはありません。言葉とはコミュニケーションの道具です。交わりの道具です。言語とは、当然そこに「我と汝」という関係を成り立たせる道具としてあります。もし呼応という関係が成り立たないならば、それは言語としての機能を果たさないので、言葉として我われを呼び、そして我われの応答をそこに求めていく。それが言語のはたらきです。かたちを超えたものがかたちとして象徴化されていく、シンボライズされることによって我われのうえにはたらいてくる姿、それが「如来」なのです。

第三節　如来と尊号

その如来について、『唯信鈔文意』には「「如来」ともうすは、無碍光如来なり」と、明確に無碍光如来だと示されています。如来と言いましても、釈尊も如来です。さとりの世界に到達し、さとりの世界から来れる者です。それは無数の仏があるわけで、大日如来もそうです。無数の如来があるけれども、親鸞が仰いだ如来は「尽十方無碍光如来」なる如来です。『教行信証』「行巻」の最初に、念仏を明らかにされたところです。

謹んで往相の回向を案ずるに、大行あり、大信あり。大行とは、すなわち無碍光如来の名を称するなり。この行は、すなわちこれもろもろの善法を摂し、もろもろの徳本を具せり。極速円満す、真如一実の功徳宝海なり。かるがゆえに大行と名づく。（『聖典』一五七頁）

「大」という語は、最勝真実、もっともすぐれたるものということです。解釈はいろいろとありますが、一般には「最勝真実なるもの」ということです。「大行とは、すなわち無碍光如来の名を称するなり」と親鸞は端的におさえておられます。

我われにとって真実に救いの法と言えるものは、無碍光如来の名を称えるということに尽きると言い切るのです。そこで『唯信鈔文意』の文と照らし合わせてみてください。「如来とは無碍光如来」だと親鸞はおさえて、「尊号とは南無阿弥陀仏」と言われました。『唯信鈔文意』のなかでは、如来と尊号ということを一応分けて言われているのです。『教行信証』「行巻」のところでは、「大行とは、無碍光如来の名を称するなり」と言われています。そうしますと、無碍光如来の御名を称するという場合、大行とは無碍光如来と称えるということを解釈していいのかどうかという問題が出てきます。もうひとつ言いますと、無碍光如来ということを『唯信鈔文意』を通して言えば、尊号の名前は南無阿弥陀仏と言うのですから、「行巻」の大行釈のところで、無碍光如来の御名を称えるということは、南無阿弥陀仏を称えるということではないかとこの頃そう思うようになりました。

親鸞が仰いだ如来は、あくまでも無碍光如来として仰がれる如来です。サンスクリット本の『大経』を見ますと、仏の徳を十二徳挙げていますが、漢訳で「無碍」と訳されているものは、サンスクリット語では「アサンガ」(asanga)、「無着」、執着がないということです。「無着」が原語ですが、それを漢訳者は「無碍」と訳したのです。ですから「無碍」とは執着がないということを含んでいる。言語的に言えば、まったく執われのない光ということです。あるいは執われから放たしめる光と言っていいと思います。このような意味において、無碍光如来こそが親鸞の出遇った如来と言えるのです。唯信房宛の八十八歳の時の手紙に「無碍光仏ともうしまいらせそうろうことを本とせさせたまうべくそうろう」(『聖典』五八一頁)と、十二の光をもって仏が讃嘆しておられる無碍光如来こそ根本であると言われています。ですから無碍光如来の御名が南無阿弥陀仏なのです。『唯信鈔文意』を見ていきますと、親鸞の出遇った如来は無碍光如来で、その名前が南無阿弥陀仏なのだということです。そうすると「行巻」の大行釈とは、無碍光如来の御名である南無阿弥陀仏を称えて生きることである、と補足できるのではないかと思います。

次に、我われにとっての本尊、根本の主体は「畢竟依」と表します。『浄土和讃』には、

清浄光明ならびなし
遇斯光のゆえなれば
一切の業繫ものぞこりぬ
畢竟依を帰命せよ
（『聖典』四七九頁）

とあり、無碍光如来というのは「畢竟依」であって、畢竟というのは究極、根本ということですから、究竟ということです。畢竟依とは根本の依りどころです。みなさんは何を依りどころとして生きるのかということです。人間にとって、私にとって畢竟依と言い得るものがあるのかないのか。何がどう狂おうとも、これだけは狂いはないと言い切れるものがあるのかないのかということです。

『唯信鈔文意』で注意されるのは、「南無阿弥陀仏」という言葉です。「南無阿弥陀仏」というのは、記号でもなく、単なる名前でもなく、はたらきを表すというのが親鸞の領解です。そのはたらきとは何かと言えば、阿弥陀仏に南無せよというはたらきです。阿弥陀仏とは畢竟依です。畢竟依なる阿弥陀仏に南無せよという言葉が主体であり、「南無阿弥陀仏」であるということです。「南無阿弥陀仏」とは、我われを根源から呼びさます、あるいは呼びさますことによって本当の自己を取り戻す、そのはたらきが「南無阿弥陀仏」という名号であり、それを親鸞は、「如来、諸有の群生を招喚したまうの勅命なり」（『聖典』一三二頁）とおさえたのです。

如来のはたらきとは、招喚、呼ぶということです。諸有とは迷えるということですから、迷える我われを呼ぶ、その呼び名その全体が如来の内容です。如来とは、「諸有の群生」、迷える私を呼び続けに呼んでいる呼びかけそのものということです。どこか遠いところにあるのではなくて、迷える私をいま現に呼び続けているはたらきであり、そのはたらきを「勅命」と言われた、無上命令です。このうえなき絶対命令です。「汝一心正念にして直に来たれ、我よく汝を護らん」（『真聖全』一、五四〇頁）と善導は表されました。その絶対命令とも言うべき呼びかけとして、私のうえに来ているもの、それが如来です。その如来の御名が「南無阿弥陀仏」です。真実なるものに南無せよということで、「依って生きよ」ということです。「依って生きよ」とは、その呼びかけを聞いたときに、「あなたは何を依りどころに生きていますか」という問いです。呼びかけというのは単に呼んでいるだけではなくて、それは我われに対しての厳しい問いかけなのです。「あなたはいったい何を依りどころとして生きていくのですか」「あなたはいったいどこに行こうとしているのですか」「あなたの人生とはいったい何なのですか」「あなたにとってどういう意味を持つ人生なのですか」と、そう問いかけていく。そのことをつねに問いかけ続けているもの、呼び求めているもの、それが如来であり、「南無阿弥陀仏」という名号なのです。

第四節　名号の解釈

『教行信証』「行巻」の名号釈において、南無とは「本願招喚の勅命なり」（『聖典』一七七頁）といったときには、決して如来は動かない。これは山口益先生（一八九五～一九七六）の言葉ですが、「静仏と動仏」

(『空の世界』理想社、一九八三年)ということをおっしゃいました。「静かなる仏と動く仏」、仏自身は静寂そのものです。けれどもその静寂なるままに動いているもの、それが仏である。それは別の言葉で、「真空にして妙有なるもの」、山口先生は「妙有」という言葉よりも「妙用」という言葉のほうを好まれました。静仏と動仏、いわば名号とはまさに静かなるままに動いているものですから、動いている我われを静かなる世界に呼び戻すと言っていいわけです。その御名を称えていくことだということです。

「号」は、仏になりたもうてのちの御なをもうす。「名」は、いまだ仏になりたまわぬときの御な《(名)》をもうすなり。

(『聖典』五四七頁)

親鸞は「自然法爾」という法語の文章を引いて、名号について説明しています。「獲得名号自然法爾」という法語はふたつあります。ひとつは、『正像末和讃』の終わりのところです。もうひとつは、御消息の『末燈鈔』です。『末燈鈔』の第五通、これは親鸞八十六歳の時の法語です。「獲得名号自然法爾」のところに、

名字は因位のときのなを名という。号字は果位のときのなを号という。

(『聖典』六〇二頁)

と解釈されています。「名」と「号」を分けるということは、法蔵(六四三〜七一二)の註釈した『華厳経探玄記』に名号についての解釈があり、「體を召すのを名と為し、徳を標すのを号と為す」と、名と号を分けて説明するところがあります。「體」と「徳」ですから、親鸞の言葉で言えば、善本・徳本にあたります。如来因位のときに積まれた善と、その善によって成し遂げられ成就された功徳です。親鸞はそのことを踏まえたうえで、「名」は因位のときの名、「号」は果位のときの名と示されました。『唯信鈔文意』には、「号は仏になりたまうてのちの御なをもうす。名はいまだ仏になりたまわぬときの御なをもうすな

り」と述べていますが、なぜ親鸞は「号」を先に出して、「名」をあとに出したのか。尊号ということを説明して、尊号とは尊い御名だと。「名」というのは因位ときの御名で、そして「号」というのは果位のときの御名であり、本願成就の御名であると言っています。説明のうえから言えば、「名」をさきに出して、「号」をあとに説明するのが順序です。ところが親鸞は、「号」をさきに出して「名」をあとに出している。このことはどう考えたらいいのかということです。

尊号とは、「如来尊号甚分明」、それは尊い御名ということです。「名」というのは、法蔵因位のときの名です。かぎりなく、南無阿弥陀仏というはたらきを持った仏になりたいという、その願いを表しているものです。そして「号」というのは、その本願がまさに成就したときの御名です。その本願の因が成就した、本願成就の御名が「南無阿弥陀仏」だということです。「獲得名号自然法爾」法語では、まず「名」とはと言って、次に「号」とはと言っています。ところが『唯信鈔文意』には、「号」をさきに言って、次に「名」を言ってくる。もしそこに親鸞があえて「号」をさきに出して「名」をあとにしたとするならば、その意味をどう領解したらいいだろうかという問題を持つことは許されると思います。

私の領解を述べますと、我われに直接に響いてくるのは、「南無阿弥陀仏」という本願成就の御名です。その本願成就の御名を通して、かぎりなく因位を尋ねていくということではないでしょうか。本願成就の御名を通して法蔵因位の願心というもの、自ら南無阿弥陀仏になろうと発願し、修行された法蔵因位の願心を尋ねるという意味を表されているのだと思います。

もうひとつ言っておきますと、『正像末和讃』の最後と『末燈鈔』の第五通にある「獲得名号自然法爾」法語を読みますと、因位のときの名を「名」と言う、果位のときの名を「号」と言うのだと説明されています。「獲得名号」とは、本願成就の御名を表します。直接的には如来の側について言っているわけです。「獲得名号自然法爾」法語の説明は、「号」とは本願成就の御名と言っています。ですから獲得とは成就ということを表していると、文面ではそう領解されます。ところがそれで終わらないのです。それは同時に、衆生についても言っている。我われが名号を獲得するという、「南無阿弥陀仏」という念仏を我がいのちとして生きるという、その名号をこの身にいただくということです。ただ如来において本願が成就したということではなくて、本願の成就は我われのところにしか成就する場所がないのですから、我われを離れたところで勝手に本願が成就することはあり得ないのです。本願が成就するということは、私という人間のうえにそれが聞こえ受け取られたとき、まさしく本願成就という事実が成り立つのです。そうすると、文面では直接的には如来について語っているわけですが、同時にそれは我われが名号を獲得するということです。私の生きる道として、私のいのちの根本として、「南無阿弥陀仏」の名号をこの身にいただくという意味を「獲得名号」として表されたのだと領解いたします。

『教行信証』「信巻」の別序に、

それ以みれば、信楽を獲得することは、如来選択の願心より発起す、真心を開闡することは、大聖矜哀の善巧より顕彰せり。（『聖典』二一〇頁）

とあり、そこに「獲得」という言葉が出てきます。「獲得名号」ということは、親鸞にとっては獲得信心と別の言葉ではありません。名号を獲得するということは、念仏を我がいのちとして生きるということです。念仏を我がいのち、道として生きるということは、本願のこころをいただくということです。それは獲得という強い表現として表されています。

曽我先生が亡くなる前に、お見舞いに行かれた寺川俊昭先生が、「我われはお念仏を申すことによって如来の徳をこの身にたまわると、そう領解してよろしいのですか」と申し上げたら、「それは間違ってはいないが、弱い。信心を獲得するとおっしゃいませ」と曽我先生が答えられた。それが曽我先生の最後の説法であったと寺川先生は言っておられました。信心をたまわるということ、それは間違いではないが弱い。信心を獲得する、勝ち取ると言いなさいと。そのことを通して考えなくてはならないのは、なぜ獲得なのか。ギャクトクというのはカクトクですから、なぜ名号にしろ、信心にしろ、それを獲得するような言葉で表されなくてはならないのかということです。それは我われが念仏して生きるということは、決して簡単なことではないということです。まさに闘いだということです。自分自身との闘いです。いわば仏法を聞きたくない、聞こうともしない自身との闘いのあげくにおいて、その闘いに破れ果てたという、そういう闘いを通してはじめてそこに得られるものが名号であり、信心だということでなくてはならない。簡単にしてあげますから受け取りなさい、ということではないのです。悪戦苦闘して刃折れ、矢尽きたところで、「いずれの行もおよびがたき身」（『聖典』六二七頁）と思い知らされ、「ただ念仏せよ」という教えがはじめてこの身にいただけるのであります。それゆえ獲得という言葉で表さなければならなかったほどに、念仏の教えに出遇い、仏の本願を聞くということは容易ならないことなのです。

孫の自慢をするようですが、毎朝五時に起きてお内仏でお勤めをします。磬の打ち鳴らしから、『大経』「光顔巍巍」（『聖典』一一頁）、『横川法語』「それ、一切衆生、三悪道をのがれて、人間に生まるる事、大なるよろこびなり」（『聖典』九六一頁）、そのあと『正像末和讃』「如来大悲の恩徳は」（『聖典』五〇五頁）と、孫が導師を勤めます。それは別に教えようと思ったのではなく、私がやっていましたら、孫が導師をすると言い出したのです。『横川法語』の「それ、一切衆生、三悪道をのがれて、人間に生まるる事、大なるよろこびなり」、その一句を憶えただけでも大変です。それには長い間の訓練がいります。訓練したわけではないけれども、「マンマンちゃんに参れよ」ということは言いました。ですから幼稚園に行くときでも、マンマンちゃんにちょこっと手を合わせて行きます。それは口で言っても駄目です。私は家に帰ったときは真っ先に本堂に参ります。ただいま帰りましたと。京都に行くときは、いまから行ってまいりますと本堂でご挨拶して出ます。そういうことを通して、石を水ががつようなかたちで、どこかで浸み込んでいく。それは長い年月を要します。その長い年月もただ淡々とした時間ではなくて、悪戦苦闘の積み重ねです。いろんな夢に破れて、人生のはかなさ、人生の辛さを知らされていくなかで、聞いてきた仏法があああそうかと頷けてきたということが事実としてあります。そういうものがあればこそ、親鸞は「獲得名号」と言い、「信心獲得」と言わなくてはならなかったのだと思います。

親鸞聖人が書き残された書物を読むときに、我われはこころを込めて読まなくてはなりません。これで充分だというところには行きつきません。二十代で読んだ『歎異抄』と、今日読む『歎異抄』は違うのですから、その短い一句のなかに親鸞がどれほどどこころを込めてその言葉を用いたのか。またその言葉の背後にはどんな気持ちがはたらいているのか。そういうことを尋ね当てていかないと、ただ言葉面を聞いてきて、はい分かりました、ありがとうございました、と言ってみましても、親鸞聖人のおこころとは程遠いものと思います。これは親鸞の言葉にかぎりません。他人のさりげない一句の言葉を通して、こちらがどれほどの意味をさりげない言葉の背後にも汲み取れる人間になれるかどうかの問題です。親鸞の真意はどんな短い言葉であろうとも、そこにどういう意味を込めてその言葉を語ってくれたのだろうかと、それを探り当てる。それが聞法ということであり、聞思ということだと思います。

第六章　『五会法事讃』の文釈㈡

第一節　観音・勢至のはたらき

法照禅師の『五会法事讃』の文釈の最後の箇所になります。

「観音勢至自来迎」というは、南無阿弥陀仏は智慧の名号なれば、この不可思議光仏の御なを信受して、憶念すれば、観音・勢至は、かならずかげのかたちにそえるがごとくなり。この無碍光仏は、観音とあらわれ、勢至としめす。ある『経』には、観音を宝応声菩薩となづけて、日天子としめす。これは無明の黒闇をはらわしむ。勢至を宝吉祥菩薩となづけて、月天子とあらわる。生死の長夜をてらして、智慧をひらかしめんとなり。（『聖典』五四八頁）

ここに挙げられた「ある『経』」というのは、道綽の『安楽集』に引かれた経典ですが、この経典は現在伝わっていません。その経典に拠ると、智慧なき我われの闇を晴らすはたらきとして表し、その偉大なる力を成就した観音菩薩のことを「宝応声菩薩」と名づけて、「日天子」としめす。勢至菩薩のことを「宝吉祥菩薩」と名づけて、「月天子」と象徴する。我われの無明長夜の闇を照らして、真実を見る智慧を開かしめるはたらきを持てるものであると、観音・勢至二菩薩についての説明をされています。観音・勢至は阿弥陀の脇侍、阿弥陀の両側にあって、阿弥陀のはたらきの手助けをするものを表しています。それに対して、釈尊の脇侍というものもあります。釈尊のはたらきを表す場合には、文殊の智慧、普賢の慈悲と表されます。それに対して、阿弥陀の脇侍が文殊の方は勢至、普賢の方は観音です。仏像をご覧になりましたら、弥陀三尊、釈迦三尊と言われているものです。

さて、この観音・勢至につきましては、『大経』下巻の「往覲偈」、この世から阿弥陀の浄土にたくさんの無数の人びとが往生するだけでなく、十方の諸仏の世界から無数の菩薩が阿弥陀の浄土に集って来られるということを讃嘆された偈文のことを「往覲偈」、あるいは「東方偈」と呼んでおります。その偈文が終わりまして、「仏告阿難。彼国菩薩、皆当究竟、一生補処」(『聖典』五一頁)ということが説かれています。これは四十八願のなかの第二十二願の本願が成就したありようについて説かれた部分です。

この第二十二願に関して申しましたら、第十三願寿命無量の願です。阿弥陀仏が、私は無限のいのちを成就したい、そしてすべての衆生に無限のいのちを与えたい。そしてその寿命無量の願、すべての人びとに滅びることのないいのちを成就したい、あるいは真実のいのちを与えたいという願いです。そのはたらきを示したものが、第十五願眷属長寿の願です。眷属ですから、六親眷属と言われますように、仏と血を同じくするものです。浄土、仏の世界に生まれた者は、仏といのちを同じくする者であって、その者は仏と同じく寿命無量、永遠なるいのちを得る者であると言っています。そのあとに、ただし浄土に留まるか留まらないかということは、その本人の願いによるという言葉が付け加えられています。そこに「除く」という言葉が第十五願のところに見えるのです。ただし浄土に留まるか留まらないか、それは自由である。そのことをさらに詳しく説かれてくるのが第二十二願で、その内容はふたつあると言われます。

ひとつは、「一生補処の菩薩」ということです。浄土に生まれる者はすべて一生補処の菩薩であると言われます。『阿弥陀経』を翻訳されました鳩摩羅什（三四四〜四一三）は、「一生補処」と訳し、玄奘三蔵（六〇二〜六六四）は同じ原語を「一生所繫」と訳しています。これは訳語が違いますように、ニュアンスも違っているように思います。「一生補処」の「一生」というのは、この世の一生です。この世のいのちが終わったならば、仏の跡を受け継ぐ者と決定しているということです。補うわけですから何を補うかと言えば、仏の後継者、仏の跡を受け継ぎ、仏のはたらきをする者に決定しているということです。別な言葉で言えば、「等正覚」というように言われますし、それは「正定聚不退転者」、まさしく仏となるべき身に決定した者であり、仏の正覚に等しい者であるという意味で、正定聚は等正覚であり、一生の補処の菩薩であると。その一生補処の菩薩として象徴されます方が弥勒です。弥勒とは、『大経』で「弥勒」と翻訳したり、「慈氏」と翻訳したり、統一されておりません。慈氏は文字通り、弥勒の原語「マイトレーヤ」（maitreya）で、慈しみのこころを持てる者ということです。柔らかな温かいこころを持てる者というのがマイトレーヤ、弥勒という原語の意味です。その弥勒は、一生補処の菩薩の代表として挙げられています。ですからこの一生を終わったならば、必ず仏となるべき身と決定し、そして仏の跡を継ぐ者であるということです。

それに対して、玄奘の訳しました「一生所繫」は、解釈のうえでふたつあるように思います。ひとつは縛られているということですから、何に縛られているかと言えば、煩悩に縛られています。さまざまな煩悩によって、苦しみ悩むということが我われの現実です。我われが欲に縛られ、振り回され、欲によって苦しみ悩むというのは、この一生だけであるという意味があります。つまり縛られているのは、欲に縛られ、迷いに縛られているということです。もうひとつは、繋がるということですから、何に繋がるかと言うと、仏となるべき身として繋がっているということです。そこからもう離れることはないという意味で、所繋ということを解釈します。このように「一生所繋」を解釈することについては、ふたつの解釈があります。

漢訳では「一生補処」あるいは「一生所繋」という「かの国の菩薩」となっていますが、サンスクリット本では「かの国に生まれたる者」、あるいは「いま生まれんとする者」、さらには「未来に生まれるであろうとする者」と言っています。すべての者は、浄土に生まれることにおいて、仏となるべき身と決定した者であるということが、第二十二願成就文の内容です。

そこからさらに、もうひとつの問題が提示されます。

仏告阿難。彼国菩薩、皆当究竟一生補処。除其本願、為衆生故、以弘誓功徳、而自荘厳、普欲度脱一切衆生。（『聖典』五一頁）

ここに「除」という言葉が出てくるわけです。いま読みましたのは、ふたつめの事柄です。それは「弘誓の功徳」と言っていますが、経典に拠りますと、「弘誓の鎧」というようにも言ってあります。弘誓の鎧を身に付けて、そしてすべての衆生を救おうとする。それはすべての衆生を救おうとするかぎり、浄土に留まっていないで、浄土から生死の迷いの世界に再び還って来て、すべての人びとを救うという願いをおこした者である。それを「還来穢国」と表します。

このふたつの事柄は、あとの来迎釈、「観音勢至自来迎」のところに出てくる問題です。必ず仏となるべき身と決定して、そこからもはや退転することがない者になる。しかしこの浄土に留まっているのではなくて、そこから穢国と呼ばれる煩悩に汚れた世界に再び還り来て、衆生を救うというはたらきを身に付けていくと言ってあります。そこのところに、「かの国には二人の菩薩がいる」と釈尊が説かれまして、阿難が「その二人の菩薩は誰ですか」とお尋ねすると、「一人は観世音であり、いま一人は大勢至である」。そしてそのあと、この二人の菩薩はもとは娑婆世界にあって菩薩の行を修したものであり、いのち終わってかの仏の世界、阿弥陀の浄土に生まれ変わった者であるという説明があります。ですから観音・勢至というのは、『大経』に拠りますと、この世にあって釈尊の教えによって修行し、そして阿弥陀の世界に生まれ変わった者であるということが注意されるのです。

続いて『大経』では、

又彼菩薩、乃至成仏、不更悪趣。神通自在、常識宿命。除生他方　五濁悪世、示現同彼、如我国也。（『聖典』五二頁）

と説かれています。仏になるならば、再び迷いの世界に還って来ても迷いを繰り返すことはない。不思議な力を得て、そして自由自在である。常に宿命、過去世のありようをよく知り尽くしている彼らは、「五濁悪世」、「他方」というのは浄土から見て他方の娑婆世界、それはもと観音・勢至が修行した場所ですが、他方の五濁悪世に生まれ変わって、そしてそこに身を現して阿弥陀の浄土のごとくにしたいと願う。そのため釈尊もこの世において修行し、浄土に生まれ変わって阿弥陀の教えにしたがって修行した。観音・勢至もこの世において修行し、阿弥陀の浄土に生まれるけれども、釈尊が阿弥陀の浄土からあえて五濁悪世を選んでこの煩悩のまみれた苦悩に満ちた世界を選んで身を現し、人びとに真実を説かれたように、観音・勢至もまたこの世に還り来て人びとを救うのである、と『大経』の第二十二願は説かれています。このことは注意すべきことであろうと思います。

第二節　智慧の名号

『五会法事讃』の文釈に戻ります。南無阿弥陀仏のはたらきとして、そこに観音・勢至という菩薩が挙げられています。その観音・勢至のはたらきについて、親鸞は、『須弥四域経』という経典に拠って、「日天子」「月天子」と説明しています。観音をここでは「宝応声菩薩」と言っていますが、「観世音菩薩」とも言います。観音と言いますと、仏教のうえでは問題になる言葉ですが、観音とはものを正しく観察することにおいて自由であるということです。つまり観世音とは、世の人びとの声、あるいは世のさまざまな音を見極めることにおいて自由であり、すぐれているということです。金子大榮先生がよく使われた言葉ですが、本当に人びとの悲しみの声を聞き、人びとの悲しみの声に応じてくだる方、それが観音である。そして勢至というのは、偉大なる力、どのような障壁をも突き破っていく、そういう力を持てる方であると言われました。

親鸞聖人にとりましては、観音の具体的な姿が聖徳太子であり、勢至の具体的な姿を法然上人として仰がれました。比叡山で二十年間学問と修行に努め、そしていずれの行もおよびがたき身という自力無効を知って、比叡山を下りられ、聖徳太子の建てられた六角堂に百箇日の間籠って救いの道を求められました。そして法然上人のもとを訪ねて、念仏する身となられたということがあります。その聖徳太子に対して深い感謝の思いを生涯捧げ尽くしたということは、親鸞の著述を見ると明らかです。それとともに、生涯よまっていったということが思われます。

法然に対する感謝の思いは生涯変わることがなく、晩年の親鸞のうえにおいては、いよいよその思いが深き人、私の人生はこの人に出遇い、この人を通して我が身を知らせていただくことができた人が法然です。

『真宗聖典』の巻末にある年表を見ますと、建長八年（一二五六）八十四歳のところですが、そこに「親鸞、善鸞を義絶する」と記されています。我が子善鸞を勘当するということは、親鸞の生涯で決定的なできごとです。年老いた親鸞が自分の子どもを勘当したその理由は、親鸞が関東で四十二、三歳～六十二、三歳までの二十年間、関東の人びとに念仏の教えを伝えてきました。しかし六十二、三歳ころ、『教行信証』を完成するために京都に帰られます。その代理として、自分の息子を関東に送るのですが、そこで善鸞は教団の指導者になろうとします。親鸞が二十年間にわたって育てた人びとの指導者になろうとして、野心をおこしてさまざまな策略を巡らすということがありました。それによって関東の門弟たちが迷うというようなことが出てきたわけです。そのことに対して親鸞は、善鸞は仏法を破る者として親子の縁を断つという事件が八十四歳の時です。そのあとのところに、『西方指南抄』書写ということがあります。『西方指南抄』というのは法然の言行録です。法然の一生、あるいは法然の法語を写されています。それが八十四歳～八十五歳まで続きます。八十五歳の時には、『大日本国粟散王聖徳太子奉讃』という聖徳太子に対する『和讃』を制作されています。それから『三部経大意』『選択集』を書き写されます。文応元年（一二六〇）八十八歳の時、『弥陀如来名号徳』を著されました。これが親鸞の最後の書物です。『弥陀如来名号徳』は阿弥陀如来の徳をほめ讃えたものですが、この拠りどころとなったのは法然の法語です。八十八歳という歳は、目も見えなくなり、耳も遠くなって何事もみな忘れたと手紙に書かれていたころです。

八十八歳にいたるまで精力的に次から次に書物を書いたり写したりしていかれるのですが、これは驚く以外にないと思います。六十歳を過ぎたぐらいのところで、もう人生にくたばったという感じを持っている私からすれば、親鸞のどこにこんな力があったのかということを思います。そしてその書物を写すことの大きな縁となったのが、善鸞義絶という事件だったと思います。親鸞にとって多くの人びとに念仏の教えを伝えてきたけれども、我が子一人に真に念仏の教えを伝えることができなかったという悲しみ・傷みです。その問題、責任を背負いながら親鸞は最期まで生き続けるわけですし、その書物のなかで法然と聖徳太子に関するものが著されているということです。

親鸞にとっては、二十九歳の時に比叡山を下りて六角堂に籠り、太子の夢の導きにより法然を訪ねました。二十九歳の時ですから、もう五十数年前です。若き日のところに帰るということです。人間というのはそういうもので、もとへ帰る、回帰するということがあります。親鸞においては、年老いていくことでいよいよ鮮明に見えてきたものは、若き日におけるよき人との出遇いということです。観音の化身である聖徳太子に導かれて、勢至の化身である法然を訪ね、そして念仏する身になり得たという、あの若き日の出遇いです。そこに親鸞は歳とともに帰っていく。帰っていくということは、「ただ念仏」という世界に帰っていくということです。一切の計らいを離れて、ただ念仏という教えに帰っていく。それが親鸞の晩年の書物を通して窺えることです。

『唯信鈔文意』では、「如来ともうすは、無碍光如来なり。「尊号」ともうすは、南無阿弥陀仏なり」（『聖典』五四七頁）と言っています。親鸞が仰いだ如来は、「無碍光如来」です。「無碍」とは、『無量寿経』のサンスクリット本で「アサンガ（asanga）：無着」、漢訳では「無碍」と訳されています。サンスクリット本の『無量寿経』の漢訳は、現在残っているのは五本ありますが、今日我われの読んでいる『大経』の原本とは言えません。そこに問題もありますが、「無着」という言葉が「無碍」にあたります。執着、執われがないと言っています。しかし『大経』の方の「無碍」は、碍りなき光に満ちたものであり、それは碍りだらけの人生、いろいろな問題に出くわしては苦しみ惑う、そういう我われのうえに無碍道、碍りなき道を開いてくださる如来ということを示しています。親鸞がいのちの依りどころとして見出した「無碍光如来」とは、碍りだらけの人生を生きていかなくてはならない我われをして、碍りなき道に立たしめてくださるものであります。

『歎異抄』で申しますと、「念仏者は、無碍の一道なり」（『聖典』六二九頁）という言葉があります。碍りなき光、それは我われの有碍、碍りだらけの人生のなかにはたらき、そこに碍りなき道を開いてくるはたらきを持てる如来です。転ずるとは「転成」と言いますが、「転悪成徳」（『聖典』一四九頁）、悪を転じて徳となすと言われ、それは悲しみを転じて喜びとする、不幸せを転じて幸せにするということです。別な言葉で言えば、悲しみが悲しみのままに終わらない、苦しみが苦しみのままに終わらないで、悲しみを縁として、そこに真実なるものに出遇い、その真実なるものとの出遇いにおいて、悲しみ・苦しみが私にとって大事なご縁であったというこころをもって受け取り直されていく事柄だと思います。それが親鸞の仰いだ如来ですが、この「無碍光如来」のはたらく姿が、観音であり、勢至であると言っているのです。

そこで注意されるのは、「無碍光如来」の名前である「南無阿弥陀仏」です。その「南無阿弥陀仏」は、「智慧の名号」であると言っています。念仏は智慧の名号であり、如来の智慧です。真実なるものを照らし出す。そして我われの迷いの根本は執着です。自分に執着し、自分の持てるものに執着する、執着するがゆえにそこから苦しみが出てくる。自分の執着によって自分をがんじがらめに縛りつけていく、そこに人間の苦悩のもとがあるというのが仏教です。人間の苦しみのもとである執着はいろいろなかたちで現れます。負けたくない、人に馬鹿にされたくないというのも執着の現れです。あるいは家であるとか、金であるとか、名誉であるとか、いろいろなものに執着していきます。そういうものに執着することによって、逆に我われは人間の苦悩に縛られていくのでしょう。つまり人間の苦悩のもとは、外のものが私を苦しめるのではなくて、実は自分自身における執着が自分自身を苦しめているということです。それを『涅槃経』などの言葉で言えば、「自縄自縛」という言葉で表します。自分の縄でもって、自分を縛る。そして自縄自縛ということを、「蚕繭のたとえ」で表します（『真聖全』一、二八五頁）。蚕繭は蚕が自分の身体から出した糸で自分を縛りつけている状態です。私の子どものとき、近くに養蚕農家があったのですが、蚕は非常に臭い匂いがしますが、美しい絹を作り出します。蚕は自分の身体から出したものによって自分をがんじがらめに縛りつけている。そういう自縄自縛の状態、そこに苦悩のありようがあり、苦悩の原因は執着である、というのが仏教の具体的な教えです。それに対して、執着によって苦悩している人間の姿を照らし出すところに執われのない智慧を与える。執われのない智慧を、仏教では「解脱」、一切の執着から解放された自由な境地を表します。「南無阿弥陀仏」という名号は、そのような仏の智慧を表す名前であるということです。

第三節　悲願と智願

親鸞の晩年の著述のうえで、「智願」という言葉がしばしば表れてきます。「仏の智願海」、これは善導の言葉ですが、親鸞の書物では仏の本願を表す場合、『教行信証』などでは「悲願」という言葉で表されます。大いなる願、大いなる悲しみの願。本願とは深い悲しみからおこされたものであるということです。「悲」という言葉は、「慈悲」という述語として用いられる言葉です。言語的には、「慈」と「悲」は違います。サンスクリット語で、「慈」は「マイトレーヤ」(maitreya)、「悲」は「カルナー」(karuṇā) という原語で、「慈」というのは、哀れみ慈しむということです。他人の気の毒な姿を見ては気の毒に思う、そういう哀れみのこころということです。ところが「悲」というのは、うめきという意味を持った言葉です。他人を見て気の毒だ、かわいそうだという哀れむこころではなくて、そこには他人と自分との間に距離があるのですが、「悲」とはそうでなくて同苦、苦を共にするということです。ですから端から見ていて可哀想だ、気の毒だということからさらに進んで、相手の苦しみ・悲しみとひとつになる。言うならば、相手の苦しみ・悲しみを自らの苦しみ・悲しみとして傷み、受け止めていくというのが「悲」の意味です。ですから慈と悲は「慈悲」と熟語されますが、「慈」の方は哀れみであり、他人に対する同情のようなものです。「悲」の方は苦を共にする。さらに言えば、他人の苦しみを私の責任として受け止め、私においてそれを引き受けていくということを表すものとして、「代受苦」と言います。これは『華厳経』などに出てくる言葉ですが、他人に代わって自分が苦しみを引き受けるという積極的な意味で用いられます。

親鸞は本願を表す場合、「悲願」という言葉で仏の本願を表します。そこには深い領解があります。仏は、離れた高いところから我われを哀れむのと違うのだということです。文字通り、我われのところにまで来て、我われ自身となって我われをそこで救い取ろうとする。曽我先生の言葉で、「如来我となって我を救いたまう、如来、我となるとは法蔵菩薩誕生のことなり」という先生の独自な領解があります。如来は私にまでなって私を救う。それを『大経』の言葉で言うならば、「荷負群生」という言葉で表します。群生を荷負する、担うということです。仏は縁の下の力持ちとして、我われの人生の苦悩の底に身を置いて、我われを担い、我われの救いをもって自らの救いとする。我われの幸せをもって自らの幸せ、喜びとする。そこに仏の大悲があると領解されます。親鸞の書物のうえで、仏の本願を「悲願」と表すことは晩年の著述にも見られます。それと同時に、「智願」という言葉、智慧の願いということがいまのところで言えば、「智慧の名号」という言葉になります。「智慧の念仏」「智慧の信心」という言葉は、『正像末和讃』などに顕著に出てくる言葉ですが、この『唯信鈔文意』もそれと同じように、「智慧の名号」ということを強調しているように思います。親鸞の晩年に「智願」という言葉が顕著に見えるのは、『正像末和讃』です。

　度衆生心ということは
　弥陀智願の回向なり
　回向の信楽うるひとは
　大般涅槃をさとるなり
（『聖典』五〇二頁）

「度衆生心」、衆生を救い取らなければおかないというこころは、弥陀智願によって我われに与えられたこころであると示され、その如来によって与えられた真実の信心を得た人は、必ずこのうえなきさとりを開く人であると言われています。

弥陀の智願海水に
　他力の信水いりぬれば
真実報土のならいにて
煩悩菩提一味なり

（『聖典』五〇二頁）

弥陀智願の回向の
　信楽まことにうるひとは
摂取不捨の利益ゆえ
等正覚にいたるなり

（『聖典』五〇二頁）

弥陀の本願海を「智願海」と述べています。さらにこのあとに出てくる観音・勢至の説明のところの関連で申しましたら、

無明長夜の燈炬なり
　智眼くらしとかなしむな
生死大海の船筏なり
罪障おもしとなげかざれ
願力無窮にましませば
　罪業深重もおもからず

仏智無辺にましませば
散乱放逸もすてられず

（『聖典』五〇三頁）

とあります。これは聖覚の『唯信鈔』に拠って作られた和讃ですが、非常に感銘の深い和讃です。それがここでは勢至のはたらきとして説かれています。

『唯信鈔文意』では、「南無阿弥陀仏は智慧の名号である」とあり、親鸞はそういう言葉を晩年の書物において盛んに使われました。ではなぜ晩年になって盛んに使われたのかということです。『教行信証』では「悲願」、大いなる悲しみを表す願だと言われましたが、八十歳半ばを過ぎた年老いた親鸞がしきりに「智願」という言葉を用いておられるのはどういう理由かが問題になります。親鸞の書いたものを読んでいますと、「智願」という言葉には、一口に言えば疑いのこころ、疑心というものを離れることが容易でないということです。親鸞は晩年、盛んにそのことを書物に書き、疑いのこころを離れよ、さかしらな人間の計らいを離れてただひとえに念仏せよと説いていきます。そこに人間の信心の内にある、信ずるこころのなかに離れることのできない人間の執着、疑いのこころを最後の最後まで深く見つめ抜いていったのではないかと思います。疑いのこころと言いましたが、それは親鸞が『大経』の「信罪福」（『聖典』八一頁）という言葉に拠って、信ずるこころがまったくないわけではない、何かにすがり、何かを依りどころとして生きていきたいこころが人間にはある。しかし、人間における信の内容は「罪福信」というものだと、『正像末和讃』では示されます（『聖典』五〇五頁）。

「罪福信」とは、悪いことをおそれて幸せを求めるこころです。これは人間の本能的な要求です。そこにあるのは何かと言いますと、因果の道理です。原因は必ず結果を引き起こすわけですから、因果というものの道理です。悪いことをすれば苦しみが当然の報いとしてある、善いことをすればそこに楽しみが与えられる。それが因果の道理として仏教では説かれます。その因果の道理を信じて努めて行い、そして善い人間になろうとする。そのこと自体が決して間違ってはいない。人間である限り生涯努力を積み重ねていくということは、人間にとって大事なことであると思います。しかし、そういうことの根っこに何があるかということは、自分は善いことのできる人間である、あるいは別な言い方をすれば、自分は間違ったことはしないという自分を肯定するこころがその根っこにあるということです。それが我われ凡夫の信心の核になっている、あるいは信心の底にあるものとして親鸞はとらえていきます。そういうことがあるかぎり、我われは仏の本願を素直に信ずるということができない。信じたいと思い、信じているように思っていても、そこには自分から少しも離れられない、自分を少しも捨て切らない。そういう深い執着があるということを、親鸞は年齢とともに問題にし、そこから「悲願」に対し、「智願」という言葉を晩年の著述のうえで強調していくようになったのであろうと思います。

第四節　名号と光明

親鸞は、観音は無明の闇を破り、勢至は無明の常夜を照らして智慧を開かしめるはたらきを持てるものである、と言いました。次に、

「観音、勢至自来迎」というは、南無阿弥陀仏は智慧の名号なれば、この不可思議光仏の御なを信受して、憶念すれば、観音・勢至は、かならずかげのかたちにそえるがごとくなり。（『聖典』五四八頁）

と言われています。名号と光明というのは、切っても切れない深い関係があるということです。名号というのは、仏の名告りです。「名というのは因位のときの名であり、号というのは仏になりてのちの名である」と親鸞は説明しています。あるいは「尊号」という言葉で表します。ですから南無阿弥陀仏という仏の名は、ただ名前でなくて仏の本願の名告りであるということです。「我ここにあり」という仏の名告りです。仏の存在を挙げての名告りであり、仏の我われに対する呼びかけであり、呼び声であるということです。

その名号は、智慧のかたちだと親鸞は表します。闇を照らす光であるということです。これは光号因縁ということで、『教行信証』「行巻」に、名号が因であり、光明が縁であり、それによって我われのうえに信心というものが成就すると述べられています。その信心こそが仏となっていくのだと。信心において我われは仏となっていくということです。本願の念仏の徳を讃嘆されたところです。

良に知りぬ。徳号の慈父ましまさずは能生の因闕けなん。光明の慈母ましまさずは所生の縁乖きなん。
（『聖典』一九〇頁）

その終わりのところに、善導の『往生礼讃』の文を引いて、

「光明名号をもって十方を摂化したまう。ただ信心をして求念せしむ」（礼讃）と言えり。また「念仏成仏これ真宗」（五会法事讃）と云えり。また「真宗遇いがたし」（散善義）と云えるをや、知るべし、
（『聖典』一九〇～一九一頁）

と、親鸞の領解が述べられています。もとは善導の『観経疏』に拠って解釈された文ですが、善導のところで言いましたら、父母孝養という問題です。人間の倫理の基本の事柄として、親を大事にするということ

とが『観経』に説かれてきます。

それではなぜ親を大事にするということが、『観経』に説かれているのか。そこでは父の精血を因とし、母の体内を縁として、この我われのいのちが与えられたということが説かれています。ですから父母とは、私のいのちの源であり、父母を大事にするということは、私のいのちを大事にすることである。分かりやすく言えば、このような私をようこそ生んでくださったということです。いのちに対する感謝、それが自らいのちの源である父母、親に対する感謝の想いである。ですから親を粗末にするということは、裏を返せばそのまま自分のいのちを粗末にするということだと説明されています。なぜ経典には父母孝養ということが人間の第一の倫理として説かれたのか。それはいのちの問題だということで説いていくわけです。善導の解釈は肉体としてのいのちの解釈ですが、親鸞は、仏法に出遇って教えを通して与えられる深いいのちのありがたさ、深いいのちの因としてそれを明らかにしていきます。その場合に、我われの肉体のいのちは父母を縁として与えられたいのちですから、いのちの源として父母を大事にしていくということがありますが、むしろ父母孝養と言われれば言われるほど、我われは父母孝養ができない身であると思い知らされていくということです。親孝行のできない不孝者であることが、自分のいのちを粗末に生きているということを思い知らされる。それは教えの光に出遇って気づかされることです。教えの光に出遇わなければ、そのことすらも我われは気づかない。それこそ自分が見えない存在だと言わなくてはならないと思います。それが親鸞のうえでは、仏の御名を因とし、仏の光を縁として、私はこのいのちのありがたさを本当に受け取らせていただくということで説かれていくのです。そのことは、親鸞にさき立って法然が注意していることで、『三部経大意』のなかでそのことについて述べられています。

しかれば光明の縁あまねく十方世界をてらしてもらすことなく、名号の因は十方諸仏称讃したまひてきこへずといふことなし。「我至成仏道、名声超十方、究竟靡所聞、誓不成正覚」（大経巻上）とちかひたまひし、このゆへなり。しかればすなわち、光明の縁と名号の因と和合せば、摂取不捨の益をかぶらむことうたがふべからず。

（『真聖全』四、七八五頁）

ここに「行巻」に出てくる光号因縁の解釈のもとがあります。光明の縁と名号の因の和合によって我われが「摂取不捨」、摂め取られる、救われるということです。親鸞は救済ということを表す場合、「摂取不捨」という言葉で表します。摂め取られて捨てられないという、親の慈悲、仏の大悲のなかに包み取られて、そこから出ることのない身であるということです。そういう幸せを得ることのできる身であると語られ、その思想が善導・法然・親鸞へと展開してきたということです。

平生業成

つぎに、光明と名号は切っても切れない関係で我われのうえにはたらいてくる。それを潜って、観音・勢至が我われのところに来るということが言われてきます。当時の仏教界で言えば、臨終来迎というように解釈されてきました。けれども親鸞は、いのちが終わるときにお迎えにあずかるということでなく、現在この身につねにはたらきたまうこととして来迎を領解されました。このことは、仏教の歴史を見るときに非常に大事なことです。

臨終来迎と言えば、人間であれば本能的に人生に疲れ果てたときと言いましょうか、そのときに早くお迎えに来てくれないかと、歳を召した方であればなおさらのことです。あるいは死ぬときには安らかに死んでいきたいと、これは人間の正直な心情だと思います。人生、生きていくうえでさんざん迷惑をかけてきた人間だから、せめていのち終わるときには迷惑かけないでという思いもあるでしょう。この世においてこの身のままでさとりを開くということを目的として聖道門仏教は説かれてきましたが、聖道門仏教の人びともこの世において煩悩を断ち切ることができないから仏のお迎えをうけて、そして仏の世界に生まれて環境の整った浄土でさらに修行して仏になろうとするわけです。

かつて曽我量深先生が、往生ということについて、聖道門仏教の人が亡くなったとき、このたび大往生を遂げたというようなことを言われる。往生に大往生も小往生も別にないのだが、何かそこのところに、親鸞が往生を遂げるということは、現在において仏の真実に出遇い、仏の真実を我がいのちとし、その仏の真実に生かされていくということに往生という言葉を領解されたのであって、必ずしもいのち終わるときとはかぎらなかった。けれども、今生においてさとりを開くことを目的する聖道仏教の人は、いのち終わるときを大往生を遂げると表現している。それは何か立前と現実は違っているのではないか、ということをおっしゃったことがあります。聖道門仏教の人びとが、どれだけ臨終来迎を期待していたかということです。それが法然、親鸞の時代の状況でありましたし、現在でもそうだと思うのです。

それに対して親鸞は、仏はいのち終わるときにお迎えに来てくださるのではなくて、名号、念仏のはたらきとして我われのうえにつねにはたらいていてくださる。しかもそのはたらきに遇う人には、「観音・勢至は、かならずかげのかたちにそえるがごとくなり」と、非常に意味深い表現で表されています。影のかたちにそえるがごとく、私と少しも離れることなく、そして背後からつねに私を護っていてくださるというのが親鸞の領解です。来迎はいのち終わるときではなくて、つねにいま我われのうえにはたらいていてくださるということです。親鸞はいつも仏法を現実的に受け止めていった人です。いまのこの身におけることとして仏法をいただいていかれた方です。過ぎ去った過去を振り返ってとか、あるいは未だ来ぬ未来に向けてとかで仏法を聞かなかった人、いま現在、この身における救いの問題として仏法を聞き、仏法を受け止めていった人です。それを平生業成と言います。

救いとは、遠いさきでいつかは楽になるという、そんなはかない期待や幻想に振り回されて生きることではなくて、現在この身がそのまま、ありのままに救われていくということを徹底していったのが親鸞だったと思います。そしてそれは法然のうえにも見られます。法然は臨終来迎を素直に認めましたし、臨終行儀ということも非常に大事にしました。いのち終わるときの儀式ということも大事にしております。ただ法然の場合は、法語のうえで臨終と平生ということを問題にして、平生の念仏がそのまま臨終となると言われています。「人のいのちは出ずる息、入るを待たず」という、一息一息のところに人間のいのちはある。いまプツンと息が切れるかも知れない。いま念仏していることは平生の念仏であるけれども、いのちが終わったならばそのまま臨終の念仏である、という表現が法然のうえにも見られます。これは非常に法然らしい言葉だと思います。法然という人は、そういうように丁寧に、平易に分かりやすく念仏の教えを説いてくださった方です。親鸞はその点、思想家と言いましょうか、ものを深く掘り下げていくということがあります。法然の場合にはそういうものは表に出さないで、表では非常に分かりやすく、いま申している念仏がいのち終わったとき、それがそのまま臨終の念仏なのだというような説き方で説明しておられます。

親鸞の場合には、つねに我われのうえに、平生、いまの救いということを問題にしますから、臨終ということは必ずしもこの肉体の終わるときということではなくて、もちろん肉体のいのちの終わりとして臨終という言葉を使う場合もあります。それは『教行信証』で言えば、「臨終一念の夕、大般涅槃を超証す」(『聖典』二五〇頁)ということがあります。いのち終わるとき、それがそのまま仏となるときである。もうひとつは、臨終というものを現在において迷いを知り、仏の真実に呼びさまされたときをもって臨終とするという領解があります。親鸞は、我われが平素どんなに念仏し、聞法していても、人間の一生は最期の最期まで苦しみ・悩みの世界を生き続けていかなくてはならない。その苦しみ・悩みの世界がそのまま聞法していく縁となる世界でもある。我われは、その苦しみ・悩みを通して念仏するご縁として、聞法の旅を続けていく。その旅の終わるときがまさにいのち終わるときであると語るのです。現在における臨終とは『愚禿鈔』の上巻に、

本願を信受するは、前念命終なり。即得往生は、後念即生なり。他力金剛心なり、知るべし。

(『聖典』四三〇頁)

とあります。この「前念命終」「後念即生」の言葉は、善導の言葉です。「前念命終」は文字通り、我われのいのち終わるときです。「後念即生」とは、仏の世界に生まれるということです。ところが親鸞は、善導が肉体の臨終のときに我われが仏となるのだとおさえたときに、本願を信受するとき、仏の本願の聞えたとき、そこに我われの終わりがあるということを言われます。そこから与えられる人生は、文字通り新しい人生だと領解されていくのです。肉体のいのちを表す臨終ということを、現在において本願の教えである念仏申す身になる、そこに我われの臨終があると説かれます。臨終とは迷いの終わりということで、親鸞は生涯を通していろいろな問題を縁としながら、平生業成の思想を展開していくのです。いろいろな

ことをご縁としながら、信心によって、念仏のよろこびが確かめられていく。それが文字通り肉体のいのちの終わるときに直ちに「往生即成仏」、往生の極まるところが成仏のときとなり、現在における臨終として、つねに一念一念、新しく開けていくということが注意されます。

第五節　憶念の心

『唯信鈔文意』には、「御なを信受して、憶念すれば」（『聖典』五四八頁）という表現で表されていますが、この「憶念」という言葉が非常に大事な言葉だと思うのです。「憶念の心つねにして」（『正像末和讃』、『聖典』五〇三頁）、憶念とは、念じ続けるということです。念じ続けるというけれども、我われはつねに憶念しているのかという問題があります。いつも日常のことに振り回されて生きているわけで、仏のことは忘れて生きているのが我われです。曇鸞の言葉で、「若存若亡」（『聖典』四九三頁）、あったりなかったりするような信心です。表面的に言えば若存若亡しているのだと思いますが、若存若亡している底にずっと憶念し続けているものがある、ということだと思います。

曽我量深先生が八十歳の時だったでしょうか。記念講演で「我如来を信ずるが故に如来在す也」という題でお話なさいました。如来が在すから信ずるのではない、私が信ずるから如来が在すということを言われました。その講演をされるときに、「これは私が二十代のときに清沢満之先生から与えられた問題であった。二十代から今日まで、何十年の間このことを私は忘れていた。私が忘れているようであっても、私の内なる阿頼耶識が忘れることがなかった」と、講演のはじめに先生はおっしゃった。私が忘れているようであっても、私の内なる阿頼耶識、いわば私のうちに刻み込まれたその言葉が消えることなく今日まで続いてきたということがあるのです。生活に追われ、仏法を忘れているのであって、仏法から離れた日暮らしをしていますけれども、そういう日暮らしをしているその底に、念仏の信心が持続している。それを曽我先生が独自な言葉で、阿頼耶識が忘れることがなかったと。それが八十という歳を縁として、私のうえに残ってきたのだと。そういった憶念のこころが大事なのだと思います。

憶念していますと、そこに自然に道が開けてきます。私のことで言いますと、ひとつの課題がありますと、それが電車に乗っていても、布団のなかに入っていても、そのことが頭から離れないということがあります。そうしますと、そのなかから不思議なことに、いろいろな道が開けてきます。憶念するものを持っているかいないか、そういうことが問われてくるのではないかと思います。念じ続けるようなものが私の生活のなかにあるだろうかということを、我われは一度問い直してみてもいいのではないでしょうか。生涯通して問い続けるようなもの、本当に私の生活をそこに集中せしめるようなもの、その一点というものを私どもはこの人生において見出しているだろうか。坂村真民（一九〇九～二〇〇六）という四国の詩人は、お母さんから聞いた、「念ずれば花開く」というその言葉を自分はいつも念じている、と言っておられます（『念ずれば花ひらく』サンマーク出版、一九九八年）。我われのうえでは仏法を聞いていても、それが「憶念の心つねにして」にはなかなかならないで、若存若亡していく。あったりなくなったりの繰り返しのなかで生きているのですが、そういうことの底に貫いていくものがあるということが大事だと思います。

その憶念とは、哲学的に言えば、瞬間と持続と言えます。聞法とは、昨日聞いたとかということではないのであって、ただ今聞くというほかにはないわけでしょう。けれどもその瞬間的なできごとが持続していくかどうか、相続していくかどうかが問題なのだと思います。その場合に、我われの憶念という深いところに如来の憶念があるということを思います。我われが忘れていようとつねに如来は念じ続けていてくださる。あるいはよき人は私のことをつねに念じていてくださる。そういったことがなくてはならないのではないかと思います。「憶念」は、サンスクリット語で「アヌスムリティ」(anusmṛti)、「念仏」の語源と同じ意味ですが、「随念」とも言います。折に触れ、縁に触れて念仏していく。あるいは折に触れ、縁に触れては聞法していく。それを繰り返し反復していくということでなくてはならないと思います。憶念していくことが、我が身の人格を形成していく。そこからいろいろなことが展開していくように思います。我われは何を憶念するのだろうかということです。自分のなかで普段に確かめなくてはならないものとして、なぜ人間に生まれてきたのだろうかという、もっとも根源的な問いがあるだろうし、それから空しく過ぎていくような、そういう日暮らしをしていていいのだろうか、という問いを持つことが大事なことなのです。

私が大学でお世話になるのは、残すところ今年と来年の二年しかありません。大学でお世話になっているときにしておかなくてはならない仕事が随分ありますが、何ひとつなし得なかった。大学に入って多くの先生方にお会いし、多くのご恩をいただいてきた身でありながら、そのご恩に万分の一もお応えしなかったということを思います。残された二年間、田舎に帰ったらできる学問もありますが、大学でしなければならない学問があると思うのです。それもどれだけのことがなし得るのだろうかと思うのです。定年間際になって、あれもやり残し、これもやり残したなあという淋しい思いのなかで終わっていくのだろうかと思ったりするのです。何かそこに、人間になぜ生まれてきたのだろうかという問題、そして人間がこのようなかたちで空しさを感じて生きながら、いのち終わっていいのだろうか。そういうことを普段に自己の内面に問い続けながら聞法し、そしてそこに念仏の日暮らしをさせていただく。そこに自ら「憶念の心つねにして」ということがあるのではないでしょうか。そして最後に「南無阿弥陀仏」という念仏のなかに包まれていくのではないかと思います。

親鸞の最後の書物は、『弥陀如来名号徳』という書物でした。最後の手紙は人生の無常を伝えた手紙ですが、その同じ年の手紙に「尽十方無碍光如来を本とすべし」という短い手紙があります。そういうものを見ていきますときに、親鸞の九十年の生涯は、「南無阿弥陀仏」という念仏に生かされ、念仏のなかに包み摂られていった生涯だった。そして南無阿弥陀仏という念仏となって、現に我われに呼びかけ、はたらき続けていいてくださるのだということをしきりと思うのです。私は何を憶念しているのか。私のなかに憶念しているものがあるだろうか。そのときの瞬間の思いのところで生きているのだろうか。あるいはそういう思いは時事に乱れていこうとも、何かそこに貫き通していくものがあるだろうか。そういうことを課題にしていただけたらと思います。

第六節　他力自然

さて、『唯信鈔文意』の「自来迎」というところを読んでいきます。

「自来迎」というは、「自」は、みずからというなり。弥陀無数の化仏、無数の化観音、化大勢至等の、無量無数の聖衆、みずからつねに、ときをきらわず、ところをへだてず、真実信心をえたるひとにそいたまひて、まもりたまうゆえに、みずからともうすなり。また「自」は、おのずからという。おのずからというは、自然という。自然というは、しからしむという。しからしむというは、行者の、はじめて、ともかくもはからはざるに、過去・今生・未来の一切のつみを転ず。転ずというは、善とかえなすをいうなり。
（『聖典』五四八頁）

「自来迎」の「自」についての解釈です。「自」ということについて、「みずから」という自発の意味と、「おのずから」という自然の意味のふたつの意味を挙げて解釈しています。「みずから」というのは、我われの請求、祈願というものを待たないで、如来あるいは菩薩が自発的にすすんで私のところに来て、信心の行者につねに寄り添い導きたまうと述べられたものです。

親鸞で言えば、聖徳太子、法然上人というかたちを取って、みなさんであれば有縁の先生、子仏・孫仏というように、子どもや孫のかたちを取ってはたらいていてくださるということがあると思います。そういうかたちを取りながらはたらいてくださる我われの背景には、無数の聖衆がさまざまなかたちを取って、我われのうえにつねに来りたまわりているということがそこに述べられています。自らすすんでということであって、我われが頼んだからということではない。そういう意味で祈りの宗教とは違うのであって、頼みもしないのに無数の聖衆が自ら進んで私のところにはたらきたまう。『大経』序分のところを見ますと、「作不請之友（不請の友となる）」（『聖典』六頁）という言葉があります。菩薩は、我われに対して不請の友となる。請われないのに自らすすんで友となってくださり、仲間となってくださる。そこに自発という意味があります。

親鸞の晩年、自然法爾ということが非常に透明化されてきました。透明化された世界として、自然法爾という言葉が晩年の著述のうえに見られます。今年、客員教授を定年で辞められました岩田慶治先生（一九二二〜二〇一三）の最後のお別れのご挨拶で、「歳を取って身体はだんだん言うことをきかなくなってくるけれども、何かいままで不透明であったものが段々透明に見えてくるようになるということを感ずる」とおっしゃいました。非常に感銘を受けたご挨拶でした。いままで不透明にしか見えなかったものが身体が弱って老化していくなかで、透明に見えてくることを感ずるということがあります。親鸞の晩年、段々視力も衰えてくる、耳も聞こえがたくなってくる、そういう肉体的条件としては段々老化していくなかで、いよいよ透明に見えてきた世界が自然法爾という世界です。

「自然」という言葉は、『大経』のうえでは確か五十八回使われています。『大経』の上巻と下巻に説かれますが、それを「三自然」、三つの自然と呼んでいます。『大経』のうえでは、上巻の終わりに説かれる「自然」という言葉です（『聖典』三六頁）。下巻のところに出てくる言葉では「無為自然」という世界です（『聖典』七七頁）。「無為」という言葉は「有為」に対する言葉で、何らの計らいのない世界で、仏教では無為ということで表します。「無漏」とも熟語される言葉です。「漏」というのは煩悩が漏れるということです。煩悩がないのを無漏と言います。無為というのは、なすところなしということですから、計らいがまったくないことを表します。その無漏無為なる世界を「自然」という言葉で表します。それは色もないかたちもない、そういう相対的な時間、空間的な限定を一切超えた領域です。『大経』上巻の終わりで申しましたら、「我われが浄土に往生し仏の世界に生まれたならば、自然虚無の身、無極の体を受けたり」（『聖典』三九頁）。これは『浄土和讃』のうえでもそのまま表されています。色もない、かたちもない、そういう一切のかたちを超えた身をいただいていくのだということが述べられています。

それに対しまして、「業道自然」ということがあります。「業道自然」とは、我われの迷いの世界です。我われの業によって造り出されていく世界を申します。これは『大経』下巻に説かれてくる迷いの生死、流転の世界です。それは貪欲・瞋恚・愚痴の三毒の煩悩によって、五悪の世界、すなわち殺生・偸盗・邪淫・妄語・飲酒という世界を造り出していくところに我われの「業道自然」なる姿があります。この因果というのは必然です。これは『大経』の悲化段の説話ですが、非常に傷ましい、よくもこんなに人間の姿を説き尽くされた経典だと忘れもしませんが、私が中学のときに『大経』をお勤めで読んでおりましたら、「自妻厭憎、私妄入出」（『聖典』七〇頁）という言葉がございました。自分の女房は好きになれないものだ、どうしてこんな女房と一緒になったのだろうと思う、ということが悲化段のところに克明に描かれています。これほどまでに人間を描き尽くしたものはないのではないかと思うほど、人間が貪欲・瞋恚・愚痴の三毒の煩悩によって、殺生・偸盗・邪淫・妄語・飲酒というような世界を造り出し、苦悩し生死流転していく。この傷ましい現実がそこに説かれてまいります。そういう「業道自然」の世界に生死流転する我われをして、「無為自然」の世界にいたらしめようとするところに、「願力自然」があります。

「願力自然」は、智慧の名号、法蔵菩薩の願力であり、智慧の名号として我われのうえにはたらいてくるものです。あるいは智慧の名号の裏には、大悲の本願があります。これはさきほどの自ら進んで我われの「業道自然」の世界に現れ、そして「業道自然」の世界に流転している我われをして、「無為自然」の世界に帰らしめようとするはたらきです。

親鸞の晩年にそのことを顕著に表された「獲得名号自然法爾」では、法然から聞き習った「義なきをもって義とす」ということ、念仏は我われの計らいがまったく混じわらず、計らいを超えたもの、計らいの尽き果てたところに開かれてくるものであって、それはまったく仏智の不思議というほかはないものであると言っています。親鸞のすべては如来にはからわれてきた身であるということです。念仏申すということも、我われが仏法を聞える身に育てられたということも、すべて如来のはからいによるものである。そういうことが「自然法爾」ということで表されている事柄だと思います。

他力とは、「願力自然」のはたらきであり、大悲の本願による智慧の名号のはたらきを「転成」とおさえています。それは、過去・今生・未来の一切の罪を転じていくこと、「転ずというは、善とかえなすをいうなり」（『聖典』五四八頁）と言っています。悲しみを喜びに転じてくださるもの、それが如来のはたらきであるということです。人間は生きているかぎり、いろいろな悲しみを経験していかなくてはならない。ただその悲しみが悲しみのままに終わるのか。あるいは忘れられ、あきらめというところに終わるのか。あるいはその悲しみに出遭ったことをご縁として、いわばそこに真実を求めて生きるという往生浄土の道が開けていくのかということです。これは人間にとって大事なことなのです。

仏法の時間論から申しましたら、過去から現在、現在から未来へという方向で考えることももちろんあります。それと同時に、未来から現在へ、現在から過去へという方向で時間をとらえるということもあるのです。法というのは、未来の方からいろいろな法が我われの方にはたらいてくる。けれどもそのはたらいてくる法と我われとが出遇うということは容易ならないことであって、因縁成就することになるのはほんの一部であって、多くの者は因縁成就しないままに流れていくのです。我われはいろいろなご縁に出遇っていますが、ご縁に出遇ったことが必ずしも因縁というかたちで実を結ばないで、縁が無縁のまま過去になっていくことがあるわけです。因縁成就することは、私の計らいや思いを超えておこってくる事柄ですが、それは容易ならないことです。どんな悲しいできごとに出遭っても、そのご縁が私の内に真実を求める因を開いてくることにならないのです。そして縁が無縁のままに終わっていく。けれども、その悲しいできごとが私の内に因を問うとき、はじめて縁となっていく。そして因縁というものが成就して、そこに我われのうえにひとつの道が成就していくのではないかと思います。それは悲しみを喜びに転じていくというはたらきです。あのときの悲しいできごとがあったお蔭で、仏法を聞く身にならせていただいたということがある。何事も順調に人生が運んでいったならば、私は人の情けも知ることもないままに、すべてを当たり前のこととしてしか受け取れなかったでしょう。けれどもあのときの悲しいことに出遭ったことにおいて、はじめて人の情けも身に沁みて感ずるようになり、お蔭様でという世界も気づかせていただくことができたということがあるのではないかと思います。そういうことの全体が私の計らいではなく、如来のはからい、他力自然のはたらきであると親鸞は領解していくのです。

第七節　自然の利益

『唯信鈔文意』に戻りますと、

もとめざるに、一切の功徳善根を、仏のちかいを信ずる人にえしむるがゆえに、しからしむという。はじめて、はからわざれば、「自然」というなり。誓願真実の信心をえたるひとは、摂取不捨の御ちかいにおさめとりて、まもらせたまうによりて、行人のはからいにあらず。金剛の信心をうるゆえに、憶念自然なるなり。この信心おこることも、釈迦の慈父、弥陀の悲母の方便によりて、おこるなり。

これ自然の利益なりとしるべしとなり。

（『聖典』五四八～五四九頁）

とあります。ここでは、「釈迦の慈父、弥陀の悲母」という、その二尊の慈悲によって発起されたものが「金剛の信心」であると述べられています。金剛の信心というのは、如来の摂取不捨の誓いのなかに摂め取られた自覚であると言われています。

余談になるかもしれませんが、いま大学は大きく変わっている状態で、高校時代までの偏差値を中心とした教育の反動が大学に出てきています。大学は真理探究の場ではなくて、就職のための手段として大学が受け取られて、会社の方が採用する大学を指名するという現状があります。現在の大学では、いわゆる昔の学問というのはもはや望めないので、大学院でやるしかないというのが実情です。そういうなかで、学生と接して思いますのは、この子たちは親から厳しく叱られたという体験があるのだろうか、あるいは学校の教師から叱られるという体験があるのだろうかということを考えさせられます。そこでは親が自分の生きざまに対して自信を失ってしまった、自信がないから子どもを叱ることができないという問題があるのではなかろうかと考えさせられるのです。教えを聞くということは、自分をよく叱ってくださる人に出会うということだろうと思います。叱ってくださる人を失ったことほど寂しいことはないということがあります。よき人というのは、自分を甘やかしてくれるのがよき親でもよき師でもないと思います。本当に心底から叱ってくれる親や先生に出会うということが人間の教育で一番大事なことだろうと思います。教えに出遇うということは、自分を問い、自分を見失っている人間を呼び戻し、立ち帰らせてくださるもの、それが教えであると思います。いま釈迦・弥陀二尊の慈悲によって、我われのうえにはじめて金剛の信心というものが開けていくのだと言っています。

さて、『唯信鈔文意』に戻りますと、このあとに「来迎」という言葉について解釈されます。来迎とはさきほど申しましたように、いのち終わるときに仏のお迎えをうけ、そして安らかな死を遂げたいというのが来迎に対する期待でした。ところが親鸞は、仏が我われのうえに来り、そして我われを帰るべき世界である浄土に帰らしめるはたらきであると表されました。そして浄土に帰らしめられた者は、またこの生死の世界に還ってくる者である。その全体を含めて、往相と還相のふたつを含めて浄土に帰るということが親鸞の領解でした。具体的に我われを浄土に帰らしめるはたらきが「本願招喚の勅命」と呼ばれた念仏のはたらきです。その念仏のはたらきこそが「願力自然」、すなわち仏の自然のはたらきであると親鸞はこころを尽くして説いていこうとするのです。

我われにとって本当に帰るべき世界は、「まつというこころなり」と「迎」という字の説明を結んでいます。待たれてある身であるということです。このかぎりある一生を終えて、いのち終わっていくのですが、その我が身が待たれてある身であり、待たれてある故郷に帰っていく。そこから言えば、この仮初の人生が私にとって非常に大事な人生として見えてくるということがあるのではないかと思います。生死という現実に眼を向けず、生死ということを教えられても、それを忘れ、そこから逃げるようなかたちで生きている。生ということだけに眼を注いで生きているわけですから、それは非常に中途半端な底の浅い人生になっていくわけです。しかし死という厳粛な人生の事実を通して、我われは流転を超えた悲願の世界、親鸞の言葉で言えば、涅槃の世界に帰る。そして帰るべき世界こそは、待たれてある世界であります。

私が昭和二十年（一九四五）に大谷大学に入りましたときに、三木清という巣鴨の監獄で「親鸞」という論文を書いて亡くなった哲学者がいました。その人の書物をそのころの学生は愛読したわけですが、そのなかで三木が牢獄のなかから娘の洋子に宛てた手紙が収められた『人生論ノート』（創元社、一九四一年）という本があります。四十数年前のことなのですが、いまでも忘れないのは、獄中から宛てた手紙に、残された人生のなかにあって仕事をなし終えて、待たせたねと言って亡き妻のところに帰っていきたいと願っている、という一節がありました。多感な青春時代であり、その手紙に感動したのをいまでも忘れられないのです。

待たれてあるということは、そのことに対して、恥ずかしくない仕事をなし終えてということがそこに出てこなくてはならないと思います。そういうなかで我われは、この人生を本当に大事に生きることを学んでいくのではなかろうかということです。仏の世界に帰るべき身として、この生死の世界を大事に生きる。大事に生きる道は取りも直さず、自分を忘れ、自分を見失っていくような人生でなく、本当に我が身のいのちの道を教えてもらう人生をいただいていく。そういう道を教えられていくということのほかにはないし、それが南無阿弥陀仏と合掌して念仏申すことであると思います。

このごろいろいろなことに感動することが多くなったのですが、チベットのカザックというところで、そこにある寺を中心とする民衆の生活を放映しておりました。それを観ていて涙がこぼれました。チベットの人びとが、日本の生活環境では考えられない貧しい日暮らしのなかで、決して明るさを失っていない。そして「オム・マニ・ペメ・フム」（Oṃ maṇi padme hūṃ）というマントラを常に口ずさみながら巡礼を続けるのです。「オム・マニ・ペメ・フム」というのは、「ああ蓮華のうえの宝珠」という観音菩薩の名号だそうです。それを観ていまして、日本人がもはや失ってしまったもの、現在の人間が失ってしまったものが、あの秘境の地にあり、それをいま一度取り戻すという道がないのだろうか。あるいはそこに立ち帰るという道がないのだろうかと思います。浄土という世界、他界としての浄土は現在ではもはや分からなくなっているということがあります。しかし分からなくなっていることをそのまま認めていいというわけにはいかないので、むしろチベットのカザックという秘境にあって、「オム・マニ・ペメ・フム」と唱えながら巡礼の旅を続けている敬虔な人びとの祈りというものにこそ立ち帰るべき時代ではなかろうか。そんなことを思いながら感動したことです。

さき立った人びとの帰っていった世界、それは我われの待たれている世界、その世界に我われは帰っていく。この人生を旅する者として、我われは生きていく。それが往生浄土の道を遂げていくことであるし、そこには観音・勢至という、無数のかたちをとった人びとのはたらきがあります。その根源には、如来のはたらきがあり、その如来のはたらきがあることを我われに知らしめるものが「南無阿弥陀仏」という念仏であると言えるのではないかと思います。我われの人生が、はからわれて生きる。正親含英先生の言葉で、「運命というほかはないような人生、その人生全体が実は運ばれていくいのちの世界だということに気づいていくということがお念仏の道であろう」と、教えられました。これも四十数年前、学生時代に先生から聞いた言葉で、耳の底に留まった言葉のひとつです。我われが懸命に生きていくそのままが、実は運ばれていくいのちであり、はからわれていく道である。そういうことをこころの底に留めていくことが大事なのではないかと思うのです。

第七章　唯信の相伝

第一節　「来迎」の字釈

はじめに、かつて親鸞を亡き者にしようとした明法房弁円の往生について、親鸞の手紙を読んでいたのですが、このたびお浄土に往かれておめでたいことだと『御消息集』広本に書いておられます。しかし本当にお浄土に往生されておめでたいとどうして言えるのか。八十九歳の時の最後の手紙は、自分は末の娘を残して逝かなくてはならないけれども、あの子の行く末は常陸のご門徒の方々に、面倒をみてやって欲しい、よろしくお願いしますと書き残されています。八十九歳になってあと一年の人生、それなのに我が子の行く末を案じて、ご門徒の方々によろしくたのむと書き送っておられる。本当に恩愛ははなはだ断ちがたいという親鸞の心境を思うのですが、そういうなかでお浄土に生まれるのはおめでたいと言われるのは、頭では分かるのですが、そんなことが素直に果たして自分の気持ちとして本当によかったと喜べるのか、ということを思います。

私の母も亡くなる前に、「ご門徒のお婆ちゃんが亡くなりましたよ」と言うと、「よかったなあ、ようやく肩の荷を下ろさせてもらわれたか。本当に長い間ご苦労さんだったなあ」ということを申しておりました。「よかったなあ」と。これは長い人生の旅路を生きてきた者が実感として味わうことだと思います。生きることが並大抵ではなく、背負い切ることのできない荷物を背負って、一人ひとりが懸命に生きていく。死のうと思っても死ねるいのちでもなく、生きたいと思っても生き続けられるいのちでもない。そういう人生を一人ひとりが背負いながら生きていく。そういう重荷をようやく下ろしていただいたということが「よかったなあ」と万感の思いを込めて母がお別れの言葉を言っていたのを思い出します。

親鸞のように、明法房弁円がこのたび往生を遂げられたということを聞いて、本当におめでたいということが言えるのだろうか。娑婆永劫の苦を捨てて、仏の御許に帰らせていただくということですから、めでたいことには違いないのですが、どこまでこころの底からおめでとうございますと言えるほど、私にとってお浄土が身近なものであり、お浄土がそれほど私のなかに感じ取られているのか。ただ言葉のうえで、あるいは思いのなかでお浄土が考えられているのであって、やはりお浄土は遠いところにあるように思います。こころの底からその往生がおめでたい、よかったと言えるほどお浄土が生活のなかに浸透して生きているのだろうかと、もう一度自分自身のなかで問い返す大事なご縁だと思われてなりません。

『唯信鈔文意』に戻りますが、第十七願ということを聖覚が述べている文のなかで、来迎の解釈のところです。親鸞以前の来迎観は、いのち終わるとき仏のお迎えを受けるのだと考えられてきました。いのち終わるときに仏のお迎えをうけて、仏の世界に生まれ変わるのだと。ところが親鸞は、仏のお迎えを期待するという来迎観に対して、まったく独自な解釈をされています。そこには「来」と「迎」とを分けられまして、

「来」は、かえるという。かえるというは、願海にいりぬるによりて、かならず大涅槃にいたるを、

法性のみやこへかえるともうすなり。（『聖典』五四九頁）

とあります。「来」とは、本願招喚の勅命によってお浄土、涅槃のさとりの世界に帰っていくことだと言われています。このことは、『教行信証』「証巻」のなかで、「正定聚に住するがゆえに、必ず滅度に至る」（『聖典』二八〇頁）と、愛憎善悪という人間世界における一切の柵を超えた、平等のさとりの境界に生まれ変わらせていただくのだと言われていることです。そして、そこにおいて法身のさとりを開くということですが、それは大慈大悲極まって生死界に再び還り来るというはたらきをいただくことである、と親鸞は述べています。

次に、「迎」の解釈として、

「迎」というは、むかえたまうという、まつというこころなり。（『聖典』五四九頁）

とあり、「まつというこころなり」とは、如来によって待たれているということです。これはあまり待たれているというのも困るかも知れません。やはり苦悩の旧里は捨てがたいという、いい加減にこの世からおさらばさせていただければということを思わないわけではございません。私のような世渡りの下手な人間にとっては、大谷大学にあと一年お世話になるだけですが、何年も居るところではないと思いました。せいぜい生きさせていただいても、七十年ぐらいの人生がいただければという思いもします。そういう意味では、「まつというこころなり」ということも、ありがたいという一面が感じられるとともに、娑婆に執着して生きる者からすれば、それがもうひとつ素直に受け取れません。向こうは待ってくださるかもしれませんが、こちらはもう少し日延べして欲しいというようなこともなきにしもあらずで、人間の思いというものは本当に矛盾に満ちたことなのだと感ずることです。この場合に、待つというのはさき立って逝かれた方々という意味だろうと思いますが、『末燈鈔』にはこれと同じようなことが述べられています。

　この身はいまはとしきわまりてそうらえば、さだめてさきだちて往生しそうらわんずれば、浄土にてかならずかならずまちまいらせそうろうべし。

（『聖典』六〇七頁）

これは年代がいつのものであるのか分かりませんが、年老いた身であるから一足さきにお浄土に往ってみなさんがお越しになるのを必ず待っておりますという、非常に心情の籠った手紙です。この手紙の内容について、この文は法然まで考えられていた往生観が残っており、『教行信証』などに表されている「即得往生、現生不退」という内容とは違うのだと言われている大学の先生がおられますが、むしろこの手紙のなかにこそ、親鸞の偽りのない真実のこころが述べられていると思います。

親鸞は、お浄土で待っていると明らかに言われています。「むかえたまうという、まつというこころなり」というのは、如来のことでしょうし、またさき立って逝かれた方々のこころを含めて言われている言葉であろうと思います。我われが人生を生きていくうえで、人間関係の煩わしさや複雑さなどを思い煩うことの多いなかで、そういう身が如来によって待たれているということです。いわば人生が何十年というかぎられたいのちで考えられるのではなくて、生死を超えた彼岸の世界と深く結びついているということです。何か待たれている身ということが思われるときに、こころの底に温もりと申しましょうか、落ち着きというものを我われは感ずることができるのではないかと思うことです。

「迎」の解釈のところをもう少し読んでみたいと思います。

　選択不思議の本願、無上智慧の尊号をききて、一念もうたがうこころなきを、真実信心というなり。金剛心ともなづく。この信楽をうるとき、かならず摂取してすてたまわざれば、すなわち正定聚のくらいにさだまるなり。このゆえに信心やぶれず、かたぶかず、みだれぬこと、金剛のごとくなるがゆえに、金剛の信心とはもうすなり、これを「迎」というなり。
（『聖典』五四九頁）

この文はまったく独特な解釈だと思います。前の「来」というところにも、親鸞は「来」についてふたつの意味を表されまして、ひとつは滅度である涅槃の浄土に帰ることだという意味があります。涅槃の浄土ですから生死輪廻を超えた世界ですが、涅槃の浄土に往くという意味がある。もうひとつは、そこから生死の世界に還り来るということです。そして「迎」ということにもふたつの意味を挙げておられます。「迎」というのは迎えるということだと述べられていますから、如来によって待たれているということよりもう少し積極的に迎えるということを解釈されているように思います。その内容は、阿弥陀の本願、衆生救済の意志です。仏の願いにおいて選び取られた無上の名号、本願成就の御名は智慧の念仏ですが、その念仏の声を聞いて一念も疑うこころなきものを「真実信心」と言い、それを「金剛不壊の信」と言うのであると。そしてその信心を得るときに、「かならず摂取してすてたまはざれば、すなわち正定聚のくらいにさだまるなり」と述べられています。本願の名号、これは如来のこころであると言われていたのですが、この如来のこころが我われのうえに信心として成就するということです。

「金剛の信心」、これは親鸞聖人が非常に大事にされた言葉です。信心を表すときに、真の仏弟子にしても「金剛心の行人」（『聖典』二四五頁）と言われています。それを逆に言うなら、我われの考えている信心というのは、まことにもろい、はかない信心、それが人間の思いのなかで造りあげられた信心ですが、いま我われのうえに与えられた信心は、金剛の信心であると言われています。つまり金剛ということは、自分で固めた信心でなくて、それは如来の確かな信心であるがゆえに「金剛不壊」であるということです。

ここでは「この信楽をうるとき、かならず摂取してすてたまはざれば」と、それを獲得するときに摂取して捨てられないと述べられています。この文を読んで感じるのは、「うるとき」という言葉は非常に重いと思います。金剛心を得ること、信楽を得ることはまことに容易ならないことだろうと思います。

今年の大学の授業で、「証巻」と「真仏土巻」の講読があたっているのですが、念仏ということを説明するときに、学生に対して、「君たちに念仏ということを言ってみてもそれは説明では分かると思う。けれどもそれを君たちが頭で理解したとしても、それがさきに役立つとは言えない。念仏とはどういうことなのかということを知っていくうえで、それがどのように説かれてきたのか、またどのように考えられてきたかを心得ておくことは大事な意味を持っています。その念仏が本当に頷けるというのは生涯の問題です」と伝えました。念仏申す身となるということは、まことに容易ならないことであって、「この信楽をうるとき」という言葉のなかに、時熟という永劫のときがいまようやくにして熟したという、いわば久遠劫来、遠い昔から迷いに迷いを重ねてきた、我われにとっては迷いの生涯であった、その迷いの生涯が実は如来の本願の修行のときであったということが親鸞の領解でした。迷いの流転の生涯を場として、如来は本願、衆生救済という本願を実現するために、あの手この手を尽くしてくださった。そのご苦労がいままさにとき来って成就したという、それが行信の一念ということです。ただ一声の念仏のなかに永劫のときが成就しているという意味があります。「ただ念仏」と「ただ信ずる」という身となったときに、如来のご苦労のすべてが実を結んだという深い意味があるのだということが、「遠く宿縁を慶べ」（『聖典』一四九頁）という言葉で表されていると思います。「この信楽をうるとき」という簡単な言葉のようですが、重い意味を感じ取るべきではないかと思います。

第二節　正定聚不退転

「迎」の字釈のところには、「かならず摂取してすてたまはざれば、すなわち正定聚のくらいにさだまるなり」と、阿弥陀仏の摂取不捨、果遂のはたらきによって「正定聚のくらいにさだまるなり」と述べられています。摂取して捨てられない、という言葉は『観経』のなかに出てくる言葉ですが、親鸞は『浄土和讃』の「阿弥陀経和讃」の第一首目に、

十方微塵世界の
　念仏の衆生をみそなわし
摂取してすてざれば
阿弥陀となづけたてまつる
（『聖典』四八六頁）

と述べて、「摂取してすてざれば」の左訓に、「ものの逃ぐるを追はへとるなり」と書かれています。如来の教えに背いてきたこの身をどこまでも追いかけて、捨てないということです。それが如来の他力救済のはたらきなのです。私はことに不出来で短気だからかもしれませんが、大学もあと一年のご縁ですから、学生に何とか学問とはどういうものかを伝えておきたいという思いもあり、余計に気が短くなり、仏の顔も三度、私はもう三度も待たないで一遍言ってあとは放っておく、三遍も辛抱するだけの根気は持たないから、ということをこのごろ学生に言い渡します。摂取して捨てないということを親鸞は、「逃げるものを追わえて離さない」と言われているわけですから、本当に根気のいる仕事だと思います。とても私のよ

うな不出来な気の短い者にはできないことです。

次に、「正定聚」という言葉については、まさしく決定した仲間のなかに加えられるということです。どう決定したかと言えば、仏となるべき身と決定した人びとの仲間に入れていただくということです。これが「正定聚」ということです。仏になるということは、一切の苦しみ・悩みから解脱していく、苦しみ・悩みを超えていくということです。そういう苦しみ・悩みを超えていく身と決定した人びとの身内、仲間入りをさせていただく。そこのところで、親鸞は、「正定聚不退転」、ただ方向が決まるということではなく、そこからあと戻りしないということだと言われました。我われは、仏になれるというような喜びを感じてもどこかで退転するものですが、それが退転しないと言われた。退転しないのは信心の確かさによることでしょうが、そこに退転せしめないはたらきがある。それは摂取不捨、果遂と言われる如来の願力のほかにないと思います。もし願力というものがなければ、我われはつねに退転していくのではないかと思います。法然の書物を読んでおりまして、ああそういう意味があったのかと思いましたのは、願力とは正定業としての念仏のはたらきということです。業は、「大願業力」というような表現を使いますが、正定業と法然が言われた念仏のはたらきです。ところが正定については、我われが仏となるべき身と定まる身ということですが、それを念仏の行としてまさしく決定されたのは、弥陀・釈迦だと法然は述べています。定まるというのは、そのように定めてくださったという意味があります。阿弥陀が本願において、そして釈尊がその阿弥陀のこころを受けて選び定めてくださったのがお念仏であるということには気がつかなかったことです。

「正定聚」とは、まさしく仏となるべき身、生死輪廻を超えて仏となっていく身となるということです。

この生死輪廻とは、サンスクリット語で「サンサーラ」(saṃsāra)、「生死」「流転」と訳します。釈尊は、人間が生まれた誕生は死とひとつである、生は死のはじまりであると言われます。生と死というのは裏表の関係で、一日一日のいのちです。

これは自坊の降誕会のときに申したことですが、一日一日のいのちということであれば、夜床に就くときに、今日一日のいのちをたまわったということに対して合掌させていただくことが念仏者の道ではないでしょうか。どうか夜休むときには手を合わせて、「ありがとうございました」と言って床に就くという生活を大事にしていただきたいと申しました。私の孫が小学校に行くようになりましてから、寝る前に「マンマンちゃん、おやすみなさい」と手を合わせて休むようにしています。それが念仏者の道であり、そういうささやかな道を大事にしていくことが、念仏し、聞法していくうえで大事なのではないかと思います。そういう日々のさりげない、食前食後にいのちをいただくことのありがたさ、申しわけなさに手を合わせ、そして夜床に就くときに今日一日いのちをいただいたことにお礼を申す生活を大事にしていくということが、念仏を相続していく道なのだと思います。

「迎」の字釈の結びの文です。

正定聚のくらいにさだまるなり。このゆえに信心やぶれず、かたぶかず、みだれぬこと、金剛のごとくなるがゆえに、金剛の信心とはまうすなり。これを「迎」というなり。(『聖典』五四九頁)

この言葉は、さきほどの説明と一致しないように思われます。前の「迎というは、むかえたまうという」の文は、「迎」という漢字の意味ですから、少なくとも言葉のうえでは分かります。ところが、「金剛の信心を得て正定聚不退のくらいに定まる」、それを「迎」と言われる解釈は、前の「むかえたまう」という意味と一致しません。これはどう解釈したらいいのでしょうか。おそらく、如来は遠いところで待っているのでなくて、そこには如来ご自身が我われのところにまで来てくださる。ただ待ってくださるだけでなく、私のところにまで来てくださるという意味で領解すべきかと思います。

このことにつきまして、親鸞は、来迎釈のところで『大経』第十八願成就文を引いておられます。

「来迎」というは、「来」は、浄土へきたらしむという。これすなわち若不生者のちかいをあらわす御のりなり。

（『聖典』五四九頁）

そして来迎の字釈を結ぶにあたって、

「願生彼国　即得往生　住不退転」とのたまえり。

（『聖典』五四九頁）

とおさえています。前の「来」の字釈のところでは、『大経』第十八願文の「若不生者、不取正覚」を拠りどころとされていました。ところが「迎」の字を解釈するのは、本願成就文を拠りどころとして「願生彼国　即得往生　住不退転」と述べています。そしてこの本願成就文を解釈して、平生業成ということの意味を親鸞は表されています。

いま現在この身が救われるということ、あるいは念仏して救われるであろうというようなことではなく、念仏申すその身になったこと自体がすでに救いであることを明らかにされました。「即得往生　住不退転」ということを人生における信心の利益とされた。そのため、「即」の字を「即時」、直ちにときをも経ないとまで表して、それは信の一念を獲得したとき、仏のこころに頷き念仏申す身となったそのときであると解釈されています。つまり「迎」の文字は、遠いところで待っているというのでなくて、如来が私のところにまで来たりたまうということを「迎」という字のなかに読み取られたということです。これは普通では思いもつかない解釈だろうと思います。「来いよ」と遠くの方から言っているのでなくて、待ってくださる方はいつも私のところまで来てくださるということです。何か遠いさきの世界で待っていることとは違う。遠い彼岸の世界に生まれて、彼岸の世界において待ってくださる方は、いま、私のところにいろいろなかたちを通してお念仏の声となり、聞法するその喜びとなって来てくださる。そういう意味を「迎」という字に読み取られたということです。それは親鸞の深い体験のなかから出てきた領解であると言わなくてはならないと思います。

待たれてある身であるけれども、それは何か遠いところで来るのを待っているということでは終わらないのです。ある意味から言えば、待ち切れないで私のところにまで来てくださるのだと言ってもよいかと思います。

結びの釈文として、

不退転に住するをいう。不退転に住すというは、すなわち正定聚のくらいにさだまるとのたまう御のりなり。これを「即得往生」とはもうすなり。「即」は、すなわちという。すなわちというは、ときをへず、日をへだてぬをいうなり。

（『聖典』五五〇頁）

と、『大経』本願成就文の文で結ばれています。「不退転に住する」とは、あと戻りしないということです。願力に押し出されたいろいろなご縁によって、留まっている我が身が押し出されていくことであり、そこに一生を聞法の道としていくことになるのです。「即得往生」とは、『末燈鈔』のなかで、一足さきに往って浄土で待っていますということが言われています。これは現在において如来の教えを聞くことにおいて、いわば新しいいのちの歩みをいただくということですが、念仏生活がはじまるということです。念仏生活はいのちのあるかぎり相続していかなくてはなりません。そしてその念仏の往生の歩みの成就するときがまさに「臨終一念の夕」であり、このいのちの一生の幕が閉じられていくときでもあります。その幕の閉じられていくときは、直ちに仏とならせていただくときであるということです。

第三節　『阿弥陀経』のこころ

次に、十方無量の諸仏は念仏者を証誠護念したまうと述べられてきます。

おおよそ十方世界にあまねくひろまることは、法蔵菩薩の四十八大願の中に、第十七の願に、十方無量の諸仏にわがなをほめられん、となえられんとちかいたまえる、一乗大智海の誓願、成就したまえるによりてなり。『阿弥陀経』の証誠護念のありさまにて、あきらかなり。（『聖典』五五〇頁）

念仏者を念じ護ってくださるということです。『阿弥陀経』は、六方の諸仏が念仏する人を護りたまうと言っていますが、六方段を読みますと「一切諸仏、所護念経」と名付けるのだと経典自身が示してあります。ですから『阿弥陀経』は、一切諸仏によって護念されることを明らかにした経典であると言えます。「証誠護念」の証誠とは、証明です。お前が求め、お前が辿っている道は間違いのない道なのだと証明してくださる。ですから親鸞は、「諸仏とは念仏者であり、それは信心の人である」と『御消息集』などで説明しています。諸仏とは遠いところの別の世界にあるのではなく、念仏申される人であり、信心の人が諸仏である。その諸仏があなたの辿っている道は間違いのない道なのだと証明してくださるということです。そしてそれを護念してくださるということ、つねに念じ護り続けてくださるということです。

余談になりますが、教師とは六、七つほめて、三、四つ叱るのがよい教師だと言われています。しかし私にはそれができません。できませんが、自分がやっていることが間違いないということを証明してもらいたいという気持ちはありますし、いい仕事をやったとほめてもらうことがどれだけ勇気づけられるかということは思います。山口益先生は、私の貧しい論文であっても電話や葉書で、「いい論文を書いたなあ」とおっしゃってくださったことがあります。その言葉にどれだけ自分が励まされてきたかということを思います。自分のことをみんなが知ってくれなくても、私を見ていてくださる人があるかないかということが、どれだけ生きていくうえで力になるかということです。誰も自分のやっていることを証明してくれない、励まし勇気づけてくれる人がいないならば、とても人生は生きていけないだろうと思います。みんながみんなそれを認めてくれることはとても考えられない。けれども他の人はどう言おうと、あの人が私を認めていてくださるから、ということが自分の身の周りにあるかないか。これは人間にとって非常に大きなことだと思います。

諸仏が、あなたの辿っている道は間違いのない道なのだと証明し、諸仏が護念してくださる。そこに不退転という道を迷うことなく相続していくことが可能になっていくのではないかと思います。このことから諸仏が証誠護念されるということは大事なことだと思います。そういうよき師、よき友に出遇うことができたかどうか。誰もが知ってくれていなくても、あの人が知っていてくれる。それだけで私は充分だと言えるような人に出遇い得ているかどうかです。それは場合によれば生きている人ではないかもしれない。すでに亡くなった人であるかもしれない。しかしその人が私を護り、私の歩んでいる道の間違いでないことを見守っていてくれるのであれば、それは生きている人の力になると思います。

『阿弥陀経』では、諸仏が証誠護念されるということは、それだけ証誠護念を受けなければ我われは聞法の道を貫き通すことのできない身であることを明示しています。善導は、二河白道を表すときに、「敬って申して白さく」と述べて、「今更に行者のために、一つの譬喩を説きて信心を守護して」（『聖典』二二九頁）と、信心を守護するために二河の譬喩を説くのだと言われています。なぜ信心の人を守護しなくてはならないのか。金剛不壊の信心の人であるならば別に護ってもらわなくてもいいではないかと思います。しかし善導は、信心の人を守護するためにひとつの譬喩を説くと述べています。生きるということは、いろいろな縁に因っていくわけですから、念仏の声も吹っ飛んでいくような人生を生きています。そこには、人間のこころというものでは護り貫き通せるようなものではないからこそ、どこまでも護り通すということが如来のはたらきであり、諸仏のはたらきであるということが『阿弥陀経』には説かれているのです。

『唯信鈔文意』では、『大経』の第十七願に、十方の諸仏が念仏者を証誠護念されるとお示しになったと結ばれています。そのあとに、いま自分が註釈してきたのは、中国の法照禅師の文である。その法照禅師から、慈覚大師円仁が中国に渡って五台山の竹林寺に伝わっていた五会念仏という念仏の儀式を伝えられた。そして法然も、親鸞も、慈覚大師円仁によって招来された法照禅師の念仏の儀式を護っていかれ、それをお示しになった。そこで大事なのは、善導の教えが善導の化身であり、後善導と言われた法照禅師に伝えられ、その法照禅師を通して日本に伝えられて来た念仏の歴史をお示しくださっていることです。その後善導と仰がれた法照禅師の文によって、第十七願のこころを明らかにしていかれます。

第十七願というのは、諸仏によって阿弥陀の名が称えられているということです。釈尊以来、さき立って逝かれた無数の諸仏が阿弥陀の名を称えてこられ、また我われの親、夫婦、子どもが念仏のなかに生涯を生きてきた。そういう念仏の声に導かれながら、我われもまた念仏の道を歩んでいくということであり、そこに引かれましたように、『阿弥陀経』は浄土三部経のなかにあって釈尊最後の説法であると言われます。『大経』の場合は、阿難が釈尊にお尋ねし、あるいは弥勒がお尋ねしてそれにお答えになる経典です。『観経』の場合は、韋提希に釈尊がお答えになるというかたちを取っていますが、『阿弥陀経』にかぎっては問いなくして、釈尊自らがすすんでお示しになった無問自説ということが、『大経』『観経』とは違う『阿弥陀経』の特色です。問いなくして自ら説くということは、どうしても自らすすんで説かなければおれないものがあるということです。そのため親鸞は、無問自説というのは如来の出世本壊を表すと『尊号真像銘文』で述べています。

その『阿弥陀経』のなかで、西方浄土は十万億の諸仏の世界を過ぎて阿弥陀の浄土があると言われています。『大経』では、ただ「十万億の彼方に浄土があると」(『聖典』二八頁)言ってあり、『観経』も同じように説きながら「ここを去りたまうこと遠からず」(『聖典』九四頁)とあります。「去此不遠」と言いますが、「此」というのは何かと言えば、業苦のどん底で苦しみ悶えている韋提希の悩みを離れて、遠いところにお浄土があるのではないのだということです。それに対して『阿弥陀経』では、「十万億の仏土を過ぎて、世界あり」(『聖典』一二六頁)と言われています。十方諸仏の浄土を過ぎ、阿弥陀の浄土がある。いわば我われの日々の日暮らしは諸仏の世界のなかを生きていくのだということです。いろいろなご縁に出遇い、いろいろな教えを聞きながら、その教えに育てられながら一日一日の人生を生きていくわけです。

しかし我われは、途中の苦労というのは差し置いて、幸せや結果だけを得ようとする。そこに人生の本当のありがたさ、人生の重さが全然分からない。苦労の大切さを少しも知らない。いかに楽に生きるか、いかによい結果だけを得るか、そのことだけが問題になっているように思います。いまの学生を見ていると、単位さえもらえばいい、卒業さえさせてもらえばいいということであって、その日その日の過程を大事にするということをしない。しかもそれは子どもだけを責めるわけにはいかないので、親たちがどういう教育をしてきたのかが問われるのです。ゼミの学生は寺の子ばかりですが、君たちは下宿に仏壇かお名号を掲げているかと問うたところ、お名号を掲げている学生は一人もいませんでした。親が住職であるなら子どもを京都に送るときに、お名号を部屋に掲げて朝晩お参りせよの一言を子どもに言わなかったのか。それは親の責任だと思います。

二十年前になりますが、奈良に行ったときのことです。あるご婦人がお話のあとに訪ねて来られまして、「私の母はたくさんの子どもを育ててくれました。そして嫁ぐときにはみなお名号を花嫁道具に入れてくれました」と言っておられました。いま娘を嫁がせるときにお名号を花嫁道具に入れて送り出される母親がどれだけいるのだろうか。箪笥やいろいろな物は準備されるでしょうけれど、大事なお名号を添えて送り出す。これからの人生、並大抵ではない人生の荒波を生きていくときに、お前が依るべきことはこのほかないのだと娘に語って送り出す母親がいったい何人いるのか。ゼミの学生に尋ねてみて、寺の住職ともあろう者が、どうしてお名号ひとつを子どもに持たせてやらなかったのだろうか。どうして単位だけをもらって帰ってくればいいというような育て方をしてきたのだろうか。そんなことを思うのです。

『阿弥陀経』には、十万億の諸仏の世界を過ぎて浄土があると言われます。我われの毎日の日暮らしは、諸仏の世界のなかを生きているのだということです。その諸仏の世界を生きていると言いましても、諸仏が眼の前にいるということではありません。救いようもない、どうしようもないところに諸仏が見えるか見えないか。これは並大抵なことではありません。並大抵ではないけど、生きていくうえで痛めつけられ、傷つけられていくなかで本当に生きるということを教えられていくということです。諸仏を見る眼は向こうにあるのではなくて、どこまでも内側にあるのです。諸仏が見出せるか見出せないかは、一人ひとりの問題です。周りの人を鬼としか見れない、人生をただ辛いところとしか受け取れない、本当に針のむしろに座らされるような辛いところに生きているけれども、その全体が自分のうえに生きているいのちのありがたさを教えてくれる。生きることは、こういうかたちでしか生きていけないということを縁として手を合わせ、念仏申される人生となっていくことが大事なのではないでしょうか。

第四節　『大経』のこころ

これから慈愍三蔵（六八〇〜七四八）の文に拠って、四十八願のなかの「王本願」「根本願」「選択本願」と言われる第十八願の文釈のところに入っていきます。『唯信鈔』のなかでも非常に感銘の深い文です。

さて、つぎに第十八に念仏往生の願をおこして、十念のものをもみちびかんとのたまへり。まことにつらつらこれをおもうに、この願、はなはだ弘深なり。名号は、わずかに三字なれば、盤特がともがらなりともたもちやすく、これをとなうるに、行住座臥をえらばず、時処諸縁をきらわず、在家・出家、若男・若女、老・少、善・悪の人をもわかず、なに人かこれに、もれん。（『聖典』九一九頁）

「盤特」とは、周梨盤特と呼ばれた方です。左訓に親鸞が説明を加えて、「ほとけのみてしなり、ぐちのひとなりき」と書いてあります。「ぐちのひとなりき」、愚かな人であったということです。兄弟とも釈尊の弟子であったけれども、周梨盤特はどれだけ教えを聞いてもさとりが開けないため周りの弟子から、お前は弟子であることを辞めたほうがいいのではないかとまで言われていました。ところが釈尊はそれに対して、「毎日垢を清めよ、掃除をしなさい」と一本のほうきを与えられました。周梨盤特は言われた通りに人から笑われようとも、毎日のようにほうきを持って塵を払い除けていきました。その結果、さとりを開くことができたという伝説のある弟子です。ほうき一本でさとりを開いたのは、愚であればこそさとりを開くことができたのであり、「ぐちのひとなりき」の人です。「行住座臥をえらばず」ですから、歩いていようと、立っていようと、坐っていようと、寝ていようと、そんなことを一切問わない。「時処諸縁をきらわず」とは、ときであるとか、場所であるとか、よろずのご縁というものを一切問わない。これは「一心専念弥陀名号、行住坐臥、不問時節久近念々不捨者、是名正定之業。順彼仏願故」（『真聖全』一、五三八頁）という、善導の『観経疏』の文に拠って表されています。『大経』の第十八願は、「乃至十念」（『聖典』一八頁）とあるように、念仏による救いを約束されたものであり、なぜ念仏が救いの行であるのかと言えば、どんな人でもそれを保つことができるからです。

あるときゼミの学生に、「念仏とは何か」と問いますと、「念仏は易行だ」と学生が言いますから、「念仏は易しいとあなたは言うけれども、本当にそう思うか」と言ったら答えられませんでした。確かに法然は『選択集』のなかで、念仏は易行だと述べています。これは龍樹のときから言われていますが、念仏ほど難しいものはない。念仏ほど称えにくいものはない。それをどうして易しいと言われるのかということは大きな問題だと思います。それを慈愍三蔵の文に拠って、聖覚は第十八願のこころを伝えています。けれども聖覚は、『唯信鈔』のなかでは、ただ漢文のままで本文を引いているだけで詳しい説明を加えておりません。ところが親鸞は、それを分かりやすく、懇切丁寧に解説されています。奥書にあるように、「田舎の文字も知らない愚痴きわまりなき人びとに分かりやすからしめんために同じことをたびたび書きつけた」と述べています。これは『一念多念文意』も同じです。文字も知らない田舎の人びと、周梨盤特を「ぐちのひとなり」と言われたような人びとです。念仏のこころを分かっていただきたいという思いで、同じことを繰り返し繰り返し書かれたのです。賢い人からご覧になったら、親鸞という人は何と頭の悪い人だと思われるかしれませんが、私はそれを少しも後悔しません。そんなことは別に言われても腹は立てないし、構いません。ただ田舎の人びとに分かっていただきたい、それだけだと言われています。

聖覚が引用している慈愍三蔵の文です。

彼仏因中立弘誓　聞名念我総迎来　不簡貧窮将富貴　不簡下智与高才　不簡多聞持浄戒　不簡破戒罪根深　但使回心多念仏　能令瓦礫変成金（五会法事讃）（『聖典』九一九頁）

漢文ですから、これだけでは意味が分からないので、親鸞はそれについて丁寧に説明を加えておられます。

「彼仏因中立弘誓」、このこころは、「彼」は、かのという。「仏」は阿弥陀仏なり。「因中」は、法蔵菩薩ともうししときなり。「立弘誓」は、「立」は、たつという、なるという。「弘」は、ひろしという、ひろまるという。「誓」は、ちかいというなり。法蔵比丘、超世無上のちかいをおこして、ひろくひろめたまうともうすなり。超世は、よの仏の御ちかいにすぐれたまえりとなり。超は、こえたりというは、うえなしともうすなり。如来の、弘誓をおこしたまえるようは、この『唯信鈔』にくわしくあらわれたり。（『聖典』五五〇～五五一頁）

かの阿弥陀仏が法蔵菩薩のときに、本願をおこされたのは、一切の衆生を選びなく無差別に救い取りたいという本願をおこし、広く弘められたことは、『唯信鈔』にはよく説かれたことである。それについて『唯信鈔』には、

ふたつに念仏往生というは、阿弥陀の名号をとなえて往生をねがうなり。これは、かの仏の本願に順ずるがゆえに、正定の業となづく。ひとえに弥陀の願力にひかるるがゆえに、他力の往生となづく。（『聖典』九一七頁）

と、往生ということは、ひとえに願力にひかれて生まれていくことであると述べています。さらに、

そもそも名号をとなうるは、なにのゆえに、かの仏の本願にかなうとはいうぞというに、そのことのおこりは、阿弥陀如来いまだ仏になりたまわざりしむかし、法蔵比丘ともうしき。（『聖典』九一七頁）

と続きます。

そのあと『唯信鈔文意』では、いま引かれた慈愍三蔵の文に拠ると、かの仏が因中、法蔵菩薩因位のときに弘誓をおこされた。その御名を聞いて、我れを念ずる者はすべて救い取るのだということが述べられています。

「聞名念我」というは、「聞」は、きくという。信心をあらわす御のりなり。「名」は、御なともうすなり。如来のちかいの名号なり。「念我」ともうすは、ちかいのみなを憶念せよとなり。諸仏称名の悲願にあらわせり。憶念は、信心をえたるひとは、うたがいなきゆえに、本願をつねにおもいいずるこころのたえぬをいうなり。（『聖典』五五一頁）

「聞名念我」とは、名を聞くということです。口に御名を称えるということは、『観経』の下品下生のと

ころで、称名念仏を明らかにされた善導・法然によって、念仏は救いの行だと言われました。ところが『大経』では「聞名」、御名を聞くということで示されています。称名ということは『大経』では直接的には出てきません。本願文を見ましても、「聞名」とあります。本願成就文でも「聞其名号」とあり、御名を聞くということは、諸仏が称えられるその念仏の声を聞くということです。「聞」ということが大事な意味を持つのですが、聞くとはどういうことなのかと言えば、信ずることだと述べておられます。ただ聞くのでなく、信ずることがなければ聞くとは言えないのだということです。

そのことについて、『教行信証』「信巻」の第十八願成就文についての親鸞の解釈です。そこに、

しかるに『経』に「聞」と言うは、衆生、仏願の生起・本末を聞きて疑心あることなし。

（『聖典』二四〇頁）

と示されています。仏願の生起、本末を聞いて疑いないことを「聞」と言う。「生起」とは、なぜ仏は本願をおこされたのかということについて、そこには当然大悲があります。衆生がいがみ合い、傷つけ合いながら生きていく。あるいはちょっとした幸せが得られれば、有頂天になって自分を見失って、いい加減な人生を生きていく。そういう者を大悲したまうということです。「本末」の「本」というのは第十八願、「末」というのは第十九願と第二十願を指すという解釈もありますが、『歎異抄』の後序に「たすけんとおぼしめしたちける本願のかたじけなさよ」という、助けずにはおられないと立ち上がってくださった、その仏の大悲のこころを聞き分けていくことです。『歎異抄』の後序は、「つねのおおせ」として、次のような親鸞の言葉を伝えています。

聖人のつねのおおせには、「弥陀の五劫思惟の願をよくよく案ずれば、ひとえに親鸞一人がためな

りけり。されば、そくばくの業をもちける身にてありけるを、たすけんとおぼしめしたちける本願のかたじけなさよ」

（『聖典』六四〇頁）

つねづね親鸞は何を言われていたのか。それは我われであれば、つねに何を言い続けているかということです。

先日、五月十日が父の命日で降誕会と重なったのですが、数え年で七十二歳、父の最期の言葉は「ありがとうございました。お世話になりました」でした。私はご門徒のみなさんに、最期に何の言葉を残しますかと尋ねるのですが、それは死ぬる間際に考えついてすぐ言えることではないのです。つねづねどういうことを思い、こういうことを言っているということが出てくるわけですから、にわか仕立てというわけにはいかないのです。つねづね何を思い、何を口にしているかということが問われなくてはならない。うちの父は愚痴しかこぼさない、うちの母は人の悪口しか言わない、ということであれば情けないことです。うちの父は愚痴しか言わない、人の悪口しか言わないようではどうにもならないので、みなさんのつねの言葉はいったい何なのかということを、一人ひとりがお考えいただきたいと思います。

如来が私を助けようとして立ち上がってくださったのはほかでもない、はかり知れない業を抱えて生きるこの私一人がためであったと。勿体ないことであり、ありがたいことであると言われる。それが「たすけんとおぼしめしたちける本願」であり、『教行信証』「信巻」では「仏願の生起、本末を聞きて疑心あることなし」、疑うこころのまったくないことを「聞」と言い、信心と言うのである、と述べられているのです。

第五節　聞思の教え

「聞」ということについて、『教行信証』「信巻」の信楽釈では、信心ということを明らかにされたあと『涅槃経』を引いてこられます。

また言わく、信にまた二種あり。一つには聞より生ず、二つには思より生ず。（『聖典』二三〇頁）

信心はどうしておこるのかと言えば、まず何よりも聞くことだということです。ただ聞けばよいのか、聞いてノートをとっておればそれで済むということではないのです。ここには「二つには思より生ず」と言われています。聞いたことを聞きっぱなしで終わらせるのではなく、聞いたことを思索する、考える。我が身に引きあてて、あのときこうおっしゃったけれども、あれはどういうことなのだと。たとえば、夜お休みになるときはせめて手を合わせてお礼をするのが念仏者の道であります。しかし、本当に自分は今日一日ありがとうと言える日暮らしが送れたかと、自分のうえに確かめていくということです。ああおっしゃった、よいことを聞いたということで終わってはいけません。聞いたことを自分のなかに確かめていくのです。本当に今日一日ありがたい一日だったと、心底から喜べる一日だっただろうか。それを自分のなかで確かめ、思索していく。そうしないと聞いたことが身に成就しないのです。ノートをとるのは憶念するためで、耳の底に留まるということが大事なのです。ノートは捨てていかねばならないのです。一生涯聞法したノートを棺桶に入れてもらうこともあるかもしれない。けれども、それを自分の生活のなかで確かめていくということがなくては信心が成就しないのです。

続いて『涅槃経』には、

この人の信心、聞よりして生じて思より生ぜざる、このゆえに名づけて「信不具足」とす。

（『聖典』二三〇頁）

とあります。信にならない聞、聞きっぱなしの聞というのは、「信不具足」で信心にならない、と述べておられます。

また二種あり。一つには道ありと信ず、二つには得者を信ず。

（『聖典』二三〇頁）

仏法があるということは分かるが、「二つには得者を信ず」ということがなければ、それが身につかないということです。仏道があることは分かるけれども、仏道に生きている人に出遇わなければ本当にそれが身につかないのです。仏法をただ聞いただけで、聞いて分かって覚えてということでは終わらないのです。仏法に生きている人にお遇いすることを通して、自分自身が仏道のうえに立つということです。仏道のうえに立ち、仏道を歩む者になるということです。

このごろ大学では、廣瀬杲先生がよく使われた言葉ですが、「人間成就」ということを若い先生方がオウム返しのように盛んに言うのです。あるいは「人間性の回復」ということもよく言われます。私はこういう言葉を若い先生方が使う場合、素直に受け取れません。はじめに「人間成就」ということを言われたのは、曽我量深先生だったと思います。曽我先生は、仏教とは仏になるべき道、成仏ということを説きます。けれども私どもにとって大事なのは、仏になる前に人間になるということが大事なのです、とおっしゃった。仏になる教えが仏教ですが、仏になる前に私どもは人間になることが大事だとおっしゃったとき、そこには何の説明も要りません。曽我先生自身が、これが人間成就なのだということを身体で示してくださるからです。ところが若い先生方がそれを言いますと、いったい「人間成就」というのは何だろうと説明を必要とするわけです。説明を必要とするかぎりは、それは本物ではないのです。本物であれば、言わなくても、以心伝心、感応道交するわけで、そうだと頷けるのです。何も言わなかったけれども、あの人に出遇い、そこで仏法は分かった。禅の悟りはそうです。師匠が何かしゃべるのではないのです。ただ座っている師匠を見たときに、これが禅だと分かるわけでしょう。座っている師匠を見たときに、言葉を超えて伝わってこなくては野狐禅です。念仏者もそうだと思います。念仏を申して生きるということは、あいう人を生み出すことなのだと伝わってこなくては念仏者とは言えないのです。そういう人に出遇っているかいないか。その人に出遇えば自然と手が合わされる。もっと平たく言えば、念仏ということにかぎらなくてもいいと思います。生きるということは、母のような姿が生きるということの意味だということを身をもって示せるような親になり、妻になり、夫になることではないでしょうか。生きるということは真剣勝負だということです。説明しなくても、これだと言えるような道を得た人に出遇うということがないと信心が成就しないと『涅槃経』は言っているのです。生活のなかでそれをはっきりと確かめていきなさいということです。身につくまで、耳の底に留まるまで、その聞いた教えを確かめていきなさい。たくさん聞いたなかで、たった一句でもいいから耳の底に残って、自分のいのちとなる言葉に出遇ったら、それで充分なのだということです。話のはじめから最後まで覚えなさいとか、分かりなさいとか言っているのではないのです。一時間の話のなかでも、たった一句でも、耳の底に留まることがあるならばそれで充分だと言えるものがある。あるいは何にも分からなかったけれども、仏法を聞くことはこういうことなのだと肌で感ずることができたということがあればいいのです。道がどれだけあるということを聞いても、その道に生きている人、しかもその人はもはや説明を必要としない。存在そのものが仏法を語っている。存在そのものが生きるということがどういうことなのかを語っている。そういう人に出遇わなくては本物にはなれないということです。

親鸞は、そのことを『教行信証』に二か所引いておられます。極端に言えば、それが「聞より生じて思より生ぜざる」ということです。ひとつはいまの「信巻」の信心を明らかにするところ、もうひとつは「化身土巻」の「『涅槃経』（迦葉品）に言わく」（『聖典』三五二頁）のところに、いまの「聞より生ず」ということをもう一度引用されるのです。「信巻」のところで引かれたのは、信心をいただいた真の仏弟子として生きるということです。「化身土巻」に引かれたところでは、ことに善知識ということで、よき人に出遇うということです。よき師・よき友です。善知識とは立派な先生ということではありません。本当に話し合え、包み隠すことのない、素直に話し合える人に出遇うということが大事なのです。もっと言えば、お浄土まで手を繋いでいけるような、よき師・よき友に出遇うということでしょう。あるいは本当に自分を叱ってくれる人に出遇うということだと思います。

私の学生時分には、叱ってくださる先生がおられたからありがたかった。叱ってくれる人がいなくなるということはとても寂しいことです。蓮如は、「私の間違っていることがあれば、面と向って言えないなら他人に言ってくれ。そうすると他人に言ったことが回り回って私の耳に聞えてくるから」（『蓮如上人御一代記聞書』、『聖典』八七八頁趣意）と言われています。蓮如は本当に自分を深く見つめた人だと思います。面と向って言いがたいだろうから、他人に言ってくれたらそれが回り回って私のところに尾ひれがついてでも聞えてくるから、それによって自分を教えてもらうことができると言われました。

『唯信鈔文意』に戻りますと、ここに「聞名念我」ということが言われています。「聞」とは、信心を表

し、「名」とは、名号、それは如来の約束の御名であると言われています。そして、

「念我」ともうすは、ちかいのみなを憶念せよとなり。（『聖典』五五一頁）

と続きます。信心は憶念となる、憶い念ずるということです。大事な人、大切な言葉であれば、折りに触れ縁に触れて憶いおこすという、「憶念の信」となります。「聞思」の「思」とは、「憶念の信」ということです。「憶念の信たえずして」と親鸞は述べていますが、それが念仏ということです。念仏とは、サンスクリット語で「アヌスムリティ」（anusmṛti）、折に触れ縁に触れては憶いおこしていくということです。悲しいにつけ、喜しいにつけては憶いおこして生きていくということです。そういうことが聞くということの内容を身につけていく道なのです。

諸仏称名の悲願にあらわせり。憶念は、信心をえたるひとは、うたがいなきゆえに、本願をつねにおもいいずるこころのたえぬをいうなり。（『聖典』五五一頁）

親鸞は、そういう喜びに満ちた充実した念仏の日暮らしを送りなさい、充実した中身の濃い人生を送りなさいと呼びかけてくださっているものと領解いたします。

第八章　慈愍三蔵の文釈

第一節　一願建立と二願建立

前章では『大経』第十七願を受けて、法然によって「王本願」「根本願」と言われた第十八願のこころについて説明いたしました。

第十七願諸仏称名の願は、法然の『選択集』には引かれておりません。伝統的には善導・法然の二祖によって明らかにされてきたのは、第十八願念仏往生の願、それが四十八願の根本の願であるということです。念仏往生とは、具体的には称名念仏によって救われるということです。第十八願を救いの願と領解されたのは、『観経』下品下生の「一生造悪の凡夫」、生涯何ら善きこともなし得ないで、ただ罪のみを積み重ねてきた凡夫が、いのち終わる瀬戸際に救いを求めるこころをおこして、善知識の勧めによって称名念仏によって救われることが説かれます。その下品下生の機を、我が身の事実としていただかれた善導・法然によって領解されたのが念仏往生の願です。ですから我われが念仏往生ということに頷き、そういうことが私のための本願であったと領解されるのは、一生涯罪を積み重ねてきた身であるということをどこかで気がつくということを通してであろうと思います。

法然による第十八願念仏往生の願について、曽我量深先生は「一願建立」とおっしゃいます。第十八願をもって浄土宗を明らかにするのが善導・法然の立場である。それを受けられた親鸞は、「二願建立」によって、法然の浄土宗が真実の宗教であるということを開顕する。そこには第十八願を第十七願、第十八願の二願に分解するということです。分解する理由はどこにあるかと言いますと、念仏は、私にさき立って釈尊あるいは浄土の祖師によって伝統されてきた念仏の歴史です。それぞれの時代に、その教えに出遇って、念仏して浄土を願生してきた人びと、無数の諸仏が念仏を申してこられた、その念仏の歴史です。あるいは念仏が申されていく社会、念仏が私の耳に聞えるまでに念仏の教えを伝えてきてくださっている。そして現に念仏の教えによって生きておられる方によって、はじめて我われのうえに念仏の声がいたり届くということです。その念仏の声を通して、念仏の教えを聞くことにおいて、念仏を選び取られた本願のこころを尋ねて生きる、そこに信心の問題があります。

それではなぜ、法然の一願建立をうけて、親鸞が二願建立というかたちを取らなければならなかったのかと言いますと、念仏は私が申す行であるけれども、我われにおいて念仏が申されること自体が私の計らいではなく、それはまったく如来によるはからいであり、具体的には諸仏・善知識の勧めによる、あるいは御同行の勧めによるということです。曽我先生の言葉で申しましたら、「機法の分限を明確にする」とおっしゃっています。法然の場合は、日課七万遍念仏を申されたということですし、あるいは弟子方に対しても日課三万遍の念仏を申されるならば上品の往生を遂げると言って勧めておられます。おそらく親鸞も、二十九歳の年に法然の弟子になれてから三十五歳で越後に流されるまでの七年間は、法然の教えにしたがって日課念仏に励まれたのであろうと想像いたします。一日一遍、念仏することがあったりなかったりする我われです。日に七万遍あるいは三万遍念仏することは到底考えられないことです。それについて曽我先生は『伝承と已証』（丁字屋書店、一九四八年）という書物のなかで、「日課七万遍の念仏は実は法然の内なる煩悩との闘いであった、そしてそのことを本当に知りえたのは門弟数多しといえども親鸞一人ではないか」ということを書いておられます。これは学生時分に読んで耳の底に残った言葉ですが、ただ喜んで念仏しておられたのではなく、それは内なる煩悩との激しい闘いでもありました。こころに任せて生きるならば仏法とは無縁ですし、日々の多忙な生活のなかに押し流されて自分を失ったままで終わっていくという、その己れに鞭打っていく念仏の声が日課七万遍の念仏であったというご指摘は、とてもありがたい教えだと思います。

念仏によって救うという仏の約束であるから、その約束を信じて数多く念仏することが法然門下の人びとの受け止め方でありました。そこには、当然自力というものが入ってきます。その自力に励むということのなかに、自力作善によって善人になり得るというような思いが必然的に入ってくるわけです。真面目に念仏しているようでありながら、その努力しているということが救いの条件になっていくということです。曽我先生の言葉で「自分が聞法し念仏しているということ、そのことを権利として如来に主張し、そして如来に救いの義務を要求する。それが傲慢な我われの姿である」ということです。我われが聞法し、念仏しているということを権利として主張し、そして如来にそれに応ずる救いの義務を要求する思い上がった人間が我われである。そのかぎりにおいて、念仏しながら念仏していることに自己満足していくようなこころという、拭いきれない問題があります。それはただ念仏だけではなく、法然が選び捨てたいろいろな行を付け加えることによって、いよいよ念仏の効果がより確かなものになっていくように考える。念仏を諸行と並び合わせることによって、救われるかたちになってきたのが法然門下の人びとであったのです。

そのことについて親鸞は、「定散の自心に迷いて金剛の真信に昏し」（『聖典』二一〇頁）と、『教行信証』「信巻」の別序で述べておられます。定善・散善という念仏によってこころを静めようとしたり、あるいは念仏によって善人になろうとしたりする自力心が捨てがたいから確かな信心を得ることができないのだと言われています。念仏は私のうえに現れてくださる仏のはたらきであるけれども、それは私を超えて諸仏・善知識によって称えられてきたものであり、その声のお育てによって私のうえにいまようやくにして一声の念仏が現れてくるのだということ。念仏はどこまでも如来の行であるということです。そこに一願建立を受けて、第十七・十八願の二願によって、行と信、法と機というものが持っているそれぞれの意味を明確にされたのです。『選択集』には第十七願は引用されていませんが、『三部経大意』には第十七願が示されています。それを受けて、聖覚は第十七願に注意し、そこから第十八願を展開していくということがあります。それは、親鸞のうえにおいてより徹底されているのです。その大きな理由は、念仏が自分の行とされ、自分の善とされていくような人間の思い上がったこころ、そういうものが破られて、念仏はあくまでも如来の行であり、如来のはたらきであることを明確にすることでした。

第二節　回心懺悔

いま一度、聖覚の『唯信鈔』を読んでいきます。

さて、つぎに第十八に念仏往生の願をおこして、十念のものをもみちびかんとのたまえり。まことにつらつらこれをおもうに、この願、はなはだ弘深なり。名号は、わずかに三字なれば、盤特がともがらなりともたもちやすく、これをとなうるに、行住座臥をえらばず、時処諸縁をきらわず、在家・出家、若男・若女、老・少、善・悪の人をもわかず、なに人かこれに、もれん。（『聖典』九一九頁）

「盤特」（周梨盤特）については、前に説明しましたように「ほとけのみてしなり、ぐちのひとなりき」、愚かなる人ということです。「行住座臥」は、「あるく、たたる、いる、ふす」ということです。

次に『唯信鈔』では、ただ念仏によって救われるということは、行住座臥どのような日暮らしをしていようとも、どこであろうと誰であろうと一切問わない。それが念仏の行であると述べてこられます。そこで聖覚は、「名号は、わずかに三字なれば、槃特がともがらなりともたもちやすく」と言われ、名号は槃特のような愚かな仏の弟子であっても保つことができると説明されています。ここに挙げられた「三字」というのは阿弥陀ということですが、なぜ三字なのか。親鸞の場合には、あくまで六字名号、ただ三字の名号ではなくて六字名号であるということに深い意味があります。阿弥陀仏に南無すること、阿弥陀に依って生きることが南無阿弥陀仏ですが、その阿弥陀に依って生きるこころが我われのうえにおこってくるのは、「阿弥陀に南無せよ」「我れに依れ」と呼びかけてくださる仏の呼びかけによるということです。ですから仏の名は単なる阿弥陀の名ではなく、あくまでも南無阿弥陀仏ということに意味があるのだと。「南無せよ」というのは、私に依って生きよ、帰命せよということです。私を汝のいのちとして生きよという仏のはたらきである。その名告りが南無阿弥陀仏という名号です。南無阿弥陀仏が仏の名であり、南無阿弥陀仏が仏のはたらきを表す名であるということに具体的な意味があります。ここでは「わずかに三字なれば」、どんなに愚かな人でもそれを身に保っていくことができる容易な行であると言われているものと思います。

そのあとに、『五会法事讚』の慈愍三蔵の文を引かれていますが、法然以来、いまのように前後が省略されているということがあります。高田の専修寺に、親鸞が省略して書写された『五会法事讚』がありますが、そこにはいまの『唯信鈔』と『唯信鈔文意』にある同じ文が引かれています。それが『見聞集』と題された冊子です。また『教行信証』「行巻」に引かれた文のところの加点で、親鸞の読み方で注意しなくてはならない箇所があります。それは、

かの仏の因中に弘誓を立てたまえり。名を聞きて我を念ぜば、すべて迎え来らしめん。

（『聖典』一八一頁）

この「念ぜば」のところに、本当は左訓に意味があるのですが、省略されています。念仏の声を聞いて阿弥陀を念ずるならば、すべての者を迎えてそれを捨てないと言われているのです。そこに「来らしめん」というように、如来の約束を表す言葉として読まれています。そのあとに、

貧窮とまさに富貴とを簡ばず。下智と高才とを簡ばず。
多聞と浄戒を持てるとを簡ばず。破壊と罪根深きを簡ばず。
ただ回心して多く念仏せしむれば、よく瓦礫をして変じて金と成さんがごとくせしむ。

（『聖典』一八一頁）

とあります。ここでは「回心して多く念仏せしむれば」という読み方をされています。「せしむれば」と、親鸞はなぜ読まれたのか。当然ここで大事なのは、「回心」という言葉だと思います。如来がすべての衆

生を救い取るという、いかなる貧しき者であろうとも、いかなる愚かな者であろうとも、あるいは教えを聞くことの少なき者であろうとも、一切問わず無条件に救うということです。そこにはただひとつ回心ということがあり、我が身を知るということがあります。そして我が身を知るという、その懺悔において、「念仏するならば」という意味が込められているのです。

「せしむれば」ということは、衆生をして「念仏せしむる」という、ただそこに回心ということによってのみ、如来の救いは成就するということです。それを分かりやすく言い換えたならば、ただありがたいということに終わらないので、恥ずかしい、申し訳ない、もったいないということと別なものではないと言っていいかと思います。恥ずかしいという身の悲しみ・傷みのなかにおいてのみ、如来の救いは成就するということだと思います。そのことは、第十八願文を引かれますときに、善導と法然の場合には唯除の文が外してあります。「唯除五逆　誹謗正法」(『聖典』一八頁)という、五逆と法を謗る者は除くとされている。善導・法然は、それは釈尊の抑止であると領解されました。釈尊は、放っておいたら何をするか分からないのが人間であるから、五逆とか謗法ということを犯すことがないように気をつけて生きよ、ということを教えられたということです。親が、何も分からない子どもに対して注意して聞かせるように、五逆謗法という罪を犯して生きるようなことがないようにせよと。しかしながら、もし犯したならばどうなるのかと言えば、犯した者に対してはどこまでも如来は摂取されるのだと。犯さない者に対しては前もってそれを注意し、犯した者についてはそれを摂取する仏の大悲がある、というのが善導の領解です。このことは『教行信証』「信巻」の終わりに引用されています。

しかし、未だ罪を造らざる者に対しては罪を造るなと言い、罪をすでに造った者に対しては救うと言うのですから、非常に勝手のいい解釈に思えます。先輩方はそれについて、已造・未造ということで言っておられます。罪を造る・造らないではなく、罪を造らなくては生きていけないということです。生きることは、罪なくしては生きられないのが事実です。ほかの生きもののいのちを取らなくては生きていけませんし、生きること自身が罪造りのことなのですが、そうであれば罪を造らないということはあり得ないのです。そこに未造と已造に分けるのは何かと言えば、そのことに目覚めているかどうかという、自身の自覚を問われているのです。そのため未造とは、未だそのことに目覚めない者に対しては、五逆謗法の罪を犯すなという言葉を通して、罪を造らなくては生きていけない身であることを教えているのです。その自覚を具体的には、「回心懺悔」、ただ自覚してということではなく、それは「回心懺悔」という内容としてのみ自覚されるのです。目が覚めるということは本当に頭の上げようのない身であるという自覚でしかないわけですから、そのことを通して仏は救いたまうということです。

善導・法然は第十八願を引かれますときに、唯除の文を外されました。ところが親鸞の場合は、第十八願あるいは成就文を引用されます場合、唯除の文を外すということがなかった。その理由は、徹底して「回心懺悔」ということを抜きにして救いは成就しないことを身をもって体験されておられたからだと思います。

第三節　浄土真宗の正意

親鸞は、聖覚が説明されなかった慈愍三蔵の引文の意味について、丁寧に解説されています。どうして

如来は念仏による救いを約束されたのかについて、

「彼仏因中立弘誓」、このこころは、「彼」は、かのという。「仏」は、阿弥陀仏なり。「因中」は、法蔵菩薩とまうししときなり。「立弘誓」は、「立」は、たつという、なるという。「弘」は、ひろしという、ひろまるという。「誓」は、ちかいというなり。法蔵比丘、超世無上のちかいをおこして、ひろくひろめたまうともうすなり。超世は、よ《（余）》の仏の御ちかいにすぐれたまえりとなり。超は、こえたりというは、うえなしともうすなり。如来の、弘誓をおこしたまえるようは、この『唯信鈔』にくわしくあらわれたり。（『聖典』五五〇～五五一頁）

と解説されています。続いて、

「聞名念我」というは、「聞」は、きくという。信心をあらわす御のりなり。「名」は、御なともうすなり。如来のちかいの名号なり。「念我」ともうすは、ちかいのみなを憶念せよとなり。諸仏称名の悲願にあらわせり。憶念は、信心をえたるひとは、うたがいなきゆえに、本願をつねにおもいいずるこころのたえぬをいうなり。「総迎来」というは、「総」は、ふさねてという、すべて、みなというこころなり。「迎」は、むかうるという、まつという。他力をあらわすこころなり。（『聖典』五五一頁）

とあります。「聞名念我」については、前のところで詳しく説明しました。「総迎来」については、来迎ということで、仏がお迎えに来てくださるということです。ここで注意されますのは、「迎」についての字釈です。「むかうる」というのは文字通り分かるのですが、ここに「まつ」という言葉を付け加えておられることが注意されます。続いて、

「来」は、かえるという、きたらしむという。法性のみやこへ、むかえい《（率）》て、きたらしめ、かえらし

むという。法性のみやこより、衆生利益のために、この娑婆界にきたるゆえに、「来」をきたるというなり。法性のさとりをひらくゆえに、「来」をかえるというなり。
（『聖典』五五一頁）

とあります。ここでは、我われがこの寿命を終えて本国である浄土に帰るという、往生浄土の道の成し遂げられていくことを表されています。そのあとは浄土から還り来るという還相について述べておられます。

続いて親鸞は、四つのえらびなきことを挙げています。

一つ目の不簡は、

「不簡貧窮将富貴」というは、「不簡」は、えらばず、きらわずという。「貧窮」は、まずしく、たしなきものなり。「将」は、まさにという、もてという、いて《(率)》ゆくという。「富貴」は、とめるひと、よきひとという。これらを、まさにもてえらばず、きらわず、浄土へいてゆくとなり。
（『聖典』五五一頁）

です。「たしなきもの」とは、苦しみ困っている者ということです。「いて《(率)》」は、率いていくという、引っぱっていくということです。「よきひと」は、生まれのよき人ということで、「貧窮」「富貴」をえらばず、みな浄土に引っぱっていくということです。

二つ目の不簡は、

「不簡下智与高才」というは、「下智」は、智慧あさく、せばく、すくなきものとなり。「高才」は、才学ひろきもの。これらをえらばず、きらわずとなり。
（『聖典』五五一頁）

で、「下智」「高才」をえらばないということです。

三つ目の不簡は、

「不簡多聞持浄戒」というは、「多聞」は、聖教をひろく、おおく、きき、信ずるなり。「持」は、たもつという。たもつというは、ならいまなぶことを、うしなわず、ちらさぬなり。「浄戒」は、大小乗のもろもろの戒行、五戒八戒、十善戒、小乗の具足衆戒、三千の威儀、六万の斎行、梵網の五十八戒、大乗一心金剛法戒、三聚浄戒、大乗の具足戒等、すべて道俗の戒品、これらをたもつを「持」という。かようのさまざまの戒品をたもてる、いみじきひとびとも、他力真実の信心をえてのちに、真実報土には往生をとぐるなり。みずからの、おのおのの戒善、おのおのの自力の信、自力の善にては、実報土にはうまれずとなり。

（『聖典』五五一～五五二頁）

で、「多聞」「浄戒」をえらばないということです。

四つ目の不簡は、

「不簡破戒罪根深」というは、「破戒」は、かみにあらわすところの、よろずの道俗の戒品をうけて、やぶりすてたるもの、これらをきらわずとなり。

（『聖典』五五二頁）

とあり、「戒」とは、生活の戒め、心掛けです。それを受けながらそれを破っていく者ということです。

そのあとに続いて、

「罪根深」というは、十悪五逆の悪人、謗法闡提の罪人、おおよそ善根すくなきもの、悪業おおきもの、善心あさきもの、悪心ふかきもの、かようのあさましき、さまざまのつみふかきひとを、「深」という。ふかしということばなり。すべて、よきひと、あしきひと、とうときひと、いやしきひとを、無碍光仏の御ちかひには、きらわず、えらばれず、これをみちびきたまうをさきとし、むねとするなり。真実信心をうれば実報土にうまるとおしえたまえるを、浄土真宗の正意とすとしるべしとなり。

とあります。「真実信心をうれば実報土にうまる」と言われるように、浄土のことを報土と言うのは、本願によって完成された世界ということです。「真仏土巻」では、仏の本願とご苦労、願と行によって完成された世界なので浄土のことを報土と言うとあります。そして、無量光明土は光に満ち満ちた世界であると『平等覚経』によって表され、それを『涅槃経』によって「無為自然涅槃界」だと明らかにしていかれます。いま言われたような戒を破る者、そういう罪深き者がすべて真実の報土に生まれるという、その道を明らかにされたものが「浄土真宗の正意」であり、凡夫こそ仏の世界に生まれる正機であることを明らかにしたのが、善導・法然の教学であったということです。

（『聖典』五五二頁）

「総迎来」は、すべてみな浄土へむかえかえらしむといえるなり。

（『聖典』五五二頁）

「かえらしむ」という表現は、注意しなくてはならない表現だと思います。さきほどの「まつ」という言葉でもありましたが、「まつ」「かえる」という言葉で浄土が表されることは、注意しなくてはならないことだと思います。

「但使回心多念仏」というは、「但使回心」は、ひとえに回心せしめよということばなり。

（『聖典』五五二頁）

「せしめよ」とは、語法から言いましたら「せよ」という命令形ですが、なぜ「せよ」というように言わないで、「せしめよ」と使役語を使われたのか。それは自力のこころを翻して確かなる信心によって生きよという意味だと思います。

「回心」というは、自力の心をひるがえし、すつるをいうなり。実報土にうまるるひとは、かならず金剛の信心のおこるを、「多念仏」ともうすなり。「多」は、大のこころなり。勝のこころなり。増上のこころなり。大は、おおきなり。勝は、すぐれたり。よろずの善にまさるとなり。増上は、よろずのことにすぐれたるなり。これすなわち他力本願無上のゆえなり。

(『聖典』五五二頁)

法然は、日課七万遍の念仏を申されましたが、ここでは必ずしも多く念仏申すということを言われているのではないのです。法然も注意された中国襄陽の石刻『阿弥陀経』には、念仏を「多善根・多功徳」と示されて、「少善根・少功徳」の因縁によっては阿弥陀の浄土に往生できない、と石刻『阿弥陀経』には記されています。それを参考にしながら法然は、念仏がすぐれていることをお示しになり、それを受けて親鸞も、信心がおこるのは「多念仏」だと述べられているのです。ここでは数多く念仏をするということでなくて、それがすぐれたる善であり、本当の幸せを身に得る道だということで言われているものと思います。

自力のこころをすつというは、ようよう、さまざまの、大小聖人、善悪凡夫の、みずからがみ《身》をよしとおもうこころをすて、みをたのまず、あしきこころをかえりみず、

(『聖典』五五二頁)

自力のこころを捨てるというのは、自らを善人だ、私は間違ってないというこころを捨て去ってということは分かります。そのあと、「あしきこころをかえりみず」と付け加えておられる。「あしきこころをかえりみず」というのは、無反省、無自覚を言っているように思いますが、決してそうではないと思います。ここで言われる「あしきこころをかえりみず」とは、私は本当に情けない人間だと沈み込むようなこころをも離れるべきだということです。あるいはもっと拡大解釈をすれば、私は悪人ですと反省しているようなこころをも捨てていけ、ということだと思います。

ひとすじに、具縛の凡愚、屠沽の下類、無碍光仏の不可思議の本願、広大智慧の名号を信楽すれば、煩悩を具足しながら、無上大涅槃にいたるなり。具縛は、よろずの煩悩にしばられたるわれらなり。

（『聖典』五五二頁）

ここに「われら」という言葉が出てまいります。これも注意すべき言葉だと思います。普通であれば「煩悩にしばられたるものなり」と、言葉の解釈だけでいいわけです。しかしそこに、「われら」と述べられているということは大事な意味を持っています。親鸞の書物を読んでいますと、「われら」という言葉が何か所かに出てきます。『歎異抄』の第三条を見ますと、「善人なおもて往生をとぐ、いわんや悪人をや」（『聖典』六二七頁）というところです。善人とは自力作善の人であると、「ひと」として表されています。そして悪人というのは、「煩悩具足のわれら」（『聖典』六二七頁）と言われています。善人は「ひと」と表し、悪人は「われら」と表しておられる。そして「煩」は身を煩わす、「悩」はこころを悩ますという、親鸞の独自な解釈です。煩悩ということを、身とこころに分けて説明しておられるのです。

屠は、よろずのいきたるものを、ころし、ほふるものなり。これは、りょうし（猟師）というものなり。沽は、よろずのものを、うりかうものなり。これは、あき人なり。これらを下類というなり。「能令瓦礫変成金」というは、「能」はよくという。「令」は、せしむという。「瓦」は、かわらという。「礫」は、つぶてという。

（『聖典』五五三頁）

「あき人」とは、商人です。商人というのは、嘘をつかなければ儲からないということがありますから、否応なしに嘘をつくということがある。あるいはこころにもないお世辞を言わなくてはならないということがあります。それを「変成《かえなす》」と言います。

「変成金」は、「変成」は、かえなすという。「金」は、こがねという。かわら・つぶてをこがねにかえなさしめんがごとしと、たとえたまえるなり。りょうし・あき人、さまざまのものは、みな、いし・かわら・つぶてのごとくなるわれらなり。如来の御ちかいを、ふたごころなく信楽すれば、摂取のひかりのなかにおさめとられまいらせて、かならず大涅槃のさとりをひらかしめたまうは、すなわち、りょうし・あき人などは、いし・かわら・つぶてなんどを、よくこがねとなさしめんがごとしとたとえたまえるなり。摂取のひかりともうすは、阿弥陀仏の御こころにおさめとりたまうゆえなり。文のこころは、おもうほどはもうしあらはし候わねども、あらあらもうすなり。ふかきことは、これにておしはからせたまうべし。この文は、慈愍三蔵ともうす聖人の御釈なり。震旦には、恵日三蔵ともうすなり。

（『聖典』五五三頁）

と、慈愍三蔵の引文を結んでいます。

聖覚の『唯信鈔』のなかでは、第十八願の証文として、慈愍三蔵の文を漢文のまま引用されただけでした。しかし親鸞は、それを文字も知らない人びとに、そのこころをどのようにして伝えるかということで苦労されました。人びとにどう伝えたらいいかというだけではなく、そのなかに自らの体験のうえに、自らが頷けたことを人びとに伝えることが、『唯信鈔文意』撰述の願意であったと言えます。

第四節　慈愍三蔵の文釈㈠

法蔵菩薩が因位のときに弘誓を立てられたということについて、親鸞の解釈に入ります。

「彼仏因中立弘誓」、このこころは、「彼」は、かのという。「仏」は、阿弥陀仏なり。「因中」は、法蔵菩薩とまうししときなり。「立弘誓」は、「立」は、たつという、なるという。「弘」は、ひろしという、ひろまるという。「誓」は、ちかいというなり。法蔵比丘、超世無上のちかいをおこして、ひろくひろめたまうともうすなり。超世は、よ《（余）》の仏の御ちかいにすぐれたまえりとなり。超は、こえたりというは、うえなしともうすなり。如来の、弘誓をおこしたまえるようは、この『唯信鈔』にくわしくあらわれたり。（『聖典』五五〇～五五一頁）

ここでは「因中」、因位のときをどう領解するかです。法蔵菩薩が阿弥陀仏となられる前ですが、その因位ということにはふたつの解釈があります。ひとつは、我われの流転がはじまったそのときから、あるいは人類の無明の闇が生じたそのときから、ということを表しています。もうひとつは、我われを超えた彼方の世界ということではなく、我われの宿業の身の根源のところにあって、という意味があると思います。その宿業の身の根源のところに身を沈めて、そして一切の衆生を選びなく救うという本願をおこされたということです。

次の「立弘誓」の「立」という言葉に、「たつ」と「なる」のふたつの言葉を挙げておられます。「たつ」とは、はじめておこすというのではなくて、むしろ成就を表す言葉であり、「なる」と重ねて表されたのだと思います。良賁（七一七～七七七）の『仁王護国般若波羅蜜多経疏』に、「『建立』の二字を分別して、初めて起こすを建という」とあり、そして「終わりに成るを立」とあります。親鸞の註釈もこれと同じ意味で、成就ということを「立」という字に見出されたものと思われます。その願いがおこったところ、その願いが真実ならば自ら行として展開するわけで、「願行具足」という言葉が善導によって示されています。行にならない、生活にならないという願は、その願いが真実でないからであって、願いが真実であるならば自ら生活となっていき、そして願を成就していくということです。そこに願と行が具足し、本願が成就されていく道があると思います。

次の「弘誓」の「弘」については、「ひろし」と「ひろまる」の言葉の意味について述べています。「ひろし」とは、一切の者を選ばない、むしろ選ばないということではなくて、悪人こそ救うということです。愚かなる貧しき者、破戒の者こそ救い取っていく、そこに「弘」という意味があります。「ひろまる」とは、自然のはたらきを表す言葉ですが、「ひろめる」という場合は、意思を表します。つまり自然のはたらきは単なるはたらきではなくて、そこに深い決意意志があるのです。どこまでも衆生を救い取らなくてはおかないという、すべての人びとに念仏の教え、真実の教えを伝えなければおかないという、如来の決意を表すのが「ひろめる」ということであり、その決意のはたらきを通して自らひろまっていくものが真実であると思います。

金子大榮先生が晩年によく問題にされたことで、「普遍」と「一般」ということを問題にされました。「普遍の法と特殊の機」ということで、本願のこころを明らかにしようと苦労なさったことがあります。法は普遍である、機は特殊であるということです。金子先生は、普遍という言葉に対して一般ということがある。普遍と一般とは違うのではないかということで、英語に訳したら、一般はゼネラルであろうし、普遍はユニバーサルにあたる。ゼネラルとユニバーサルということ、一般と普遍は必ずしもひとつではないのではないかと鈴木大拙先生（一八七〇〜一九六六）にお尋ねしたが、そこのへんはっきりしなかったと金子先生がおっしゃっていました。そのときに金子先生は、「我われが一般的にと言う場合、平均化するということがある。おしなべてということで、一般という言葉を使います。そこにあるものを認めないで、それを平均化して一般的にはと言う。ところが、普遍ということは平均化することではなくて、特殊なるものに真に普遍ということが成り立つのではないか」と言われたことがあります。そのことを金子先生は、講義のなかで何遍もおっしゃっていましたから、頭に残っています。「ひろまる」とは、ただ平等ということではなくて、そういう特殊な者、罪深き者こそ救うことにおいて、普遍が使われるのだろうと思います。

次に、「弘誓」の「誓」の解釈ですが、誓いですから「本願」「弘願」とも言います。親鸞はそれを『御消息集』などで、「約束」という言葉で表され、金子先生もその約束という言葉に非常に関心を持たれました。「本願」をどう解釈するかです。「本願」を訳される場合、言語的には pūrva-praṇidhāna と表すように、pūrva は「遠い昔から」ということですから、「宿願」という言葉の方が語源的には近いのです。鈴木大拙先生の英訳で言いますと、一般的に使われる vow では表し得ないので、英訳『教行信証』には、キリスト教で用いられます prayer、「祈り」という言葉で表されました（『SHINRANS KYŌGYŌSHINSHŌ』オックスフォード大学出版、二〇一二年、四五頁）。その前に著されました『真宗入門』という本では、「どう訳したらいいのかいろいろと考えるけれども、「根源的なる意志」original will と訳したらいいのかなあ」（『真宗入門』春秋社、一九八三年、趣意）とおっしゃっていました。

親鸞は誓いということを、仏の「約束」と述べています。このことについて金子先生は、キリスト教でもバイブルについて旧約、新約ということを言われます。それは神の約束ということですが、本願も仏の約束なのだと深い感銘を持たれました。誓いとは、「ひろし」「ひろまる」、仏の約束であり、それは世を超えたものである。「超世の願をおこしたまえり」ということも思いおこされるわけですが、暁烏敏先生（一八七七〜一九五四）は、「我建超世願」という「三誓偈」（「重誓偈」）の文について、「世と共に世を超える、ただ世を超えるというのではなくて、如来の本願においては世と共に世を超えるというところに深い意味がある。衆生のなかに自ら身を没して、自ら衆生を担って衆生と共に救われようとするところに仏の本願の確かさがある」とおっしゃっていました。いまも、三世十方の諸仏を超えた願いであるということを「超世の願」であるとお示しになったのだと思います。

第五節　慈愍三蔵の文釈㈡

「聞名念我」というは、「聞」は、きくという。信心をあらわす御のりなり。「名」は、御なともうすなり。如来のちかいの名号なり。「念我」ともうすは、ちかいのみなを憶念せよとなり。諸仏称名の悲願にあらわせり。憶念は、信心をえたるひとは、うたがいなきゆえに、本願をつねにおもいいずるこころのたえぬをいうなり。（『聖典』五五一頁）

本願について、「聞名念我総迎来」（『聖典』五五〇頁）という御名を聞き、我を念ずる者はすべて「迎えきたらしむ」と述べられています。その説明のなかで、「聞名」とは、御名を聞くということであると。『観経』では、下品上生と下品下生に「称名」ということが説かれています。はっきりと称名念仏ということが表されているのは、浄土三部経のなかでは『観経』だけです。『大経』では「聞名」と一貫して説かれています。「聞名」の「名」とは何かと言えば、諸仏が仏の徳を称揚讃嘆されることです。諸仏が仏の徳をほめ讃え、讃嘆されること、具体的に言えば仏の名を称えるということです。諸仏が称名されるのはそのまま讃嘆になるということです。このことは『尊号真像銘文』のなかで、念仏することは仏を讃嘆することになっていくのだということを、「なる」と「なり」という表現を使って説明しています。

我われが念仏を申すのは、仏の徳をほめ讃えるということです。人によってはいつもの口ぐせのように、つい念仏が漏れているということがあると思います。ときによれば、情けない自分の根性を傷むというところで、念仏するということがあります。その仏の名を称える念仏が、仏の徳をほめ讃えることになっている。「南無阿弥陀仏」という名号に、仏の徳が込められていますから、仏の名を称えることは、我われの思いがどうあろうと、その思いを超えて仏の徳をほめ讃えていくことになるのです。諸仏・善知識あるいはよき友が称える念仏の声を、我われが聞いていくということです。聞くということについて、「聞即信」がそこで言われてきます。

信心とは、念仏の声を聞き、念仏を通して教えを聞き、本願のこころを尋ねて生きるということです。そのほかに信心というものが別にあるのではないということが親鸞の教えです。『教行信証』「信巻」に、

それ真実信楽を案ずるに、信楽に一念あり。「一念」は、これ信楽開発の時剋の極促を顕し、広大難思の慶心を彰すなり。

（『聖典』二三九頁）

と示されています。『大経』の異訳本『如来会』の本願成就文を引かれて、それから『大経』下巻の「往覲偈」の「其仏本願力、聞名欲往生」という文を引いてこられます。

「一念」とは、本願成就文に示された信心の一念を表すのですが、それは「信楽開発の時剋の極促」ですから、我われのうえに念仏して生きるという信心が発起してくる時剋の極まりを表します。ときの極ま

りを表すとはどういうことかと言えば、無始よりはじめなきときから今日までご苦労してくださった仏のはたらきがいまようやくにして成就した、そのときを表しているということです。一声の念仏のなかに、如来のはかりしれない永い間にわたるご苦労が込められているのです。そのご苦労が、いまようやくにして一声の念仏となって現れてくださったことであると述べられています。それを受けて、

しかるに『経』に「聞」と言うは、衆生、仏願の生起・本末を聞きて疑心あることなし。これを「聞」と曰うなり。「信心」と言うは、すなわち本願力回向の信心なり。「歓喜」と言うは、身心の悦予の貌を形すなり。「乃至」と言うは、多少を摂するの言なり。「一念」と言うは、信心二心なきがゆえに「一念」と曰う。これを「一心」と名づく。一心はすなわち清浄報土の真因なり。

（『聖典』二四〇頁）

と展開しておられます。仏願の生起本末を聞いて疑いがないということ、この「生起本末」をどう領解するかということがあります。これはさきほどの「法蔵菩薩因位のとき」に繫がるもので、「本」は第十八願、「末」は第十九・二十願に相当するのではないかと思います。いわば自力の捨てがたい人間に対して、はじめから「ただ念仏せよ」とは伝えられない。そこに自力を尽してみよ、自力の限界を知って念仏せよと言わなくてはならなかったということが、第十九・二十願を指すとも解釈されます。そこはいろいろな解釈があるところです。

『歎異抄』には、

聖人のつねのおおせには、「弥陀の五劫思惟の願をよくよく案ずれば、ひとえに親鸞一人がためなりけり。されば、そくばくの業をもちける身にてありけるを、たすけんとおぼしめしたちける本願のか

たじけなさよ」

（『聖典』六四〇頁）

と述べられています。重き宿業を抱えて、この生死の世界を生きていかなくてはならない者を助けようと立ち上がってくださった仏の本願のこころを聞いて、疑心のないことを「聞」と言うのである、と表されています。「たすけんとおぼしめしたちける本願のかたじけなさよ」という、すべての諸仏から見放されているような人間を救おうと立ち上がってくださった本願のこころを知ることだと思います。聞くとは、本願のこころを尋ねて聞きあてるということです。信心とは聞きあてるということです。聞きあてるということは、本当に私一人のためであったと、全身をもって頷くということでしょう。何かそれまでは話としか聞けなかったものが、実際に人生の壁にぶつかって、どうしようもいかなくなった。そういう体験を潜ったとき、そこに私一人のためであったと受け取られるということがあります。その聞きあてられたもの、頷かれたものこそが信心であると領解していいのではないかと思います。

衆生救済の意志、あるいはその祈り、約束が言葉として表されたものが南無阿弥陀仏です。阿弥陀仏に依って生きよ、真実なるものに依って生きよ、という如来の呼びかけであります。その呼びかけを通して、本願のこころに頷くならば、そこに「『念我』ともうすは、ちかいのみなを憶念せよとなり」と、「憶念」という言葉が出てきます。「憶念」の「憶」は記憶の憶で、それは繰り返し繰り返し仏のこころを確かめていくということです。「随念」とも言われます。「随念」とは、サンスクリット語で「アヌスムリティ」（anusmṛti）という言葉ですが、折に触れ縁に触れて仏を憶うということです。信心がまことであれば自ら憶念の信として展開していくということです。繰り返し繰り返しひとつのことを念じていくということが聞法の歩み、生活になっていくのだと思います。

我われが仏を憶念することよりも、仏が我われを念じ続けていてくださるということ、それが善導の書物のなかに見られる特色のひとつだと思います。そのことを親鸞は、「正信偈」源信章の「大悲無倦常照我」、煩悩に眼を障えられて見たてまつらずといえども、「大悲倦きことなくして常に我を照らしたまう」ということでお示しになっています。我われは仏を念ずることがなくても、仏が我われを念じ続けていてくださるということがあればこそ、はじめて我われのうえに憶念の信がおこってくるのです。

憶念は、信心をえたるひとは、うたがいなきゆえに、本願をつねにおもいいずるこころのたえぬをいうなり。

（『聖典』五五一頁）

ここでは、信と疑という問題があります。「信心」とは、『教行信証』に「疑蓋無雑の信」（『聖典』三四〇頁趣意）と言われています。「蓋」とは煩悩のことを言うのですから、真実なるものに蓋をしてしまう疑心です。金子大榮先生や正親含英先生からよく聞いた言葉ですが、「疑蓋無雑というのは、我われが疑わないというのでなくて疑うことができないということ」だと。如来が私ごとき人間をこころにかけ、救おうとしてご苦労くださっているということがいろいろなご縁を通して知らされてくるなかで、その真実をもはや疑うことができないということであり、それは決して自分で疑わないと力むのとは違うと習ってきました。また曽我量深先生は、「如来が我われを信じ愛しておってくださるから、我われは如来を信ずることができる」という言葉で教えてくださいました。これは講義で聴いた感銘の深い言葉です。親鸞が「疑蓋無雑」と押さえられましたときは、我われが疑わないということではなくて、それは如来が我われの救いを信じて疑わないということです。そのような真実というものがはたらき続けています。そのことを我われは平素忘れていますが、聞法の座に引き出されることを通して、そのことを知らせていただくのです。そのことが頷けてきたときに、もはや疑わないのではなくて、疑えない身、本願を疑うことのできない身となるということであろうかと思います。

第六節　慈愍三蔵の文釈㈢

「総迎来」というは、「総」は、ふさねてという、すべて、みなというこころなり。「迎」は、むかうるという、まつという。他力をあらわすこころなり。（『聖典』五五一頁）

これは前に「来迎」のところで、親鸞が随分と詳しい説明をされていましたが、それを簡略にした言葉です。観音・勢至が自ら来りたまうということで、

みずからつねに、ときをきらわず、ところをへだてず、真実信心をえたるひとにそいたまいて、まもりたまうゆえに、みずからともうすなり。また「自」は、おのずからという。おのずからというは、自然という。自然というは、しからしむという。（『聖典』五四八頁）

と、ここで重ねて述べておられます。「来迎」とは、浄土経典でもそうですが、臨終と結びつけて説かれています。いのち終わるときに仏は来りたまうと。具体的に申しますと、昔は臨終を迎えるときには、仏のご絵像を掛けて、仏の手から糸を引っぱり、その糸を握って亡くなるということが行われました。私の小さいときには、門徒の葬式でも屏風があり、亡くなったときにその糸を引っぱってということがありました。昔のご絵像を見ますと、その手に糸が残っています。いのち終わるときに仏のお迎えを受けたいと

願うのは、人間の本能的な要求だと思います。せめていのち終わるときには安らかに死にたいという願いです。そういうことで来迎ということが求められてきました。しかし親鸞は、浄土教においても源信などが大事にしてきた臨終来迎について、『末燈鈔』の第一通にはっきりと否定されています。

　来迎は諸行往生にあり。自力の行者なるがゆえに。臨終ということは、諸行往生のひとにいうべし。いまだ、真実の信心をえざるがゆえなり。また、十悪五逆の罪人の、はじめて善知識におう《（遇）》て、すすめらるるときにいうことばなり。真実信心の行人は、摂取不捨のゆえに、正定聚のくらいに住す。このゆえに、臨終まつことなし、来迎たのむことなし。信心のさだまるとき、往生またさだまるなり。来迎の儀式をまたず。（『聖典』六〇〇頁）

　臨終来迎とは自力の人に言うのであって、真実信心を得た念仏の人には来迎を期待することはさらさらないのだと。いま現に救われているのであって、臨終を待つ必要はないということをはっきりと述べておられます。これは非常に大事な文です。これまでの浄土教が臨終来迎という信仰のうえに成り立ってきたことを否定された文だと思います。

　いのち終わるときには誰でも安らかに死にたいという願いはありますが、安らかに死ねるとはかぎらない、本当に苦しみ悶えて死んでいくかもしれません。それに対して親鸞は、手紙のなかで、死に際はどうであろうともその人の救いに何ら変わりはない。いま救われているかどうか、平生念仏しているかどうかが問題であって、死に際はどうであっても救いには無関係であると明言されています。臨終ということを親鸞は、現在ただ今を臨終とするとし、これは法然のうえにも見られるのですが、平生の念仏です。平生の念仏そのままで息が止まったら、それがそのまま臨終ではないかと法然も言われています。しかし親鸞は、法然とは違った表現で、臨終とは現在における信の一念のところが我われにとっては臨終なのだと述べています。

『教行信証』「信巻」に、

真実浄信心は、内因なり。摂取不捨は、外縁なり。
本願を信受するは、前念命終なり。
即得往生は、後念即生なり。
他力金剛心なり、知るべし。
（『聖典』四三〇頁）

と、『浄土論註』と『十住毘婆沙論』を引いてきます。この箇所に「前念命終」「後念即生」という言葉があります。「前念命終」とは、我われの息の止まったところです。「後念即生」とは、臨終において我われが仏の世界に生まれ変わることで、これは善導の言葉です。善導は、「前念命終」「後念即生」ということを我われの一生が終わっていくところで、我われが仏の世界に生まれ変わるのだと言われる。ところが親鸞は、「本願を信受するは、前念命終なり」と、そこで直ちに我われは往生するのだと述べています。肉体のいのちが終わるときではなく、いま我われが自己の迷いに覚めて念仏する身になったときに我われの臨終があるということです。一日一日が仏の世界に生まれ変わっていく生涯であると言っていいわけです。

親鸞は、臨終を遠い先のことではなく、現在ただ今、念仏する身となったということが我われにおける臨終なのだと領解されています。現在のこととして受け止めたからといって、いのち終わることを決して無視したということではありません。我われが涅槃のさとりを開くのは、「臨終一念の夕」である。このことを親鸞は決して外してはいません。人間の一生の幕が閉じていくところがそのままさとりの世界に生まれて、涅槃のさとりを開く。いわば生死から完全に解脱するときであると言ってきます。『教行信証』「信巻」のなかの、真の仏弟子について説かれているところです。

真に知りぬ。弥勒大士、等覚金剛心を窮むるがゆえに、龍華三会の暁、当に無上覚位を極むべし。（『聖典』二五〇頁）

五十六億七千万年後に、ようやく弥勒大士は仏となるべき身と決まった等覚の弥勒であり、間違いなくさとりを開かれる。そして、

念仏衆生は、横超の金剛心を窮むるがゆえに、臨終一念の夕、大般涅槃を超証す。かるがゆえに「便同」と曰うなり。（『聖典』二五〇頁）

と続き、いわば如来の他力によって、生死のこの世界を横さまに超える。煩悩を具足するままに救われることに頷いた身であるがゆえに、「臨終一念の夕、大般涅槃を超証す」と述べています。

その場合の臨終は、我われの生涯の幕が閉じられるときです。それは現在における往生の歩みが成就するときです。そのときに我われは、生死を超えて涅槃のさとりを開くのです。その意味においては、凡夫と菩薩においては大きな違いがあるけれども、我われは凡夫であるがままに弥勒と同じだと言っています。それだけではなく、金剛心を得たものは韋提希と等しく、喜・悟・信の三忍を獲得するのだと。これは「正信偈」にも「与韋提等獲三忍」とありますが、韋提希と等しくということをここで挙げてこられたのは、仏の在世に生まれて直接仏から教えを聞くことのできた韋提希と、仏滅後、末法の世に生まれた我われが同じ信心を獲ると親鸞は述べているのです。

臨終の一念、いのち終わるときに往生の歩み、聞法の生涯が成就するとき、そこに我われが涅槃のさと

りを開くときだと言われています。臨終ということを決して無視したのではありません。死に様はどうであろうと、臨終はまさに仏のさとりを開くとき、完全なるさとりを開くときだと述べています。同時に、臨終は「前念命終」「後念即生」、現在の信心のところに臨終があるということを注意しなくてはなりません。そういうことが言えるのは、摂取不捨のはたらきによるからで、摂め取って捨てないというはたらきが他力であり、阿弥陀は摂取不捨のはたらきである、と親鸞は示してくださっています。

『教行信証』「行巻」は、いまの『愚禿鈔』と深い関わりを持つところですが、浄土教七祖の引文が終わったあとです。「しかれば真実の行信を獲れば」（『聖典』一九〇頁）ということは、ただ念仏して生きるということが明らかになったならば、こころの喜びが多きがゆえに、それを「菩薩の歓喜地」「初地」と名づけて、「初果」にたとえます。

「初果」とは、沙門の出家の人びとの辿っていく階段には四つ（四沙門果）あると言われ、その一番最初が「初果」です。「預流」とも言われ、法の流れに預かるという、非常に意味の深い言葉です。はじめて仏法に出遇うということです。それから「一来」、「不還」、「阿羅漢」と展開していくわけですが、はじめて仏法に出遇って仏道のうえに立つことのできた人びとが称えられる初果の聖者について、一度仏道のうえに立ったならばどんなに眠ろうと横着をしようとも、二十八遍迷いを繰り返すということがあるが、それ以上に迷うことがないと説かれています。

続いて『教行信証』「行巻」には、

十万群生海、この行信に帰命すれば摂取して捨てたまわず。かるがゆえに阿弥陀仏と名づけたてまつると。これを他力と曰う。

（『聖典』一九〇頁）

とあります。十方群生海という本願の信心に目覚めた者であるならば、摂取して捨てられるということがない。そのことを阿弥陀と言うのであり、他力と言うのであると親鸞は語っています。すなわち「来迎」とは、死ぬときに来るというのでなく、常に摂取して捨てないというはたらきとして我われのところにはたらき続けていてくださるということが親鸞の領解です。このことは『末燈鈔』の冒頭に、臨終来迎というのは、いのち終わる間際に仏のお迎えを期待するようなことは自力の行者の言うことであって、金剛の信心の念仏者にはかかわりのないことである（『聖典』六〇〇頁趣意）とはっきりと述べています。

「総迎来」の文釈に戻ります。

「総迎来」というは、「総」は、ふさねてという、すべて、みなというこころなり。「迎」は、むかうるという、まつという。他力をあらわすこころなり。「来」は、かえるという、きたらしむという。法性のみやこへ、むかえい《（率）》て、きたらしめ、かえらしむという。　（『聖典』五五一頁）

これは前に金子大榮先生の一般と普遍ということについて申し上げましたが、「ふさねて」という言葉は、金子先生の言う普遍という意味のように受けますが、特殊をそのまま生かし包んでいくというものでなくてはならないと思います。「まつ」というのは、如来によって待たれてある身という、これは親鸞も手紙のなかで述べておられます。私は歳を取ったから一足先にお浄土に往って、みなさんのお越しになるのをお待ちしております、という手紙があります。いわば待たれてある身ということがどんなに人間にとってこころの支え、生きることの支えになるかということは申し上げるまでもないと思います。「迎」を「むかう」というのは、浄土においてただ迎えるというのでなくて、ここまで来てくださるということでしょう。どこかを彷徨っている人間ですから、彷徨って日が暮れても、どこをどう帰っていいか分からない者を家で待っているというのでなくて、家から出て迷っている子を探し、それを迎えるということでなくてはならないと思います。

同じく「かえる」という言葉にも、やはり仏のこころを受け取っていかなくてはならないのではないでしょうか。人生は仮の宿であることはみんな知っています。仮の宿にどれだけお世話になるのか。別な言葉で言えば、どれだけご迷惑をかけて生きていかなくてはならないか、どれだけ業をさらして生きていかなくてはならないか。しかし仮の宿ではありますが、生死のこの世だけが私の人生ではないのです。清沢満之先生の言葉で言えば、「生のみが我らにあらず、死もまた我らなり」です。この世だけが私の人生でなくて、これは文字通り仮の世であって、無限のいのちのなかに包まれている世界に帰るべき、待たれてある世界がなくては我われは安住できないと思います。私も定年までの一年半お世話になって早く家に帰りたいと思います。待っていてくださる方があり、そこに帰って来いと言ってくださる方があることは、どれだけこころの支えとなり、生きていくうえの力となるかということは言うまでもないと思います。

法性のみやこより、衆生利益のために、この娑婆界にきたるゆえに、「来」をきたるというなり。

（『聖典』五五一頁）

ただ浄土に帰るだけではなく、浄土からこの世に来る。ここにふたつの意味があるのではないかと思います。ひとつは、待つとは向うの方におられると思うのですが、そうではなくてこちらの娑婆世界にまで来てくださるということです。もうひとつは、浄土に往生してまたそこからこの世に還ってくるということを、還相という意味を込めて言われているのではないかと思います。

「来迎」というは、「来」は、浄土へきたらしむという。これすなわち若不生者のちかいをあらわす御のりなり。穢土をすてて、真実報土にきたらしむとなり。すなわち他力をあらわす御ことなり。また「来」は、かえるという。かえるというは、願海にいりぬるによりて、かならず大涅槃にいたるを、法性のみやこへかえるともうすなり。法性のみやこというは、法身ともうす如来の、さとりを自然にひらくときを、みやこへかえるというなり。これを、真如実相を証すとももうす。無為法身ともいう。滅度にいたるともいう。法性の常楽を証すとももうすなり。（『聖典』五四九頁）

『教行信証』「証巻」のはじめのところに、この文と同じことが述べられています。そのあとに、

このさとりをうれば、すなわち大慈大悲きわまりて、生死海にかえりいりて、普賢の徳に帰せしむともうす。この利益におもむくを、「来」という。これを法性のみやこへかえるともうすなり。「迎」というは、むかえたまうという、まつというこころなり。（『聖典』五四九頁）

と言われています。ここでは、さとりを得れば涅槃の世界にいたり着き、大慈大悲を成就して、この迷いの世界に還り来て普賢の徳を成就していくと言っています。ですから簡略にされたいまの文も、そこに還相ということが含まれているべきだと思います。

還相ということについては、今日大谷派の真宗学会の方でも問題になっておりますが、私は浄土からこの世に還って来るのだということを大事にしたいのです。還って来るのは、どういうかたちで還って来るのかは分かりません。犬になって還って来るのかも知れないし、いろいろなかたちを取ると思いますが、ただ言えることは、我われがお浄土に往くということは、南無阿弥陀仏のなかに完全に包み取られていくことだろうと思います。南無阿弥陀仏になっていくことは、念仏の声となって還って来るということ、それが還相であると私は領解しています。どんなかたちを取ろうとも、それは南無阿弥陀仏の念仏として還

って来るのだと思います。このところの字釈では、ただ浄土に「むかえ」「まつ」とあり、それは我われにとって還る世界だということです。還るという世界とは、そこから仏はただ待っているというだけでなく、我われのところまで来て我われを迎え取ってくださるという意味もあるし、また浄土に生まれた者は衆生利益のために還って来るということもある。そういう循環的なかたちで展開していくのが、念仏のはたらきだということを述べておられると領解いたします。

第九章　三心釈の系譜

第一節　善導の三心釈

ここからは、善導の『法事讃』の文釈に入ります。

極楽無為涅槃界　随縁雑善恐難生　故使如来選要法　教念弥陀専復専
（『聖典』五五三頁）

すべての人が生死苦難の世界を超えて、無為涅槃界である浄土に生まれるのは、自力の行によってではなく、如来によって選び取られた念仏の法によるほかはない。釈尊をはじめ諸仏・善知識は、すべて平等に専らに念仏して生きよと教えられる、という意味です。選択の要法は、阿弥陀の本願において選び取られた道ということでした。これは『観経』の上品上生に拠るところです。

『観経』の定善十三観の日想観では、浄土を見ようと思うならば、夕陽の沈んでいく様をこころに思い浮かべてみよ、ということからはじまり、順序を追って説かれます。つねに我われの荒れ狂っているこころの静まっていく道が、浄土へと我われの人生が方向づけられていくことを説いてこられます。そのあと、こころが揺り動いて止まない者は、こころを集中していくという実践道ではなくて、努めて善いことをして悪いことをしないように心掛けよということで、「三福九品」が説かれてきます。

「三福」とは世福・戒福・行福のことで、「世福」は、幸せを得る道として世間的な倫理の意味です。親を大事にする、先生を敬う、といった世間的な倫理です。「戒福」は、出家者としての戒律を守るということです。「行福」は、大乗の菩薩道を生きる者として大乗の経典の教えを明らかにし、人びとに自利利他の教え、すべての人びとが救われていく道を行じていけということです。この三つの幸せを得る道が説かれ、それを修していくうえで「九品」という、上品上生から中品、さらに下品下生にいたるまでの九つの機類が生まれてくることが説かれています。そのなかの上品上生のところに、

上品上生者、若有衆生、願生彼国者、発三種心、即便往生。何等為三。一者至誠心、二者深心、三者回向発願心。具三心者、必生彼国。（『聖典』一一二頁）

と説かれています。「三心」、この場合濁って「さんじん」と読みます。経文では、浄土に生まれることを願う者であるならば、必ず至誠心・深心・回向発願心という三心を発せと言ってあります。

これを註釈された善導の『観経疏』の散善義を見ますと、半分以上のスペースをとってこの三心について解釈しておられます。それを親鸞は『教行信証』に引用しておられます。その散善義に、身をもって『観経』の教えを聞いて、そこに明らかになったことを表したのが善導の三心釈です。善導には『観経疏』だけでなく、もうひとつ『往生礼讃』という書物があります。そのなかにも同じように三心についての解釈がされています。そこには『観経疏』ほどは詳しくなく簡単な説明ですが、このふたつの書物をもって三心釈を展開しています。善導の言葉で言えば、そこに『観経』の眼目があるということです。善導は、生死を超えて生きたいと願う者であるならば、「一者至誠心、二者深心、三者回向発願心」という三心を具すれば、必ず浄土に生まれると述べています。『観経』ではこの三つのこころの名目だけが出ているに

過ぎませんが、善導はそこに『観経』の眼目があることを注意されました。

さらに善導は、三心というのは散善のはじめに説かれているけれども、それは定善の機にも通ずるのだと。おおよそ真実を求める者であるならば、あるいは真に人間として生死の世界を生きていこうとする者であるならば、三つのこころが基本になると言われています。その場合に、「一者」「二者」「三者」と三つあるように言われるけれども、「一者至誠心」ということに重い意味がある。「一者至誠心」とは、真実であれという教えであり、その教えを聞いていくところに真実心なし、虚仮雑毒以外何者でもない、「蛇蝎奸詐」、蛇や蝎のようなものしか持ち合わせていない、煩悩具足の凡夫であるという徹底した自覚がそこに開けていく。そのことを通して、回心懺悔において、真実そのものである如来の願力が、南無阿弥陀仏となって我われのうえにはたらき続けて、浄土に往生を遂げていくのだと示されています。

三心の名前を挙げるに過ぎなかった『観経』では、至誠心・深心・回向発願心の解釈については説明されていません。ところが善導は『観経疏』散善義の大半を費やして、その三心がどういうことなのかを明らかにしていくのです。『教行信証』「信巻」では、

(散善義)また云わく、「何等為三」より下「必生彼国」に至るまで已来は、正しく三心を弁定しても って正因とすることを明かす。すなわちそれ二つあり。一つには、世尊機に随いて益を顕すこと、意密にして知り難し、仏自ら問いて自ら徴したまうにあらずは、解を得るに由なきを明かす。二つに、如来還りて自ら前の三心の数を答えたまうことを明かす。(『聖典』二一四～二一五頁)

とあります。ここに三心を説かれたのは、ふたつの意味が顕されているのだと。浄土に生まれん者は信心をおこす。これについて、それには三つのこころがあるのだと。では三つのこころとは何か。ひとつには

至誠心云々という説き方で説明されています。そこでは「仏自ら問いて自ら徴したまうにあらずは」と言われ、我われは如来のおこころを正しく領解することはできないからだと言われています。ふたつに「如来還りて自ら前の三心の数を答えたまう」と言ってきて、そこから善導の三心釈のかなめを引かれます。その三心釈を受けて、有名な二河白道のたとえが引かれてきます。そして「乃至」ということで、そこに省略されている部分があるのです。それは同じく『教行信証』「信巻」に、

また真実に二種あり。一つには自利真実、二つには利他真実なり。乃至　（『聖典』二一五頁）

とあり、その省略した部分は、自力の行によっては救われないということを明らかにされた「化身土巻」のなかで引いてこられます。

また云わく、また真実に二種あり。一つには自利真実、二つには利他真実なり。「自利真実」と言うは、また二種あり。　（『聖典』三三四頁）

と、「乃至」と省略されていた部分がそこに説かれてくるわけです。ではなぜ親鸞は善導の三心釈を引用されながら、一方は真実の信心を明らかにする「信巻」に引き、一部は省略して「化身土巻」に引かれたのかということがあります。

「信巻」に引用された部分は、真実の信心を開顕する釈迦・弥陀二尊のはたらきによって、我われのうえに開かれてきた宗教的自覚を明らかにするものとして引かれます。ところが真実ならざる自力のこころについては、それを「化身土巻」に引かれます。こういう厳密な区別をされています。そこに親鸞がいかに信心ということにおいて、それが真実であるか、真実でないかを見極めていったかということが考えられます。この二か所に分けて善導の三心釈を引用されますが、「化身土巻」に引かれたものは、自力を尽

くせということです。我われが救いを求め、幸せを求めるならば、徹底して自力を尽くし、自力無効というほかはない、自力の限界のところまで自力を尽くせということを明らかにされたのが「化身土巻」です。自分の力によって自分の苦しみ・悩みを断ち切り、それを超え離れることは不可能であるという自覚を通して、そこに開けてくるのが真実の信心であることを明らかにするのが「信巻」です。真実というかぎり、それは如来のほかにはないのですから、信心というのは如来の真実が我われのうえに与えられたこころであり、如来の真実に目覚めたこころと言えます。

『観経』に説かれた内容は、自力を尽くせということです。それを「要門」と言います。真実に我われが出遇うにはそこをどうしても通らなければならない。はじめから「ただ念仏」というわけにはいかないので、念仏の道に我われが出遇うには自分の限界を知るということがなくてはならない。それを明らかに説かれたのが『観経』です。自力によって救われるのではなく、自力の限界を通して如来の真実に目覚めよということですから、そこに隠れた意味があります。それを「隠顕」と言います。如来の深いこころは、隠、密意ということです。隠れた深いこころですから、それをストレートに衆生のうえに告げるわけにはいかない。「ただ念仏せよ」と、それ以外にないのですが、直ちにそれをストレートに伝えても我われは受け入れようとはしないのです。その密意を如来が我われのうえに明らかにするためには、自力に執われている我われに対して、自力を徹底してやってみなさい。あなたにどこまで真実があるのかを確めていきなさい。そういうことを通して、自力が無効であることを知らしめる。そこに善巧方便という手立てを必要とするわけです。方便を通して真実を明らかにするほかないので、そこに仏の大悲がある。つまり親鸞の領解から言えば、その捨てられるべき、役に立たない自力を尽くせと説かれるところに仏の深い大悲がある。どこまでいっても自力のこころから離れられない、そこに執われて捨て去ることのできない人間に対する深い大悲のこころがある。その大悲のこころが方便を生み出し、方便を通して真実を開顕していく。そういう順序を踏んでいかなくてはならないのです。隠顕とは、経典の教えには表に現れたこととその背後に深い隠されたこころがある。如来の真実は方便を通して、衆生のうえにはたらいてくるのである。その方便を通さなければ真実に出遇えないというところに、人間の迷いの深さ、そして如来の大悲の深さがあるのだということを明らかにしていったのが親鸞の教学であると思います。

このような親鸞の隠顕の背景にあるのが、法然の廃立の教学です。法然教学とは、行の選びにありました。何が我われにとって救いの道であり得るのか、この苦難に満ちた人生を歩んでいかなくてはならない人生、碍りだらけの人生に碍りなき道をご縁として受け取らせていくものは一体何なのか。その救いの道を明らかにする救いの行の選びというところに法然の課題がありました。それまでの仏教においては、戒律を守らなくてはならない、学問をして智慧を極めなくてはならない、寺を建てたり仏像を刻んだり供養をしなくてはいけない、数多くの教えを聞いていかなくてはならない、富める者・賢き者でなくてはいけない、貧しき者・愚かな者は駄目だ、男性はいいけど女性はだめだなどといった、いろいろな行において差別があり、制限がありました。そのかぎりにおいて、賢くない者、戒律を守れない者、供養をしたいと思っても経済的に貧しくて供養のできない者、そういう聖道門仏教から除外された者、差別された一般大衆はどうなっていくのかという問題に立って、法然は救いを明らかにしていったのです。そこのところで、定善・散善によって代表されるような一切の自力の行は捨てられるべきものであって、ただ他力の念仏のみが我われにとっての救いの行である。それだけは愚かなる者・貧しき者、あるいは女性などの条件を撤廃して、すべての者が平等に救われていく道となるものだということを明らかにしたのが法然です。法然教学は廃立の教学、一切の自力の行を選び捨てて、念仏ひとつの道を選ぶ。その選びは我われにおける選びであると同時に、我われにさき立って如来によって選び取られたものであるという、そこに法然の確信があったのです。

第二節　法然の三心釈

善導の『観経疏』と『往生礼讃』に拠って、信心が念仏の道においてのかなめであるとされたのが、法然の『選択集』第八章の三心章です。そこでは、『観経疏』と『往生礼讃』の三心の文を引いておられます。『選択集』の構成を見ますと、三心章以外のところでは浄土三部経あるいは善導の文を引きながら、それについて問いを立ててそれに答えるという、問答形式を取って浄土の教えのかなめを明らかにしていかれます。ところが第八章の三心章だけは問答という形式を取らないで、ただ法然の確めの言葉、私釈がそこに載せられているだけです。その三心章の私釈とは何かと言えば、我われが涅槃のみやこ、さとりの境界にいたるのは、信心によるのであると。念仏を選び取られ、そして念仏を我われに救いの道として与えられた弥陀・釈迦二尊の教えを信ずるということによるのである。我われが流転、生死の世界をさまよい続けていくのは、本願を正しく領解していないからであって、仏智疑惑のこころにもとづくからである。このように信と疑について述べておられます。

このことは「正信偈」、あるいはそれに対応する『高僧和讃』の源空章を見ますと、親鸞が法然の教えのかなめを表されるときに、この三心章の文に拠っておられるということが注意されます。

本師・源空は、仏教に明らかにして、善悪の凡夫人を憐愍せしむ。真宗の教証、片州に興す。選択本願、悪世に弘む。

生死輪転の家に還来ることは、決するに疑情をもって所止とす。

速やかに寂静無為の楽に入ることは、必ず信心をもって能入とす、といえり。（『聖典』二〇七頁）

親鸞は法然の徳を述べるときに、真宗を片州、世界のなかでも片隅にある日本に弘め、そして選択本願をこの五濁悪世の世に弘められたということを述べて、その教えのかなめは三心章の文に拠って表しています。それを受けたのが『教行信証』です。

『教行信証』の結びである後序に、法然との出遇いを記して、法然から『選択集』を与えられ、そして真影、肖像を写すことを許されたできごとを深い感銘をもって示しておられます。自分を語ることのなかった親鸞が、自分の生涯について語った唯一の箇所です。そこに『選択集』の付属を書いておられます。二百人近い法然門下にあって『選択集』を写すことを許されたのはわずか五、六名であり、事実、文献のうえから言っても五、六名の人しか見られないのです。それは『選択集』がそれまでの聖道門仏教の終わりを明確に告げて、選択本願念仏の教え、浄土の真宗のみが末法の世に開かれた唯一の仏道であることを明らかにされた浄土宗独立宣言の書であり、それが聖道門仏教の終わりを告げるわけですから、大きな反発を生むという結果をもたらしていきます。具体的には、法然滅後、法然の墓が暴かれることにまでなっていきます。『選択集』は思想的に見て危険な書物であり、法然は公開することをはばからねばならなかった。ですから信頼する門弟五、六人しか与えなかったと言われています。親鸞はその付属を受けた一人であり、『教行信証』はその『選択集』の付属に応えて著された書でもあります。

ここに浄土真宗が明らかにされていることを世に公開していくのですが、ことにそれは法然の三心章のこころを明らかにせよ、ということだと言われます。『選択集』の付属、法然が親鸞に『選択集』を写すことを許したのは、三心章にまとめた信心の問題をさらに徹底して明らかにせよという願いを親鸞に委託したのだと言われます。『教行信証』はこの三心章のこころを明らかにしていく、それが『教行信証』という書物であると言われてきました。『観経』の上品上生に説かれた三心の教えが、善導そして法然を経て親鸞のところまで展開してきた。それによって専修念仏の教えが明らかにされてきたということです。どんな人生を生きていくにせよ、念仏を申されるように生きるべきだ、というのが法然の説いた専修念仏の道だと言っていいと思いますし、その専修ということが「ただ念仏」ということです。『唯信鈔』にありますように、「ただこのことひとつ」ということです。それから「ただひとり」ということですから、私にとって救いの行となるもの、私が私として本当にこの人生が全うしていける道となるもの、それは念仏のほかにない、ただ信ずるのみということです。親鸞はこのような立場から、聖覚の『唯信鈔』をことに大事にしていったのです。

その法然の三心釈について、聖覚は、至誠心・深心・回向発願心について非常に詳しい解釈をされています。いまそれを読むのは省略しますが、感銘の深いところは、深心のところです。二種深信について述べてこられたあとです。

しかはあれども、仏の不思議力をうたがうとがあり。仏いかばかりのちからましますとしりてか、罪悪のみ（身）なればすくわれがたしとおもうべき。

（『聖典』九二三～九二四頁）

これはいかにも聖覚らしい文章です。聖覚は布教の大家でしたから、「罪悪のみなればすくわれがたしとおもうべき」、そこに人間の計らい、私は救われないのだというつまらない卑下慢で如来の真実を疑うようなことがあってはならないと述べています。

むなしくみ《(身)》を卑下し、こころを怯弱にして、仏智不思議をうたがうことなかれ。（中略）ただ信心のてをのべて、誓願のつなをとるべし。（『聖典』九二四頁）

「溺れる者は藁をもつかむ」と言いますが、何かそれに似たような表現です。ただ信心の手を差し伸べて誓願の綱、如来の綱をしっかりと握れということです。

仏力無窮なり、罪障深重のみをおもしとせず。仏智無辺なり、散乱放逸のものをもすつることなし。信心を要とす、そのほかをばかえりみざるなり。（『聖典』九二四頁）

ここに『唯信鈔』のかなめの言葉が出てまいります。これは親鸞が深い感銘をもって和讃しておられます。

無明長夜の燈炬なり
智眼くらしとかなしむな
生死大海の船筏なり
罪障おもしとなげかざれ
願力無窮にましませば
罪業深重もおもからず
仏智無辺にましませば

散乱放逸もすてられず

（『聖典』五〇三頁）

如来の願力無窮、摂取不捨のはたらきの空しくないことを述べています。それはいまの聖覚の言葉に拠られているということです。このような『観経』の三心釈の系譜があります。

第三節　親鸞の三心釈

法然は三心章において、三心が念仏の道におけるかなめであると言われました。親鸞も『教行信証』において、そのことを明らかにしていきます。ただその場合に、法然の解釈と親鸞の領解の仕方のうえには必ずしもひとつでないものがあると思います。それはどこにあるかということですが、法然の場合には三心のなかでも根本は深心にあります。深い信心、徹底した自覚を表す深心、この徹底した自覚の内容として二種深信があります。これは善導が明らかにしたことですが、我が身についての徹底した目覚めとして、救われざる者、何ら私が救われる資格がないのだということです。そういう救われざる者の自覚において、如来の本願に乗托して生きるという法の深心こそ根本である。その深心において、まことを尽くし、浄土に願生していくことを明らかにするのが三心である。これが法然の基本的な解釈だと思います。

ところが親鸞の解釈は、それとは少し違っているように思います。親鸞の場合は、釈尊が「一者至誠心、二者深心、三者回向発願心」という三つのこころと言うけれども、至誠心・深心・回向発願心が三つあるということではなくて、「一者至誠心」とは、信ずるとはまことを尽くすことにもとがあるので、「一者」はあとの「二者」「三者」を前提とした一者というだけでなく、何よりもまずという意味があります。二者、三者を前提としたそのなかのひとつということでなく、何よりもまず真実であれということとして親鸞は「一者至誠心」という言葉に重きを置いたと言うべきだと思います。

このように考える場合、善導が三心をどう領解しているかということを見ていかなくてはならないと思います。善導の三心釈を受け止めていくときに、「一者至誠心」ということを親鸞は非常に重く見ていった。その「一者至誠心」という言葉を深く聞き取っていったことが必然的に「二者深心」に展開し、さらに「三者回向発願心」へと展開していくわけです。真実であれという教えの言葉を自分の身、あるいは自分の人生のなかに深く尋ねていった善導の立場がそこにあった、というのが親鸞の善導観だろうと思います。そのことは、『正像末和讃』の「愚禿悲歎述懐」からも見ることができます。

浄土真宗に帰すれども
　真実の心はありがたし
　虚仮不実のわが身にて
　清浄の心もさらになし
外儀のすがたはひとごとに
　賢善精進現ぜしむ
　貪瞋邪偽おおきゆえ
　奸詐ももはし身にみてり
悪性さらにやめがたし
　こころは蛇蝎のごとくなり

修善も雑毒なるゆえに
　虚仮の行とぞなづけたる
無慚無愧のこの身にて
　まことのこころはなけれども
弥陀の回向の御名なれば
　功徳は十方にみちたまう
小慈小悲もなき身にて
　有情利益はおもうまじ
如来の願船いまさずは
　苦海をいかでかわたるべき
蛇蝎奸詐のこころにて
　自力修善はかなうまじ
如来の回向をたのまでは
　無慚無愧にてはてぞせん

（『聖典』五〇八頁）

（『聖典』五〇九頁）

これらの愚禿の悲しみ歎きの和讃は、八十六歳の時の述懐です。この六首は善導の至誠心釈に拠り、徹底した愚禿の身による悲しみの和讃です。第七首以降は当時の仏教者に対する悲しみ・傷みのこころを表しています。

親鸞は三心について、真実の信心を得ることが念仏において仏道を尋ねていくことである。そして生死を超え、涅槃の世界にいたる道において何よりも必要なのは、如来の真実によるほかはないと徹底して自覚することであると言われるのです。その至誠心の解釈ですが、

『経』に云わく、「一者至誠心」。「至」は真なり。「誠」は実なり。

（『聖典』二一五頁）

とあります。「至」と「誠」の字釈はどちらもまことですが、それを親鸞は「真実」と置き換えます。置き換えるということは、真実は如来のほかにはないということですから、人間のまこととは違うのだということを「真実」という言葉に置き換えて確かめていかれたのだろうと思います。

一切衆生の身・口・意業の所修の解行、必ず真実心の中に作したまえるを須いることを明かさんと欲う。

（『聖典』二一五頁）

これは親鸞の独自な読み方です。法然の場合は、「一切衆生が身や口でなすこと、意で思うこと、それは必ず須べからく真実心で作すべきである」と読みます。身や口でなすことはみな真実であれということです。ところが親鸞は、それを「真実心の中に作したまえる」というように読み、須《もち》いると読んでいきます。「作したまえる」とは、真実は如来のほかにはなく、我われが真実であれということは、私に真実なしと知ってただ如来のみが真実であり、その如来が法蔵菩薩としてご苦労してくださったこころによって生きよということです。親鸞はそのように読み換えていきます。

この読み換えの根底には、徹底した親鸞の回心懺悔があります。回心懺悔を潜って、この読み換えがなされていくということがあるのです。親鸞は、その文をまず真実であれということについて、如来が真実心のなかになしたまえる、その如来の本願の行によれということであると言っています。その読み換えが回心懺悔にもとづいて、次の文章の読み換えになっていき、

外に賢善精進の相を現ずることを得ざれ、内に虚仮を懐いて、貪瞋邪偽、奸詐百端にして、悪性侵め難し、事、蛇蝎に同じ。三業を起こすといえども、名づけて「雑毒の善」とす、また「虚仮の行」と名づく、「真実の業」と名づけざるなり。もしかくのごとき安心・起行を作すは、たとい身心を苦励して、日夜十二時、急に走め急に作して頭燃を灸うがごとくするもの、すべて「雑毒の善」と名づく。この雑毒の行を回して、かの仏の浄土に求生せんと欲するは、これ必ず不可なり。（『聖典』二一五頁）

と展開していきます。「外に賢善精進の相を現ずることを得ざれ、内に虚仮を懐いて」ということも、善導の漢文のままで言いましたら、「不得外現賢善精進之相内懐虚仮」です。浄土宗では「外に賢善精進の相を現じて内に虚仮をいだくことをえざれ」と読みます。

「真実心の中に作したまえる」とはどういうことかと言いますと、外に真面目そうな姿を表して内に虚仮を懐くことがあってはならない。内と外が表裏一体でなくてはならないということです。表裏一体、どちらも真実であることが真実を尽くすことである、と読みます。これはどこまでも教えの言葉として領解しているわけです。ところが親鸞になりますと、いまの読み換えのように、「外に賢善精進の相を現ずることをえざれ、内に虚仮をいだきて」と、あるいは「いだけばなり」というように読んでいきます。そこに親鸞の回心懺悔があります。真実であれとは、具体的には、外も内も真実であれということだと。これが人として生きる場合の根本命令と言いますか、生きる目標、課題です。ところが、その教えをこの身に聞いていき、確かめていく聞思のところに立ちましたら、なぜか内に虚仮以外何ものもない。そこに回心ということが必然的に出てくるわけで、その回心において「作すべし」ではなく、「作したまえるを須いる」ということが出てくるのだと思います。

親鸞は、他人事ではなく、それを自分自身のうえに教えを聞き、自分の生きざまを通して教えを確かめていかれた。教えを光として自分を見つめていった人ですから、その光の強さが闇のなかに生きる自分として明らかに見えてきたものが、「外に賢善精進の相を現ずることができない、内に虚仮を懐いて、貪瞋邪偽、奸詐百端にして、悪性侵め難し、事、蛇蝎に同じ」という、虚仮雑毒の行のなかに生きる我が身が明らかにされてくるということです。これは、八十六歳晩年に書かれた「愚禿悲嘆述懐」の言葉に拠られています。親鸞は生涯、至誠心を尽すことを問いながら、そこに真実なしという、我が身に徹して生きていかざるを得なかった人だと言えます。

そのあと、このような虚仮雑毒の行をもって浄土に生まれることを願っても、それは不可能なことであると断言されています。なぜかと言えば、

正しくかの阿弥陀仏、因中に菩薩の行を行じたまいし時、乃至一念一刹那も、三業の所修みなこれ真実心の中に作したまいしに由ってなり、（『聖典』二一五頁）

と言われています。浄土、それは如来の清浄なる願と行によって成就された世界である、無漏清浄真実なる世界であり、そこに有漏雑毒の善をもって、無漏清浄真実なる世界に生まれんと願っても、それは不可能であるということです。続いて、

おおよそ施したまうところ趣求をなす、（『聖典』二一五頁）

とあります。原文で書きますと、「凡所施為趣求」です。「おおよそ施したまうところ趣求をなす」と読んでいますが、法然までは「施為趣求するところ」というように読んでいます。「施為」とは、布施で他者を救うということですから、利他行を表します。他の人びとを救うというはたらきを「施為」と言います。

「趣求」とは、自らの救いを願って生きることです。利他の行を願いながら、すべての人びとの救われることを願い、自己を完成していくという、それを「施為趣求するところ」と読んでいます。ところが親鸞は、「施したまうところ趣求をなす」と言っています。「施したまうところ」とは何かと言うと、これは我われが人びとに与えていくのではなく、「施したまうところ」には如来の回向ということに読み換えられていくわけです。

如来が我われに与えられるこころは何かと言えば、信心の智慧と言われるものです。如来が我われに与えてくださるこころが、その如来の呼びかけに応えて浄土を願生して生きていく者になるということです。如来が、浄土に生まれよと呼びかけながら我われにはたらいてくる。そして如来の真実を我われのうえにいたり届ける。如来によって与えられ、如来によって呼び覚まされたこころが、如来の呼びかけに応えて仏の世界に生まれていく者となっていくのだと親鸞は読み換えていくのです。これはさきほどの読み換えがずっと一貫していることで、そこにはどこまでも教えの言葉を聞きながら我が身に聞思していくという一貫した姿勢が表れています。徹底して生活のなかでそれを受け止めていくときに、ストレートに真実であれという教えの前に、いよいよ真実なしと言わざるを得ない、賢善精進の相を現ずることのできない、虚仮雑毒の身であるということが明らかにされなくてはならない。そのような者に浄土を願生して生きるこころがおこってくる。そのこころは私がおこしたものではなく、如来によって回向されたものであるという読み換えが親鸞によってなされていきます。

またみな真実なり。また真実に二種あり。一つには自利真実、二つには利他真実なり。

（『聖典』二一五頁）

「自利真実」とは、自分の力によって自分を完成しようとして努力していくことですが、その部分は「乃至」と言って、「化身土巻」に引かれていき、親鸞がいかに信心というものを深く追求していったかが窺えるのです。

不善の三業は、必ず真実心の中に捨てたまえるを須いよ。またもし善の三業を起こさば、必ず真実心の中に作したまいしを須いて、内外・明闇を簡ばず、みな真実を須いるがゆえに、「至誠心」と名づく。

（『聖典』二一五頁）

「一者至誠心、二者深心、三者回向発願心」と言ってきますが、大事なのは「一者至誠心」ということ、真実に生きよということです。そして真実に生きよという教えを通しながら、真実なしと言わざるを得ない。真実は如来の利他真実のほかにない、法蔵の願行、如来のご苦労のほかにないということを言われます。法然の著作にはこのような読み方はなされていません。親鸞独自なものと言えますが、それは『観経』のなかの釈尊の教えの言葉を解釈しながら、善導における体験を通して、親鸞独自の読み換えがなされていったのだということです。

第四節　親鸞の善導観

善導の解釈のうえで、隠顕ということが言われます。善導は、教えの言葉として至誠心を真実であれと明らかにするのですが、明らかにしていく過程のなかで、そこに隠されていた如来の深いこころが明らかになってきたということです。善導自身が内外虚仮という、内に虚仮以外何ものでもなく、外に真面目そうな姿を表して生きる自体が虚仮の表現でしかないと言い、「貪瞋邪偽、奸詐百端、悪性やめがたし、こころ蛇蝎に同じ」と表されました。これは徹底した善導の懺悔ですから、善導という人は懺悔の人です。善導の書物を読みますと、いたるところに懺悔という言葉が出てまいります。一、二の例を出してみますと、『高僧和讃』善導和讃の十三首と十四首は、『唯信鈔文意』のところに出てきた文です。

釈迦弥陀は慈悲の父母
種種に善巧方便し
われらが無上の信心を
発起せしめたまいけり
真心徹到するひとは
金剛心なりければ
三品の懺悔するひとと
ひとしと宗師はのたまえり
（『聖典』四九六頁）

「三品の懺悔」とは、善導の『往生礼讃』に拠ると、上品は身体全体から血を流し、中品は眼から血を流す。下品は眼から涙を流すというのですが、その三品の懺悔もできないのが我われだと善導は言っています（『聖典』三三七頁趣意）。下品の懺悔すら、眼から涙を流して我が身のいたらないこと、我が身のおぞましく浅ましい、恥じることもできない無慚無愧の身であることを知らない。そういう身であるけれども、如来の真実が徹到するならば、その信心は懺悔するのと等しいと言っているのです。懺悔ということが徹底して善導の思想・教学の底にあると言えます。それは善導が「誹謗正法」を解釈するときに、『法事讃』

の文で「謗法闡提回心皆往」（『真聖全』一、五六七頁）という決定的な文があります。仏に背いて生きる者も、まったく信心なき者も、すべて回心するならばみな平等に救われていくというように、善導は徹底して懺悔の人だったと言えるのです。

いまの三心釈のところでも、親鸞が懺悔の告白として至誠心の解釈をされますが、それは実は善導の隠されたこころをそのまま明らかにしたものだということを領解しなくてはなりません。「蛇蝎奸詐のこころ」というのは、善導は決して蛇や蝎のようであってはいけないと言っているのでなく、蛇や蝎のような者がこの私であると言っているのです。そこにあるのは「賢善精進の相を現ずることを得ざれ」と善導自身が言わざるを得なかったということです。そのことを知っておくべきだと思います。つまり教えの言葉と、それを仏弟子として我が身に聞き、我が身の生活のなかでそれを頷いていくところに出てくる展開です。それは回心懺悔をとらざるを得ないのだということです。いまのところで、「内外相応」、内と外が真実であれと言われながら、徹底して真実なしということが述べられてきました。

それに関連して注意しておかなくてはならないのは、『愚禿鈔』です。これは親鸞の吉水時代、二十九〜三十五歳までの法然のもとで学んだことをまとめられたものです。その『愚禿鈔』の上巻と下巻のはじめのところに、同じ言葉が見られます。

賢者の信を聞きて、愚禿が心を顕す。

賢者の信は、内は賢にして外は愚なり。（『聖典』四二三頁）

「賢者」とは、よき人、法然上人を指します。本当に賢い人は、内は賢く、それを外にひけらかすことなく、いかにも愚かに生きる人です。それに対して、よき人の教えは言葉遣いとして信心というように分けています。賢者、よき人の場合は「信」という字を遣って、よき人に出遇い、よき人の言葉や教えを聞くことにおいて明らかになってくる我が身、愚禿なる我が身とは何かと言えば、「内は愚にして外は賢なり」です。内は愚でありながら外はいかにも賢そうな、真面目そうな姿をひけらかして、自らを欺き、他者を欺いて生きる者が、仏弟子として生涯を貫いた親鸞の聞思の姿勢であると思います。そのことは我われが親鸞の生きざまに学ぶうえで、大事なことであろうかと思います。

善導は、至誠心を真実であると置き換えて、真実ということを通してそこに我われの側には真実なしと明らかにし、真実は如来のうえのみにあると言ってきます。我われは、虚仮雑毒以外何者でもなく、真実と言えるものは如来のうえ、いわば法蔵菩薩のご苦労のほかにないのだと言ってくるのです。これが如来の利他真実です。その如来の利他真実によって明らかにされてくる我が身は、虚仮雑毒の何者でもないのです。自利真実が二種深信の機の深信になっていくわけですし、利他真実が法の深信になっていくのです。「一者至誠心」の歩みが、必然的に機法二種の深信として展開してくる。しかも「無有出離之縁」という我が身の自覚は、そのまま如来の本願力のはたらきによって機の深信は開けていくのです。仏のご苦労を通して、仏の光の強さのなかで見えてくる闇の深さですから、機の深信ということが自分の反省ではなくて、あくまでもそれは深信としてたまわりたる信心であり、如来の真実によって開けてきた自覚です。ですから機の深信、救われざる者としての自覚そのままが如来の願力のなかに摂取され、乗托されている我が身と別なものでないということです。その如来の本願力に乗托されている我が身が本当に受け止められたときに、如来の呼びかけに応えて浄土に願生していく、回向発願心となっていくことは必然です。そうしますと、善導の真意を深く領解していった親鸞から言えば、「一者至誠心、二者深心、三者回向発願心」

というのは、横に三つあるのではなくて、「一者至誠心」という確信が必然的に、「二者深心、三者回向発願心」へと展開していく。このことは基本的に真実であれということに尽きるのです。その一言の教えの言葉のなかに我が身を確かめていくときに、真実なき身であること、真実は如来のほかにはない。その如来の真実、その表現が念仏ですから、南無阿弥陀仏を我がいのちとして生きていくということが回向発願心となっていく。そこに二河白道として展開していく人生の求道心の歩みがある、と領解されるべきだと思います。

第五節　三心と三信

ここから、『唯信鈔文意』の結釈のところを説明していきます。

「具三心者　必生彼国」（観経）というは、三心を具すれば、かならずかのくににうまるとなり。しかれば善導は、「具此三心　必得往生也　若少一心　即不得生」（往生礼讃）とのたまえり。「具此三心」というは、みつの心を具すべしとなり。「必得往生」というは、「必」は、かならずという。「得」は、うるという。うるというは、往生をうるとなり。「若少一心」というは、「若」は、もしという、ごとしという。「少」は、かくるという。すくなしという。一心かけぬればうまれずというなり。一心かくるというは、信心のかくるなり。信心かくというは、本願真実の三信のかくるなり。

（『聖典』五五六～五五七頁）

「一心かくる」とは、三心あると言われるのだから三つのうちのどれかひとつ欠けるということではなく、三心は一心に収まるということです。大事なのはそのあとの文です。

『観経』の三心をえてのちに、『大経』の三信心をうるを、一心をうるとはもうすなり。このゆえに『大経』の三信心をえざるをば、一心かくるともうすなり。この一心かけぬれば、真の報土にうまれずというなり。（『聖典』五五七頁）

この文こそが『唯信鈔文意』のかなめだと思います。法然の場合は、『観経』の三心を『大経』の第十八願の「至心・信楽・欲生我国」の三信にあてはめています。ところが親鸞の場合は、「『観経』の三心をえてのちに、『大経』の三信心をうる」と、『観経』の三心を得たのちに、『大経』の三信心を得ると表現しています。さきほどの「賢者の信を聞きて、愚者が心を顕す」の文のように、親鸞は「信」と「心」を使い分けています。『大経』の三信の場合、「信」を使います。問題なのは、「『大経』の三信心をうるを、一心をうるとはもうすなり」の「一心」とは、本願成就文の「信心歓喜、乃至一念」の一念です。その本願成就文の一念は、天親の『浄土論』の一心を表します。

この「『観経』の三心をえてのちに」ということを解釈されているのが『愚禿鈔』です。『愚禿鈔』の上巻は、念仏の教えは横超の直道であり、横さまに生死を超えていく教相判釈、二双四重の教判と言いますが、時代別に仏教を分けて、選択本願念仏の道のみが末法五濁の世に開かれた唯一の仏法であるということを開顕していきます。横超とは、横さまに生死を超える、横とは他力を表すとあります。他力によって生死の流れを横さまに超えることは、煩悩を断ち切ってではなく、生死煩悩の身のままに救われていくということです。煩悩の身を離れてではなく、煩悩の身のままに「不断煩悩得涅槃」（『聖典』四六四頁）という、その道を横超、横さまに超えると言うのです。教相判釈、一代仏教を八万四千の法門としてさまざまに説かれるけれども、それは横超の直道である。念仏の教えに尽きるということを明らかにしたのが上巻です。下巻の方は、いまの主題になっていますニ心について明らかにされました。その『愚禿鈔』の下巻の結びに、『唯信鈔文意』の文と同じ内容が述べられています。

おおよそ心について二種の三心あり。一には自利の三心、二には利他の三信なり。（『聖典』四五八頁）

「自利の三心」とは、『観経』の三心のことです。「利他の三信」とは、『大経』の第十八願に表された至心・信楽・欲生我国という如来の招喚の勅命をあらわす三信です。続いて、

また二種の往生あり。

一は即往生、二は便往生なり。（『聖典』四五八頁）

と述べています。『観経』の上品上生のところでは、三心を具すれば「即便往生」と述語されていたのですが、親鸞は、「即」と「便」をふたつに分けておられます。「即往生」と「便往生」とは違うのだと。「即」というのは、本願成就文の「願生彼国　即得往生　往不退転」の「即」、直ちにということで、それは直ちに正定聚不退転の位に就くことだと解釈していきます。即時とは、いつかはということではなくて、ただ今念仏が申される、ただ今手が合わされる、そこに救いの成就があるのだということです。そのときに我われは、「正定聚不退転」、必ず浄土に生まれ仏になるべき身と決定し、念仏者の仲間に加わると親鸞は解釈されます。「便」とは便りということですから、やがてということです。

ひそかに『観経』の三心往生を案ずれば、これすなわち諸機自力各別の三心なり、（『聖典』四五八頁）

「諸機」とは、定善・散善の機です。散善の機とは出家の聖者、大乗の菩薩行を歩む人、あるいは世俗・世間のなかに取り巻きされて生きていくほかなき人など、いろいろな機があります。「諸機自力各別

の三心」とは、そういう人びとがそれぞれのところで三心を発す。賢き人は賢き立場において、愚かな者は愚かな身において三心を発して、それぞれのところで救いを願っていく。それを説くのが『観経』の三心であり、九品往生と言われます。それは、

『大経』の三信に帰せしめんがためなり、諸機を勧誘して三信に通入せしめんと欲うなり。三信とは、これすなわち金剛の真心・不可思議の信心海なり。また即往生とは、これすなわち難思議往生、真の報土なり。便往生とは、すなわちこれ諸機各別の業因果成の土なり、胎宮・辺地・懈慢界・双樹林下往生なり、また難思往生なりと、

（『聖典』四五八～四五九頁）

と結んでいきます。

『観経』の三心は、定散二機の心なり。定散二善を回して、『大経』の三信をえんとねがう方便の深心と至誠心としるべし。

（『聖典』五五七頁）

『観経』の三心とは、至誠心・深心・回向発願心と説かれていました。ところがここにおいて親鸞は、『観経』の三心については、深心と至誠心だと言ってきます。それをどう領解したらいいのか。法然も、深心が基本であって、深心のうえに至誠心があり、そのうえに回向発願心という表現を取っておられます。この解釈につきましては、「回して」という言葉をどのように領解するのかです。我われの善をめぐらせて、回向してということなのか。あるいは「回して」とは回心してと領解するのか。親鸞は、定散二善というものは所詮、虚仮雑毒の善でしかない、それを回心懺悔して如来の方便となるものが『観経』の三心であると示されているのではないかと領解いたします。

真実の三信心をえざれば「即不得生」というなり。「即」は、すなわちという。「不得生」というは、うまるることをえずというなり。三信かけぬるゆえに、すなわち報土にうまれずとなり。雑行雑修して定機散機の人、他力の信心かけたるゆえに、多生曠劫をへて、他力の一心をえてのちにうまるべきゆえに、すなわちうまれずというなり。もし胎生辺地にうまれても、五百歳をへ、あるいは億千万衆の中に、ときにまれに一人、真の報土にはすすむとみえたり。三信をえんことを、よくよくこころえねがうべきなり。（『聖典』五五七頁）

ここで言われているのは、『観経』の三心を得てのちに『大経』の三信心を得るということについての親鸞の領解があったと思います。三心については、聖覚の『唯信鈔』では分かりやすく詳細に説明が加えられていますが、親鸞は深心・廻向発願心については触れないで、ただ至誠心だけを問題にされました。そこでは、「不得外現　賢善精進之相」の言葉と、「不簡破戒罪根深」という言葉のふたつだけについて説明を加えています。

「不得外現　賢善精進之相」（散善義）というは、あらわに、かしこきすがた、善人のかたちを、あらわすことなかれ、精進なるすがたをしめすことなかれとなり。（『聖典』五五七頁）

これは蓮如の「たとえ牛盗人といわれるとも後世者ぶるな」（『聖典』八一〇頁趣意）という言葉がありますが、そういう表現とよく似ていると思います。善人の姿かたちを表すべきでないと。その理由については、

そのゆえは、内懐虚仮なればなり。内は、うちという。こころのうちに煩悩を具せるゆえに、虚なり、仮なり。虚は、むなしくして実ならぬなり。仮は、かりにして、真ならぬなり。このこころは、かみ

にあらわせり。この信心は、まことの浄土のたねとなり、みとなるべしと、いつわらず、へつらわず、実報土のたねとなる信心なり。

（『聖典』五五七頁）

と述べてきます。浄土というのは客観的にある世界ではなく、浄土を願生するこころです。信心のおこるところに開けていく世界が浄土です。浄土とは土を浄めるという、如来の本願のはたらく世界ですから、それはいたるところに遍満している。安田理深先生がよく使われた言葉で、「我われは三界の内なる存在、ことにそのなかに欲界の内なる存在と言うべきもの」と表現されていますが、生死流転輪廻の迷いのなかにあって、果てしなく迷い続いているものです。それは我われの存在であるけれども、欲界の内なる存在からは出られない。愛欲、名利、損得、善悪というところに執われて生きるほかなき者であります。しかし、それが教えを通して如来の本願に出遇ったときに、そのものが実は浄土の内なる存在、浄土内存在として、欲界内存在である我が身が浄土の内なる存在として見出されてくるということがあります。

我われはただ生死するだけではなくて、生死を超えて涅槃の世界に帰る者ですし、その浄土というのは念々に人生の歩み、念仏申して生きるところにつねに新しく開けてくる世界だと思います。これが彼岸ということの持っている意味だろうと思います。彼岸とは死の彼方というだけではなくて、我われの一切の思いを超えたところにおいてはたらく世界だということです。「おおよそ施したまうところ趣求をなす」。これも親鸞の独自な読み換えがあると言いましたが、如来によって呼び覚まされたこころにおいて開けてくる世界が浄土であると言わなくてはならない。それは難しいことではなくて、分かりやすく言えば、本願のなかに生まれ、生かされている我が身と知ることだと思います。

第十章　乃至十念の釈義

第一節　聖覚の十念釈

『唯信鈔文意』の最後の章、乃至十念の釈義と言われているところです。

法然は、『大経』には四十八願があるけれども、その根本の本願は第十八願にある。他の四十七願は第十八願のこころを明らかにするための忻慕の願であると明言されました。第十八願は無条件の救いと言われるように、我われにああしろ、こうしろという条件は一切設けられない。ただ本願の救いの約束を信じて念仏せよ、と誓われた願です。その願文は、

設我得仏、十方衆生、至心信楽、欲生我国、乃至十念。若不生者、不取正覚　（『聖典』一八頁）

と誓われています。「乃至十念」とは、本願の約束を信じて念仏せよと。その乃至十念ということを釈義された部分です。

「乃至十念　若不生者　不取正覚」（大経）というは、選択本願の文なり。　（『聖典』五五八頁）

一切の人びとを選びなく、すべての者を平等に救い取るという、その選択本願の文を表すものであると言われ、続いて、

この文のこころは、乃至十念のみなをとなえんもの、もしわがくににうまれずは仏にならじとちかいたまえる本願なり。「乃至」は、かみ・しもと、おおき・すくなき・ちかき・とおき・ひさしきをも、みなおさむることばなり。多念にとどまるこころをやめ、一念にとどまるこころをとどめんがために、法蔵菩薩の願じましますの御ちかいなり。

（『聖典』五五八頁）

と述べています。「多念」とは、数多く念仏することです。日課何万遍という、数多く念仏を行として勤めることにも執われることなく、また一声念仏すればいいということにも執われることでもない。そういうこころを捨てしめられる法蔵菩薩の約束を表す言葉である、と解釈しておられます。

当時は、この一念・多念ということが法然門下において大きな問題となりました。念仏は一声でいい、そこに救いは成就しているということに執われていく立場と、いや念仏は数多く称えなくてはならないという念仏の数に執われる立場。そういう立場の違う人びとが分かれてきて、いろいろと問題になりました。その一念・多念を問題にされたのが、隆寛の『一念多念分別事』という書物です。それについて親鸞は、『一念多念文意』を著して、念仏は一声でいいとか、数多く称えなくてはならないとか、そういうことは一切関係ないということを明らかにされていかれました。

次に、「乃至十念」という語について、聖覚の『唯信鈔』には、

いま、この十念というにつきて、人うたがいをなしていわく、『法華』の「一念随喜」というは、ふかく非権非実の理に達するなり。

（『聖典』九二四～九二五頁）

という説明を加えておられます。これは非常に分かりにくい言葉です。「権」というのは方便、「実」というのは真実です。方便でもなく、真実でもない。それが「非権非実」ということです。それは『法華経』

第六分別功徳品に説かれています。

「念」とは、「一念三千」ということを天台宗では言いますが、「念」ということが非常に大事な問題として取り上げられています。天台宗は中国の天台智顗が開いて、日本において伝教大師最澄（七六七〜八二二）が比叡山で天台宗を開かれました。その法華・天台の教えでは、一念ということについて、一念とは方便・真実というような相対性を超えた絶対の境地に到達することと解釈しています。また「実」とは仏の境涯を指し、「権」とはそのほかの九界を示す十界互倶ということを説きます。仏教では、迷いの世界と悟りの世界として十界を挙げています。地獄・餓鬼・畜生・修羅・人間・天上・声聞・独覚・菩薩・仏という十界です。十界互倶とは、迷いの世界と悟りの世界を十界で表しますが、それが別々に地獄では地獄に留まるというように決まっているのではなくて、地獄に堕ちる者も仏になる一方で、仏でも地獄に生じて人びとを救うというはたらきをされる。境界が決定しているわけではなくて、それは相互に関連し合っていくという思想が十界互倶です。迷いは迷い、さとりはさとりというように、実体的な分割や執われを超えしめるというところに天台の教えがあります。

それに対して、『大経』第十八願に「乃至十念」と言われているのは、天台の教えのように、一切の妄念・妄想・雑念をすべて捨て去って、さとりの境界と一体となり、一切の執われのこころから離れていくということではないと言ってくるのです。続いて『唯信鈔』には、

いま十念といえるも、なにのゆえか、十返の名号とこころえんと。

（『聖典』九二五頁）

とあります。仏教でいう「念」とは、さとりと一体となること、一切の執われから離れることである。しかし、どうしてそれをいまここでは十返念仏することだと言うのであろうか。仏教における「念」の意味

を正しく領解しない者の言うことではないかという問題です。それは聖道門の人びとの主張することですが、このことに対して聖覚は、

このうたがいを釈せば、『観無量寿経』の下品下生の人の相をとくにいわく、「五逆十悪をつくり、もろもろの不善を具せるもの、臨終のときにいたりて、はじめて善知識のすすめによりて、わずかに十返の名号をとなえて、すなわち浄土にうまる」といえり。これさらにしずかに観じ、ふかく念ずるにあらず、ただくちに名号を称するなり。（『聖典』九二五頁）

と述べています。聖道門のうえから言えば、「念」とは物を実体的にとらえて、それに執着していくような立場を離れるというのであろうが、浄土の教えにおいて「念」とは、仏を念ずることであり、さらには「ただくちに名号を称する」ことであると言っています。

そこで問題が出てくるわけです。仏を念ずると言う場合、それは一切の執着を離れて仏と一体となることが念である、というのが聖道門の人びとの解釈です。ところが浄土教においては、念とは称名念仏だとはっきりおさえてくるのです。それを最初に明確にされたのが善導です。念とは、我われの妄念・妄想を断ち切って仏と一体となるというような難しいことではなく、口に名号を称えることなのだと、はっきり教えられたのが善導です。その根拠になるのは、ここに挙げられている『観経』下品下生です。浄土の三部経がありますが、称名念仏によって、仏の名を称えることによって救われることを明確に説かれたのは『観経』だけです。親鸞は、『大経』第十七願を諸仏称名の願とおさえられましたが、『大経』には一貫して聞名ということ、仏の名を聞くということが説かれています。仏の名を称えるというけれども仏の名を聞くということが『大経』の根本の教えです。

そのひとつの例を挙げておきますと、『大経』下巻の「往覲偈」（「東方偈」）と呼んでいる偈文がありま す。これは、釈尊の娑婆世界から阿弥陀の浄土に生まれて往くだけでなくて、十方世界の諸仏の世界から、無数の菩薩方も阿弥陀の浄土に集ってくることを讃嘆された偈文です。

其仏本願力　聞名欲往生　皆悉到彼国　自致不退転

（『聖典』四九頁）

「その仏の本願力、名を聞きて往生せんと欲えば、みなことごとくかの国に到りて、自ずから不退転に致る」。漢文でははっきりしませんが、サンスクリット文では、阿弥陀自身がそのように説かれた言葉として表されています。『大経』のなかで、阿弥陀自身が説かれた言葉は、この箇所だけです。この文は古来「破地獄の文」と呼ばれています。これは中国の伝説で、ある坊主が死んで地獄に堕ちたとき、閻魔が、お前は前世で坊主をやっていたそうだから経文を言ってみろと尋ねられた。ところが生きている間は坊主であっても、酒を呑み、修行もしないという坊主でしたから、経文を言えと言われたときに困った。そのときにふと思い出したのが、「其仏本願力　聞名欲往生　皆悉到彼国　自致不退転」という偈文でした。その偈文通りで言えば、仏の名を聞いて浄土に生まれることを願う者は必ず浄土に生まれて、そこから退転することはないと誓われている。だからその経文を知っているお前を地獄に置いておくわけにはいかないと言って、閻魔はその坊主を浄土に送り届けられたという話があります。

話が逸れましたが、『大経』のなかでは阿弥陀自身の言葉として、「聞名往生」ということが言われています。このことから、『大経』は一貫して仏の名を聞く経典ということです。仏の名を聞くということは、名号、名告りを聞くことですし、名告りを聞くとは本願招喚の勅命を聞くということです。阿弥陀が自ら「我れ」と名告って、そして我われに「汝、一心正念にして直ちに来れ」という、その呼びかけである、と親鸞は念仏のこころを明らかにしていかれました。「南無阿弥陀仏」という念仏は、仏の名告りです。仏が言葉となって我われのうえに現れ、はたらいてくださっているお姿です。曽我量深先生は、阿弥陀とは言葉にまでなってくださる如来、言葉になってはたらいておってくだる如来、とおっしゃいました。名号というのは、名詞ではなく、阿弥陀如来のはたらきを表す動詞の言葉で、それを親鸞は、「本願招喚の勅命」と言い、「汝」と我われに呼びかけ、直ちに生死を超えて仏の世界に生きる者となれという呼びかけだと言われました。

第二節　善導の十念釈

『大経』の第十八願の引文のところです。

しかれば、選択本願には、「若我成仏　十方衆生　称我名号　下至十声　若不生者　不取正覚」（往生礼讃）ともうすは、弥陀の本願は、とこえまでの衆生、みな往生すとしらせんとおぼして、十声とのたまえるなり。（『聖典』五五九頁）

善導が『往生礼讃』で表されたこの第十八願の文は、『大経』第十八願の文とは違っています。『大経』第十八願文は、「至心信楽　欲生我国　乃至十念」と言っていますが、善導の文は「至心信楽　欲生我国」という三信がカットされて、「称我名号」という言葉が付け加えられています。そのため古来、善導の文を「本願加減の文」と呼んできました。加えるのは称名を加え、消してあるのは三信についてです。これが第十八願を明らかにする文であることは言うまでもありません。善導はなぜ勝手に第十八願文について、消したり加えたりしたのかという問題があります。

それについて注意しなくてはならないのは、経文に説いてあるだけが第十八願の意ではないのであって、第十八願の声を聞いてそれによって救われた人の宗教的体験にもとづくものであるということです。ここで善導が示した本願加減の文とは、下品下生の機という自覚において出遇うことのできた、あるいは聞き取ることのできた第十八願を表すものであるということです。下品下生の機というのは一生造悪の凡夫ということですから、一生何も善いことをしないで、ただ罪を重ねてきた者ということです。それはいろいろな言葉で表されます。『歎異抄』では、「それほどの業をもちける身」あるいは「地獄は一定すみかぞかし」と表されます。はかりしれない宿業を背負って生きていかなければならない身、いのち尽き果てるところまで迷いに迷いを重ねていく者、地獄のなかを生き地獄のほかに行くべき世界を持てない者・見出せない者ということでも表されます。善導は『観経』を身読した人です。我われが文字面を追って眼で読むということではなく、身をもって『観経』を読み、『観経』に我が身を教えられ、聞いていかれた人です。『観経』下品下生の機のうえに自身を見ていったのが善導です。それが聞法、法を聞いていくということです。教えが人ごとではなくて、この私一人がためというように身をかけて、それを聞き取っていく。善導は、『観経』を有縁の法として、『観経』に出遇った人です。まさに私のためにお説きくださった教えであったと『観経』を受け取り、下品下生の衆生こそほかならない私自身であったと頷いていかれた人です。一生造悪の下品下生の機というところに立って第十八願を明らかにしたときに、それは下品下生に説かれた称名念仏による救いを約束された本願だと領解したわけです。「称我名号」という念仏を加え、「至心信楽　欲生我国」という第十八願のかなめである三信を省略した善導は、『観経』を註釈した『観経疏』の終わりのところで、これは私が夢のなかで仏に出会って、仏の指図通りに書いた書物であるから、一字一句手ごころを加えてはならないとまで言っている善導が、本願を勝手に加えたり減したりすることをなされた。

曽我量深先生はそのことを、本願を復元、還元したものだ、と言われました。「本願加減の文と普通は言うけれども、最奥を考えると本願還元の文と言うべきである。いわば元に還すということ。本願は四十八願あるけれども、本願の根本はひとつでなくてはならない。はじめから四十八願あるわけではなくて、根本の願はひとつしかない。その根本の願とは何かと言えば、念仏せよということである。だからその根本の本願に還る、根本の本願を明らかにしたものが善導の本願加減の文である」とおっしゃいました（『曽我量深選集』第九巻、弥生書房、一九七四年、四八頁趣意）。こういう領解は曽我先生の深い教学によります。南無阿弥陀仏という念仏は、『大経』によれば法蔵菩薩が世自在王仏のもとで五劫の間教えを聞いて、五劫の間思惟して選び取られたものであると説かれる。しかし名号は仏が考えられたものでは決してない。はじめに名号ありき、と曽我先生は言われました。釈尊が『大経』を説かれたのも、それは釈尊にさき立って南無阿弥陀仏という名号があるから、その名号によって釈尊自身が救われたのである。それゆえ釈尊は、その名号こそはまことであると説くことができた。曽我先生は、「釈尊以前の仏法」ということでそれを表されました。仏教は釈尊にはじまるというように我われは領解するけれども、釈尊にはじまるものではなくて、釈尊以前にすでにあったものである。釈尊が考え出したものではなくて、釈尊以前にある法を、釈尊が法をさとることにおいて仏陀となり得たのであって、釈尊以前の仏法こそ南無阿弥陀仏の名号なのです。そういうことで曽我先生は、はじめに名号ありきと言われました。それは鈴木大拙先生も同感されまして、バイブルでもはじめに言葉ありきということがあると。曽我先生が釈尊以前の仏法、それが南無阿弥陀仏という名号であると言われたが、それはまったくその通りである、と鈴木先生も言われたことです。

念と声とは、ひとつこころなりとしるべしとなり。念をはなれたる声なし。声をはなれたる念なしとなり。
（『聖典』五五九頁）

第十八願を明らかにしていくところで、「乃至十念」という「念」は、我われが一切の雑念、妄念・妄想を捨てて、静かな境地に住して仏と一体となるというような高度な道を指すのでなくて、口に念仏を申すことだと言われています。これを「念声是一」と言います。これは善導の言葉です。念とは声であると。念とは、「法華の一念随喜」と言われるような観念、こころを凝らすこととして領解されますが、善導は、念というのは声という意味だと。このことは中国において、念という言葉には観念というだけでなく、声という意味があるということです。たとえば「念書」という言葉は、書物を黙って読むということでなくて、口に出して読むことを中国では「念書」と呼びます。ですから念という言葉の意味に声ということがあるということは明らかです。ただそういう言葉の意味だけでなくて、念仏ということのなかには仏の名を呼ぶことである。そこに善導の選びがあります。聖道門の解釈に対して、あくまでも凡夫という自覚に立って仏の教えを明らかにするという、善導の立場が示されています。

「念《おも》い内にあれば色自ずから外にあらわる」というのは自然であり、本当にありがたいと思うならば、それは「ありがとうございます」という言葉になって出るのが自然というものです。「こころには思っているけど」というのは、これは我慢というものであって不自然だと思います。念は自ずから声となって現れるということはごく自然なあり方です。しかし、その自然がなかなか自然にならないところに人間の我慢の深さがあると言うべきかと思います。素直に「すみません」という一言も言えなければ、「ありがとう」とお礼の言葉も言えないところに人間の我慢の深さがあると思います。

それと関連しまして、称名と聞名という場合、『観経』では「称名念仏」と説き、『大経』では「聞名」で一貫されるということがあります。これについては、西本願寺と東本願寺では違うと言いましょうか、お西の方では声に出して称名するということが大事にされるように思います。これはお西のご門徒の方がたに会いましても、あるいはお寺にお参りしましても、念仏の声が聞こえます。ところがお東の方はどういうわけか、お寺の会に出ましても念仏の声が聞かれません。これはどういう理由かと思います。お東の方は、教学としましては聞名、称名しながら本願の声、名告りを聞いていくことの方に中心を置きます。お西の方は、称名念仏ということを大事にしていかれるように思います。けれども称名と聞名という関係、これは文字通り切っても切れないものだと思います。我われは称名していくことにおいて御名を聞いていくわけですし、御名を聞くならば本願招喚の勅命という本願のこころを聞いていきます。そのときに、それは私ごとき者に仏のご苦労がかかってきたのだというご恩徳に対して、それをかたじけなさよといただく。その思いが自ずから称名となって現れるということです。お東とお西では聞名と称名のかたちのうえで違いがあるように見受けられますが、聞名は自ずから称名となって現れるということが自然であり、このことは大事にしなくてはならないことだと思います。

かつて曽我先生が私の寺に一度だけ来ていただいたことがあるのですが、夜、先生が床に就かれまして静かに念仏を申していらっしゃる。私の妹がまだ嫁ぐ前でございましたけども、先生の静かなお念仏の声を聞きながら、妹は「はじめて本当の念仏の声を聞かせていただいた。念仏の声とはこんなにありがたいものであるのかということを肌で感じた」と申しておりました。そのときに先生が言われたことは、「人間最後に残るものはお念仏ひとつでしょう」とおっしゃってくださいました。これは私にとって歳とともに大事に受け取っていかなくてはならないお言葉だと思っています。最後に残るものはお念仏ひとつである。これは我われぐらいの歳になりますと、これまで何が身についてきたのかということを否応なしに考えさせられる問題です。そういうなかで曽我先生の言葉が歳とともにいただけるのです。

その念仏において聞名、それはただ口に念仏を申すのではなく、口に念仏を申すことを通して、そこに称名念仏となってくださった阿弥陀如来のはたらきを聞き開いていくということです。このことについて親鸞は、『教行信証』「信巻」で聞名ということを解釈されています。

しかるに『経』に「聞」と言うは、衆生、仏願の生起・本末を聞きて疑心あることなし。これを「聞」と曰うなり。（『聖典』二四〇頁）

そこに仏願の生起・本末を聞くということが出てまいります。仏願の生起・本末を聞くとは何かと言えば、たとえば「本」というのは第十八願、それから「末」というのは第十九・二十願に充当するという解釈がありますが、一口で言いますと、『歎異抄』後序の「聖人のつねのおおせ」です。

聖人のつねのおおせには、「弥陀の五劫思惟の願をよくよく案ずれば、ひとえに親鸞一人がためなりけり。されば、そくばくの業をもちける身にてありけるを、たすけんとおぼしめしたちける本願のかたじけなさよ」。（『聖典』六四〇頁）

「聖人のつねのおおせ」とは、親鸞のいのちです。曽我先生は、「この「一人がため」という一句を伝えているだけでも『歎異抄』は不滅のものである」（『曽我量深選集』第六巻、弥生書房、一九七一年、三八〇頁）と言われるほど大事な言葉ですが、そこに「たすけんとおぼしめしたちける本願のかたじけなさよ」と述べられています。聞くとは、「たすけんとおぼしめしたちける本願」を聞くことだと。阿弥陀如来が浄土に座って待っているのでなくて、浄土の座を立って我われのところまで現れ、我われを救おうとされている。その立ち上がってくださった本願を聞いていくということです。「たすけんとおぼしめしたちける本願」とは、仏をして立ち上がらせたまうほどの図太い私だということです。自分に執われて、仏法を聞こうともしない我われが、その如来をして立ち上がらせたという思いがそこに伝ってくると思います。それが親鸞の聞法の姿勢であったと思います。つまり、聞というのは、仏願の生起・本末を聞くこと、それは我われの日暮らしを通して、「たすけんとおぼしめしたちける本願」を聞き開いていくことだと領解するべきです。

第三節　『観経』下品下生の文釈

ここからは、なぜ称名念仏という、口に出して称えることが大事なのかということを解説していかれます。仏教は内観ということを大事にする教えです。こころに深く仏を念ずることを大事にすべきではないかということに対して、称名念仏の尊いことを説明される箇所です。『観経』下品下生の「汝若不能念者、応称無量寿仏」（『聖典』一二〇頁）の文についての釈義です。

五逆十悪の罪人、不浄説法のもの、やもう《（病）》のくるしみにとじられて、こころに弥陀を念じたてまつらずば、ただ、くちに南無阿弥陀仏ととなえよとすすめたまえる御のりなり。

（『聖典』五五八頁）

「不浄説法のもの」とは、『観経』下品中生のところに出てきます。自ら信じてもいない者に人に信ぜよと説く、そういうことが不浄説法です。我われ坊主にかぎらないと思いますが、ことに坊主の誡めるべきことです。「やもう《（病）》のくるしみにとじられて」とは、病の苦しみに閉じられてということですから、病気の苦しみの最中ではこころを静かに沈めて念じなさいと言われても、それはとても無理なことだから口に名号を称えなさいと言われています。

『観経』の下品下生のところを読みますと、一生涯聞法するご縁の開かれないままで死に臨む人の前に、善知識が現れて仏を念ぜよと勧める。しかし病気の苦しみの余り、とてもそういうこともできない者に対して、念ずることができなければ口に仏の名を称えよと勧める。それを「転教口称」と言います。教えの道理を説き、それを領解してというのでなくて、そういうことを止めてただ口に念仏せよと教えるということです。病気を患い、そして死の不安に怯えて悶える者に対しては、「ただ念仏せよ」と勧められる。ここに易行の念仏があり、最後の救いの道があるということだと思います。

続きまして、

これは、称名を本願とちかいたまえることをあらわさんとなり。「応称無量寿仏」（観経）とのべたまえるは、このこころなり。「応称」は、となうべしとなり。

（『聖典』五五八頁）

と、『観経』に拠って述べておられます。それは「となうべし」という命令形で表されており、まさに無上命令です。称名念仏を本願の命令として領解されていた親鸞は、念仏とは名号であり、名告りであると言われました。阿弥陀如来自身が言葉となって、我われのうえにはたらいてくださる姿が念仏であると。

念仏の声が聞こえたならば、我われはその呼びかけに応えていかなくてはならない、いわば呼応の関係です。金子大榮先生は「呼応」と言い、曽我量深先生は「感応道交」とおっしゃいました。金子先生の最後の絶筆は『光輪抄』という書物ですが、そのなかで先生は、「清沢先生は無限なるものと有限なるものとは対応すると言われる。それを曽我量深先生は感応道交ということを言われる。けれども私は先生方の教えを通して、如来と衆生の関係は呼応の関係だと領解します」（『光輪抄』コマ文庫、一九七七年、九頁趣意）ということを述べておられます。呼び声を聞き、呼びかけに応えて生きていかなくてはならないと先生はおっしゃいました。そこには如来と我われ、無限なる者と有限なる者の関係を「呼応」ということでおさえられました。

一方、曽我先生はそれを「感応道交」とおっしゃいました。感応道交というのは何かと言いますと、先生の言葉で、「宿業本能あるがゆえに如来と我れは感応道交する」（『曽我量深選集』第六巻、弥生書房、一九七一年、一五七頁趣意）。如来と我われ衆生とが感応道交するのは、宿業本能においてであるという、先生のお言葉でした。そこで曽我先生は、理性と本能ということを問題にされたのです。我われは善悪ということを問題にするけれども、相対的次元に執われて、そこで対立の世界を生み出していく。それは理性よりもっと深い宿業本能に立ったならば、そこでは善悪というような枠は超えられて、お互いに感応道交し合う道が開かれる。そしてこの宿業本能においてのみ、我われは如来と感応道交し合うことができるというのが先生の立脚地です。先生の立場は宿業本能ということを抜きにしてはなかったと思います。徹底して宿業本能、別な言葉で、「我が身」ということです。親鸞の書物を見ましても、「身」という言葉がどれほど大事に使われているか。善導の機の深信にもとづかれた「自身は現にこれ罪悪生死の凡夫」という身です。『歎異抄』第二条では「愚身の信心におきては」（『聖典』六二七頁）という愚身、愚かなる身そのものの私においては、「ただ念仏せよ」というよき人の教えにしたがっていくほかはない。この身において頷かれるものが如来の真実であり、この身を通して我われは他の人びとも共感し合えるのだということを曽我先生はおっしゃいました。

我われの申す念仏は、普段「なむあみだぶつ」と言います。ところが親鸞の和讃などでは、「なむ」という送り仮名ではなく、「なも」という送り仮名を付けておられます。このことから、親鸞の普段申された念仏は、「なもあみだぶつ」と言われていたのではないかと思います。それは原本に忠実であったということの表れだと思います。もうひとつ言っておきますと、『観経』下品下生には、「南無阿弥陀仏」と言ってあり、「南無無量寿仏」とは言っていません。それを言い換えたのは曇鸞です。

『論註』上巻の終わりのところに、『浄土論』の「世尊我一心　帰命尽十方　無碍光如来　願生安楽国」（『聖典』一三五頁）とあり、私は釈尊の教えにしたがって阿弥陀を信じ、阿弥陀の浄土に生まれることを願いますと言われています。そして偈文の終わりのところに、「普共諸衆生（普くもろもろの衆生と共に）」（『聖典』一三八頁）浄土に生まれんと願うと言われています。「普くもろもろの衆生」とはどういう人を指すのだろうか、と曇鸞が問題にして説いていく箇所があります。これは『教行信証』「信巻」の終わりに引かれています。ここで曇鸞は、天親が「普くもろもろの衆生」と呼びかけておられるのは、天親が呼びかけておられるだけでなく、阿弥陀仏、釈尊が呼びかけておられる言葉だと言っているのです。その「もろもろの衆生」とは、『大経』下巻のはじめに説かれた第十八願の成就文の「諸有衆生」だと。親鸞は、「諸有」という箇所に「二十五有の衆生」と左訓しておられますから、あらゆる衆生というかたちではなく、迷える衆生と表されています。さらに曇鸞は、第十八願成就文に説かれた「諸有衆生」は、『観経』下品下生の衆生のことだと説明していきます。そして『観経』下品下生の文を引いてきて、そこで曇鸞は「南無阿弥陀仏」ではなく、「南無無量寿仏」という言葉で述べています。これは学者によって見解が分かれていて、曇鸞が見た『観経』は現在私どもが読んでいる『観経』とは違って、そこのところは「南無無量寿仏」とあったのではないか。あるいは、「南無阿弥陀仏」という言葉では中国人には意味が分からない。当時中国の人びとには不老長寿、長生きするということが民衆の欲求であったので南無阿弥陀仏には無量寿という意味がある。ですからその民衆の欲求に応えてくださり、そしてかぎりあるいのちを生きる者がかぎりなきいのちをこの身にいただいていく道が「南無阿弥陀仏」だということを明らかにするために、曇鸞はあえて経文の「南無阿弥陀仏」という言葉を「南無無量寿仏」と言い換えたという解釈があります。そこはいろいろ問題がありますが、いまここで『観経』下品下生の文を問題にしながら、「称南無阿弥陀仏」と経文通りに言われないで、「称南無無量寿仏」と言われているのは、曇鸞の『浄土論註』に源を発します。しかし「称南無阿弥陀仏」は、「南無無量寿仏」と称えることなのかと言えば、決してそうではなくて、「南無阿弥陀仏」と称えることなのだということです。

一方で、親鸞は『教行信証』「行巻」に、

大行とは、すなわち無碍光如来の名を称するなり。（『聖典』一五七頁）

と述べておられます。親鸞は、天親の『浄土論』のはじめに示された「無碍光如来」の言葉に深い感銘を持たれたということは多くの書物で窺えます。たとえば前に見てきたところで言いますと、「如来尊号甚分明」という言葉の解釈をしておられるところです。

「如来尊号甚分明」、このこころは、「如来」ともうすは、無碍光如来なり。「尊号」ともうすは、南無阿弥陀仏なり。

（『聖典』五四七頁）

親鸞が仰いだ如来は、「尽十方無碍光如来」です。碍りだらけの人生を一日一日生きていかなくてはならない、その碍りだらけの人間に対して、そこに碍りなき道になろうとしてくださるのが如来です。そして我われをして碍りなき無碍人たらしめてくださるのが如来であり、それが親鸞の如来像であったわけです。その無碍光如来の御名を南無阿弥陀仏と言うのが親鸞の解釈です。『教行信証』「行巻」のはじめに、「大行、万人に開かれた真実の行とは尽十方無碍光如来のみ名を称えることだ」と言われていますが、それは「尽十方無碍光如来」と口に出して言うのでなく、無碍光如来の名は南無阿弥陀仏ですから、南無阿弥陀仏と称えることだと解釈すべきだと思うのです。『観経』下品下生には「応称無量寿仏」と言うけれども、それは南無阿弥陀仏と称えることだと言っています。親鸞は「尽十方無碍光如来」という如来を我われのいのちの根源として仰いだのですが、同時にそれは「無量寿仏」という言葉を、曇鸞にしても、それ以後の人びとにしても、非常に大事にされてきたという歴史があります。無量寿とは、いのちの永遠性を表しますが、それはいのちがただ長いだけではなく、慈悲の深さを表すわけですから、迷える衆生のあらんかぎり、苦しみのなくならないかぎり、どこまでもその人の友となり、その人の苦しみを背負って生きていこうとする如来の大悲を表す言葉が無量寿なのです。

第四節　十念と一念

『観経』の下品下生の文釈に戻ります。

「具足十念　称南無無量寿仏　称仏名故　於念念中　除八十億劫　生死之罪」（観経）というは、五逆の罪人は、そのみにつみをもてること、と八十億劫のつみをもてるゆえに、十念南無阿弥陀仏ととなうべしと、すすめたまえる御のりなり。一念にと八十億劫のつみをけすまじきにはあらねども、五逆のつみのおもきほどをしらせんがためなり。（『聖典』五五八〜五五九頁）

「と八十億劫」とは、十八十億劫のことです。八十億劫の十倍ということです。「劫」というのは時間のことですから、はじめもない遠い昔からということです。その迷いの深さ、我われが迷いに迷いを重ねてきたその迷いの深さを「と八十億劫」と表します。それは客観的に説明するというわけではなく、我われの迷いの深さを実感のうえで表した言葉だと思います。何と深い迷いを重ねてきた身であろうかと、そういう思いを表現した言葉です。

そして、ことさらに「十念」と言われているが、「一念」と言ってもいいではないか。なぜ「十念」と言われたのかという説明です。これは「一念」に、一声称えることで八十億劫の罪を消すことがあるということです。どんなに永い間迷いを重ねてきた者であろうとも、一声の念仏で救われるということがある。しかし五逆の罪の深さを知らせるために、「十声念仏して」と述べられているのだということです。ここで、「一念」に十八十億劫の罪を消すというのは、人間の罪業というものが一声の念仏で救われるということがあり得るのか、という問題が出てきます。このことは曇鸞が問題にした『浄土論註』の八番問答のところですが、『大経』第十八願に、十方の衆生を平等に救うと約束された本願、そこに「唯除五逆　誹謗正法」という五逆と謗法は救えないと述べられていることを問題にしていかれた箇所です。

問うて曰わく、『業道経』に言わく、「業道は称のごとし、重き者先づ牽く」と。『観無量寿経』に言うがごとし。「人ありて五逆・十悪を造り、もろもろの不善を具せらん。悪道に堕して多劫を径歴して無量の苦を受くべし。命終の時に臨みて、善知識教えて南無無量寿仏を称せしむるに遇わん。

（『聖典』二七四頁）

ここに、「南無阿弥陀仏」ではなく、「南無無量寿仏を称せしむる」とあります。続いて、

かくのごとき心を至して声をして絶えざらしめて、十念を具足すれば、すなわち安楽浄土に往生することを得て、すなわち大乗正定の聚に入りて、畢竟じて不退ならん、三塗のもろもろの苦と永く隔つ。」「先ず牽く」の義、理においていかんぞ。また曠劫より已来備にもろもろの行を造れる、有漏の法は三界に繋属せり。ただ十念をもって阿弥陀仏を念じてすなわち三界を出でば、繫業の義、また云何がせんとするや。

（『聖典』二七四頁）

と問われています。『観経』下品下生の文を引かれまして、道理について言うならば、我われは遠い昔からもろもろの罪を重ね、迷いの世界、三界に縛られている者である。その者がただ十声の念仏することによって、迷いの世界を超え、三界を出ずるというのは、「繫業の義」、重きもの先ず牽くということと矛盾するのではないかということです。それはどういうことかと言うと、遠い昔から積み重ねてきた人間の罪業の方がとてつもなく重くて深い。それがいのち終わる間際に、十声念仏して救われるということは、道

理に合わないではないかということです。それに対して曇鸞は、

答えて曰わく、汝、五逆・十悪・繋業等を重とし、下下品の人の十念をもって軽として、罪のために牽かれて先ず地獄に堕して、三界に繋在すべしと謂わば、今当に義をもって、軽重の義を校量すべし。

（『聖典』二七四頁）

と述べて、それでは「軽重の義」とはどういうことなのか、その義をはっきりしようというわけです。

心に在り、縁に在り、決定に在り、時節の久近・多少に在るにはあらざるなり。いかんが心に在る、と。かの罪を造る人は、自らが虚妄顚倒の見に依止して生ず。この十念は、善知識、方便安慰して実相の法を聞かしむるに依って生ず。一は実、一は虚なり、あに相比ぶることを得んや。たとえば千歳の闇室に、光もしばらく至ればすなわち明朗なるがごとし。闇あに室にあること千歳にして去らじと言うことを得んや。

（『聖典』二七四頁）

ここのところで、念仏と罪業とは質が違うのだということを問題にしていくのですが、有名なたとえを出して説明していきます。曇鸞の『略論安楽浄土義』では、もっといろいろなたとえを出してくるのですが、千年の間雨戸が閉められたままで、誰も住んでいない家がある。そこで雨戸を一枚開ければたちまちに光が射し込んで、いままで千年も閉じられた家が明るくなるということがあるではないか。千年の間暗かったから、千年かからなくては明るくならないということはないではないか。これはたとえとしては見事なたとえです。人間の罪業がどれほど重いと言っても、如来の光が差し込んできたならば一瞬にして闇が晴れるということがある、というたとえで曇鸞が答えていきます。永い間迷いに迷いを重ねてきた我われですが、それが教えに出遇うことにおいて、そうであったかと頷く。頷いたときに、いままでの永い間

の闇が一瞬にして晴れるということがある。それゆえ「一念に十八十億劫の罪を滅する」ということがあるのだと。しかし人間の五逆という、人間が罪を犯すということがどんなに罪深いものであるかを教えるために、あえて「十念」と示されたのだと。ですから「一念」でいいはずのものを「十念」と説かれたのは、人間の罪の深いことを知れということを言われるためなのだという解釈です。

「十念」というは、ただくちに十返をとなうべしとなり。しかれば、選択本願には、「若我成仏　十方衆生　称我名号　下至十声　若不生者　不取正覚」(往生礼讃)ともうすは、弥陀の本願は、とこえまでの衆生、みな往生すとしらせんとおぼして、十声とのたまえるなり。念と声とは、ひとつこころなりとしるべしとなり。(『聖典』五五九頁)

この文は、さきほどの念声是一の義です。念ぜよということは、称えよということなのだと。「念をはなれたる声なし。声をはなれたる念なしとなり」。念ずるならばそれが声となって表れるのは、亡くなった人でもそうではないでしょうか。亡き妻を憶う、亡き子どもを憶う。それは声となって語りかけるということでもありますし、思いがあるならばそれが自ずから声となって表れるのが自然だと思います。また声となって表れることにおいて仏を憶う。亡き人を憶うということも、念と声は離れないのだということです。

第十一章　『唯信鈔』の結釈

第一節　臨終の念仏

次に、『唯信鈔』のうえでは臨終の念仏ということについて説かれていきますが、この箇所から最後のところまで、親鸞は註釈を加えておられません。これは必要ないからといって註釈を加えておられないのではなくて、読めば分かるというお気持ちではないかと思います。ここから聖覚は、臨終の念仏の問題、業障の問題、宿善の問題、一念の解釈など詳しく説明しています。

つぎに、また、人のいわく、臨終の念仏は功徳はなはだふかし。十念に五逆を滅するは、臨終の念仏のちからなり。尋常の念仏は、このちから、ありがたしと、いえり。

これを案ずるに、臨終の念仏は、功徳ことにすぐれたり。（『聖典』九二五頁）

いのち終わる間際に念仏が称えられることは、功徳がすぐれているということだと。臨終の念仏が出るということは、どこかでご縁に遇ってきた人、念仏の声を聞いてきた人でなければ称えられないと思います。それゆえ臨終の念仏、いのち終わる間際に称えられる念仏は誠にありがたいことだという説明です。

ただし、そのこころをうべし。もし、人、いのちおわらんとするときは、百苦みにあつまり、正念み

だれやすし。かのとき仏を念ぜんこと、なにのゆえかすぐれたる功徳あるべきや。（『聖典』九二五頁）
ただし、そのこころの意味を領解すべきであると。いのちが終わるときは、百の苦しみが生じて正念が乱れる。思いが散り散りに乱れる。残していくことも、また死んでいく先のこともあれやこれや思い煩う。そのときに仏を念ずることがどうしてすぐれているかということです。

これをおもうに、やまいおもく、いのちせまりて、みにあやぶみあるときには、信心おのずからおこりやすきなり。まのあたりよの人のならいをみるに、そのみおだしきときは、医師をも陰陽師をも信ずることなけれども、やまいおもくなりぬれば、これを信じて、この治方をせばやまいいえなんといえば、まことにいえなんずるようにおもいて、くちににがきあじわいをもなめ、みにいたわしき療治をもくわう。もしこのまつりしたらば、いのちはのびなんといえば、たからをもおしまず、ちからをつくして、これをまつり、これをいのる。これすなわち、いのちをおしむこころふかきによりて、これをのべんといえば、ふかく信ずるこころあり。（『聖典』九二五～九二六頁）

「おだしきとき」とは、穏やかなときです。元気なときは医者や占い師を信ずるというようなことはないけれども、病気が治ると言われれば何でもかんでも信じてしまうわけです。そういう信ずるというのは、「いのちおしむこころふかき」執着によるのであって、そこには信ずるということが出てくるということです。

臨終の念仏、これになずらえてこころえつべし。いのち一刹那にせまりて存ぜんことあるべからずとおもうには、後生のくるしみたちまちにあらわれ、あるいは火車相現じ、あるいは鬼卒まなこにさい《（遮）》ぎる。いかにしてか、このくるしみをまぬかれ、おそれをはなれんとおもうに、善知識のおしえによりて十念の往生をきくに、深重の信心たちまちにおこり、これをうたがうこころなきなり。これすなわち、くるしみをいとうこころふかく、たのしみをねがうこころ切なるがゆえに、極楽に往生すべしときくに、信心たちまちに発するなり。いのちのぶべしというをきくて、医師・陰陽師を信ずるがごとし。もしこのこころならば、最後の刹那にいたらずとも、信心決定しなば、一称・一念の功徳、みな臨終の念仏にひとしかるべし。

（『聖典』九二六頁）

この最後の文が聖覚の言いたかったところだと思います。いのち終わる瀬戸際までいかなくとも、いま一声の念仏が称えられるということが臨終の念仏に等しいのではないかと述べています。

古来インドから臨終ということについて、臨終正念、臨終来迎などが問題になってきました。臨終往生、臨終来迎、臨終のとき仏がお迎えに来てくださるという思想があります。これはインド・中国・日本と伝わってきたもので、ことに源信などの平安仏教などにおいては、来迎思想が非常に重要視されてきました。法然においても来迎思想は大事な問題として受け取られ、臨終行儀としてそのことが大事に扱われていきます。また今日の浄土宗においては、臨終来迎を臨死体験と結びつけて、そこに光を与えるものとして位置づけようとされています。ところが親鸞の場合には、いのち終わる間際に仏のお迎えを受けていくことは自力の人びとについて言うことであって、念仏の人については臨終来迎ということは問題にならないと、はっきり言い切っておられます。『末燈鈔』の第一通の冒頭です。

来迎は諸行往生にあり。自力の行者なるがゆえに。臨終ということは、諸行往生のひとにいうべし。

（『聖典』六〇〇頁）

仏のお迎えを受けるということは、自力の行を修する人のうえにおいて言われることであると。真実の

信心を得た人においては、

臨終まつことなし、来迎たのむことなし。

（『聖典』六〇〇頁）

と言い切っておられます。

来迎ということの解釈については、『唯信鈔文意』のなかで独自な解釈がなされていました。『唯信鈔文意』には二か所にその説明がありましたが、来迎とは、仏の摂取不捨のはたらきがいま現に我われのうえに来てくださり、念仏としてはたらいてくださる。それが来迎であって、いのち終わってからの問題ではないと述べておられます。それではなぜ親鸞は臨終ということを問題にしなかったのか。私も六十半ばになりますと、否応なしにあとどれくらいいのちをいただいていくのかということを問題にせざるを得ません。それとともに、さきほど申しましたように、一体何が残っていくのだろうか、何が身についていったのだろうか、そういうことが問われてきます。

私はこのごろ、良寛（一七五八～一八三一）の書物を片っ端から読むようになったのですが、愚に徹していった大愚良寛の心境に何かこころ引かれます。捨てて捨てて捨て去っていく、そういう道が人間における最後の道なのではないかと、このごろしきりに思わされます。ついでに言っておきますと、良寛は南無阿弥陀仏という名号を書いているのですが、これは晩年に住んだ木村家が浄土真宗の門徒であったということがご縁となり、良寛の晩年は、念仏と禅のひとつところで生きていかれたように思います。

臨終ということは問題にするなと言っても問題になってきます。親鸞は臨終ということを、平生の一念のところが臨終だというように受け止めていきます。これは法然でもそうです。平生の一念、それはいま念仏申すことで、それがそのまま念仏申している最中に息が止まったらそれが臨終ではないか。平生における信心の決定がそのまま臨終の往生決定なのだ、ということを法然も述べています。それを受けながら、親鸞はさらにその思想を徹底していくように思います。このことについてよく挙げられるのですが、『愚禿鈔』の上巻に、

真実浄信心は、内因なり。摂取不捨は、外縁なり。本願を信受するは、前念命終なり。即得往生は、後念即生なり。（『聖典』四三〇頁）

とあり、阿弥陀如来の救い取って捨てないというはたらきが縁となり、我われは真実信心をいただくのである。「前念命終」「後念即生」がここに出てきます。「前念命終」とは、善導の場合はこの肉体のいのちが終わるときです。この肉体のいのちが終わるとき、仏の世界に生まれ変わると善導は言っています。親鸞はそれを受けながら、いのちの終わりとは本願を信受するとき、如来の真実に頷いてそれを受け止めたとき、我が身に引き当てて受け止めたときがいのち終わるときだと言ってくるのです。そこには親鸞の徹底した領解が見られます。臨終を決して肉体のいのちの終わるときとは考えない。いま真実に目覚めたそのときが迷いの終わりであるというように受け止めていかれました。

しかしながら親鸞は、『教行信証』「信巻」において、臨終とはこの肉体のいのちの終わりであるということを問題にしておられます。

真に知りぬ。弥勒大士、等覚金剛心を窮むるがゆえに、龍華三会の暁、当に無上覚位を極むべし。念仏の衆生は、横超の金剛心を窮むるがゆえに、臨終一念の夕　大般涅槃を超証す。かるがゆえに「便同」と曰うなり。（『聖典』二五〇頁）

念仏に生きる真の仏弟子は、弥勒と同じであり、仏となるべきことが決定し、仏の跡を継ぐことに決定

した弥勒菩薩と同じ境界に住するということを問題にしていかれます。

弥勒菩薩は八地以上の菩薩ですが、仏のさとりに等しいがゆえに、「龍華三会の暁、当に無上覚位」という、仏のさとりを開かれたのです。そして念仏の衆生は如来の金剛心を得るがゆえに、「臨終一念の夕大般涅槃を超証す」とあります。この場合の臨終とは、まさにいのち終わるときに、このうえなきさとりを開くときであると言っています。ここでは弥勒と念仏の衆生とは同じであると言っていますが、ただ同じというだけでなくて、念仏の信心に生きる人は弥勒よりも確かであるという思いを込めて親鸞は述べていると思います。このことは『正像末和讃』の、

　五十六億七千万
　　弥勒菩薩はとしをへん
　　まことの信心うるひとは
　　このたびさとりをひらくべし
（『聖典』五〇二頁）

という和讃を見ると、弥勒は五十六億七千万年の後に仏になると言われる。それに対して、まことの信心を獲得した人は、「このたび」さとりを開くのであると言われています。「としをへん」ということと「このたび」ということにアクセントがあると言っていいと思います。弥勒の場合は、五十六億七千万年後と言われる。けれども信心を得た念仏の衆生は、このたびさとりを開くのだと。そういう念仏の衆生に与えられる喜びの深さというものが、積極的に語られていると思います。

往生という問題と関連して、曽我量深先生は、「往生とは生活である。生まれるということがあるけれども、生きるという意味があるのだ」、そして「往生は心にあり、成仏は身にあり」（『曽我量深選集』第一二

巻、弥生書房、一九七二年、一九三頁）と言われました。先生は「往生即成仏」ということを、死のところにのみ問題にしてきた従来の考え方に対して、往生というのは念仏の信心に開けていく歩みを言うのだ、とおっしゃった。そのことが今日、より強調されているように思います。より強調される反面、「臨終一念の夕」において仏の世界に生まれ変わる、いわば往生を遂げ終わるということがややもすれば消極的に語られているように思います。親鸞は、私は歳を取ったからみなさんより一足先に浄土に生まれて、そしてみなさんのお越しになるのをお待ちしていますという、非常にこころ温まる手紙を書き残しておられます。『末燈鈔』の第十二通です。

この身はいまはとしきわまりてそうらえば、さだめてさきだちて往生しそうらわんずれば、浄土にてかならずかならずまちまいらせそうろうべし。

（『聖典』六〇七頁）

この手紙は、現生の即得往生を強調している人に言わせれば、これまでの法然以来の往生観が残っているのだと解釈されます。しかしそれは間違っていると思います。

京都に法然院という法然所縁のお寺があり、川上肇や、谷崎潤一郎などの著名人の墓があります。そこに九鬼周造（一八八八～一九四一）という哲学者の墓があり、その墓石に西田幾多郎先生（一八七〇～一九四五）の詩「あなただけが一人いるのではない、わたくしもその内あなたのお傍にまいります」と刻んであるのです。西田先生は禅の悟りにいたって、「洗心」という号までいただかれたのですが、その先生もあなたのあとにほどなくして、あなたの傍にいきますという心情を込めた詩を作っておられる。それはいまの親鸞の手紙と同じ気持ちだろうと思います。親鸞の場合には、浄土にて待っておりますと言われたのは法然までの往生観が残っているのでなくて、それは素直な心情だと思います。往生とは、浄土への道に立つということです。往生の歩み、念仏の生活は、人生の苦難を縁として白道は常に新しく開けていく。そして彼岸の浄土にまで通じていく。その道を我われは一日一日、一息一息歩んでいくのだと思います。その往生の歩みが成就し、往生をば遂げ終わるところが「臨終一念の夕」だろうと思います。

親鸞の場合、臨終の問題というのは本願を信受したとき、それが迷いの終わりであると言われます。ここに新しいいのちをいただいていくのだと。それと同時に、「臨終一念の夕、大般涅槃を超証す」と、いのち終わるときに仏の世界に生まれ変って、みなさんの来るのをお待ちしていると述べられているのです。

第二節　聖覚の宿業観

続いて『唯信鈔』には、

またつぎに、よの中の人のいわく、たとい弥陀の願力をたのみて極楽に往生せんとおもえども、先世の罪業しりがたし、いかでかたやすくうまるべきや。業障にしなじなあり。順後業というは、かならずその業をつくりたる生ならねども、後後生にも果報をひくなり。（『聖典』九二六頁）

これはさきほどの『浄土論註』八番問答に関連するものです。この世においてなしたことは、この世で結果を得るとはかぎらない。それは次の生において報いを受けることもあるのだと言っています。

されば、今生に人界の生をうけたりというとも、悪道の業をみ《(身)》にそなえたらんことをしらず、かの業力つよくして悪趣の生をひかば、浄土にうまるること、かたからんかと。

この義まことにしかるべしというとも、疑網たちがたくして、みずから妄見をおこすなり。おおよそ、業ははかりのごとし、おもきものまずひく。もしわがみにそなえたらん悪趣の業、ちからつよくは、人界の生をうけずして、まず悪道におつべきなり。すでに人界の生をうけたるにてしりぬ。

（『聖典』九二六〜九二七頁）

我われに罪業が深いというならば、人間の世界に生まれることもできなかったであろう。しかし我われは幸いにも人間としてこの世にいのちを受けたことであると。

たとい悪趣の業をみにそなえたりとも、その業は人界の生をうけし五戒よりは、ちからよわしということを。もししからば、五戒をだにも、なおさえず、いわんや十念の功徳をや。五戒は有漏の業なり、念仏は無漏の功徳なり。五戒は仏の願のたすけなし、念仏は弥陀の本願のみちびくところなり。念仏の功徳はなおし十善にもすぐれ、すべて三界の一切の善根にもまされり。いわんや、五戒の少善をや。五戒をだにもさえぎる悪業なり、往生のさわりとなることあるべからず。

（『聖典』九二七頁）

我われの罪業は、無始時来のものである。その罪業によるならば、悪趣に生まれるのは道理であって、浄土に生まれることはとてもできないことではないか。しかし、人間の罪業よりも如来の大願業力である念仏の力の方がはるかに重いのだと。

つぎにまた人のいわく、五逆の罪人、十念によりて往生すというは、宿善によるなり。われら宿善をそなえたらんことかたし。いかでか往生することをえんやと。

（『聖典』九二七頁）

これは道綽、善導の別時意の論難のところも同じだと思います。念仏申すということ、念仏によって救われるということは、過去世の善によることである。しかし、過去世に善をなしたということはあり得ないのに、どうしてその者が往生することができるのであろうか、ということです。

これまた、痴闇にまどえるゆえに、いたずらにこのうたがいをなす。そのゆえは、宿善のあつきものは、今生にも善根を修し悪業をおそる。宿善すくなきものは、今生に悪業をこのみ善根をつくらず。宿業の善悪は、今生のありさまにてあきらかにしりぬべし。しかるに、善心なし。はかりしりぬ、宿善すくなしということを。（『聖典』九二七頁）

ここが大事なところだと思います。宿業の善悪はいまの我われのありよう、姿を通して知るべきである。我ら「宿善少なし」というように、過去世に善をなしたとはとても頷けない身であるので、往生はとてもできないということです。

われら、罪業おもしというとも、五逆をばつくらず。善根すくなしといえども、ふかく本願を信ぜり。（『聖典』九二七頁）

こういう表現は、聖覚の独自な表現だと思います。これは、さきほど読んだところに同じような表現が出てきます。親鸞が『正像末和讃』にそのまま出されたところです。

仏力無窮なり、罪障深重のみをおもしとせず。仏智無辺なり、散乱放逸のものをもすつることなし。（『聖典』九二四頁）

この表現も、布教家として聖覚の本領がよく発揮されているところだと思います。仏力は無窮であり、我われの罪の重さは、さらさら考える必要はないと。これはいまの表現でも同じです。「罪業おもしというとも、五逆をばつくらず。善根すくなしといえども、ふかく本願を信ぜり」「逆者の十念すら宿善によるなり」と述べています。我われが十声念仏を称えるということすら、まったく宿善によることであると。

いわんや、尽形の称念むしろ宿善によらざらんや。なにのゆえにか、逆者の十念をば宿善とおもい、われらが一生の称念をば宿善あさしとおもうべきや。小智は菩提のさまたげといえる、まことにこのたぐいか。（『聖典』九二七〜九二八頁）

一生涯念仏の日暮らしをするということは宿善によるほかはないことであると、聖覚は、本願の確かさというものを強調していきます。我われの罪の重いことは言うまでもない。それよりも如来の大願業力、如来の救いの力は、もっと強いのだということを言ってくるのです。

つぎに、念仏を信ずる人のいわく、往生浄土のみちは、信心さきとす。信心決定しぬるには、あながち称念を要とせず。（『聖典』九二八頁）

信心決定したならば、あながち称名念仏する必要はないではないかというわけです。

『経』（大経）にすでに「乃至一念」ととけり。このゆえに、一念にてたれりとす。遍数をかさねんとするは、かえりて仏の願を信ぜざるなり。念仏を信ぜざる人とて、おおきにあざけりふかくそしると。（『聖典』九二八頁）

『大経』第十八願には「乃至十念」、十声念仏せよと教えられているが、本願成就文のところにおいて「乃至一念」と言われている。それゆえ一念で充分なのだと。十声念仏しなくてはならないという者は、仏の本願を信じない者がやることであると言って称名念仏して生きる人びとを非難するのです。信心を強調するあまり、称名念仏ということを軽んじていくから、聞法あるいは信心を観念化していくということがあるのだと思います。

曽我量深先生の『教行信証「信の巻」聴記』（法藏館、一九六三年）のはじめのところに、「我われの信心が観念にならないのは、念仏の大行があるからだ。もし念仏という行がないならば信心が観念になる」という言葉があります。信心が本当に身につき、信心が我われを救うということは念仏の生活においてである。しかし信心ということを強調するあまりに、念仏が軽んじられてくる。さきほどの往生の問題で言えば、現生不退を強調するあまりに臨終における往生ということが軽んじられてくる傾向があるように思います。

続いて聖覚は、

まず、専修念仏というて、もろもろの大乗の修行をすてて、つぎに、一念の義をたてて、みずから念仏の行をやめつ。まことにこれ魔界たよりをえて、末世の衆生をたぶろかすなり。この説ともに得失あり。往生の業、一念にたれりというは、その理まことにしかるべしというとも、遍数をかさぬるは不信なりという、すこぶるそのことばすぎたりとす。一念をすくなしとおもいて、遍数をかさねずは往生しがたしとおもわば、まことに不信なりというべし。往生の業は一念にたれりといえども、いたずらにあかし、いたずらにくらすに、いよいよ功をかさねんこと要にあらずやとおもうて、これをとなえば、ひめもすにとなえ、よもすがらとなうとも、いよいよ功徳をそえ、ますます業因決定すべし。（『聖典』九二八頁）

と言っています。一声の念仏、そこに確かに救いの成就があるのだと。それで充分だと言えるけれども、いたずらにあかし、いたずらに暮していくところに念仏をかさねていけばいよいよ功徳が成就し、如来の徳がこの身にいただかれるのである。我われが生死を超えて仏の世界に生まれ変っていく、その因が決定していくのであるということです。

善導和尚は、「ちからのつきざるほどはつねに称念す」といえり。これを不信の人とやはせん。ひとえにこれをあざけるも、またしかるべからず。一念といえるは、すでに経の文なり。これを信ぜずは、仏語を信ぜざるなり。このゆえに、一念決定しぬと信じて、しかも一生おこたりなくもうすべきなり。これ、正義とすべし。念仏の要義おおしといえども、略してのぶることかくのごとし。

（『聖典』九二八頁）

善導は、『般舟讃』のなかで「念念に称名して常に懺悔すべし」（『真聖全』一、七〇七頁）と言っています。念念に一声一声つねに念仏を申していくということ、これが聖覚の言わんとするところです。一声の念仏のところにおいて救いが成就すると深く信じて、しかも一生涯怠ることなく念仏申して、念仏の日暮らしをするべきであるということです。

これで聖覚の『唯信鈔』は終わりますが、そのあとの結びの言葉です。

これをみん人、さだめてあざけりをなさんか。しかれども、信謗ともに因として、みな、まさに浄土にうまるべし。今生ゆめのうちのちぎりをしるべとして、来世さとりのまえの縁をむすばんとなり。われおくれば人にみちびかれ、われさきだたば人をみちびかん。生生に善友となりて、たがいに仏道を修せしめ、世世に知識として、ともに迷執をたたん。

（『聖典』九二九頁）

これは聖覚独特の表現で、非常に感銘の深い文章です。

ご門徒の方によく申し上げるのですが、夫婦、親子、兄弟など、いろいろなご縁をいただいていますけれども、それがこの世だけの仮初の因縁だけに終わるのか。あるいはそれが未来永劫に受ける因縁を結ぶこととなっていくのか。浄土で出会いを喜び合うようなご縁にまで深められていくのか。それが問題だと思います。一周忌、三回忌になれば忘れていくようなことがあるのですが、今生における出会いがそのままで終わらないで、浄土における出会いになっていく。そこでは生と死ということが絶対に隔絶した境を超えて、それが通じ合える世界というものがなくてはならないと思います。

ここに挙げられた「われおくれば人にみちびかれ、われさきだたば人をみちびかん」の文は、『教行信証』「化身土巻」の後序に対応する文だと思います。

『安楽集』に云わく、真言を採り集めて、往益を助修せしむ。何となれば、前に生まれん者は後を導き、後に生まれん者は前を訪え、連続無窮にして、願わくは休止せざらしめんと欲す。無辺の生死海を尽くさんがためのゆえなり、

（『聖典』四〇一頁）

「前を訪え」ですから、命令です。これは廣瀬杲先生が注意されたのですが、ただ訪ねていけということでなく、訪えという命令形で言われてくる。「連続無窮にして、願わくは休止せしめざらんと欲す。無辺の生死海を尽くさんがためのゆえなり」、さきに仏法に出遇い得たご縁をいただいた者は、手を合わせ念仏することを子や孫に伝えていく。あとに生まれた者は、さきの人を訪ねていくということです。生死の世界に迷える衆生のあるかぎり念仏の教えが伝わっていくように、念仏がはたらいてくださるような仕事に加えさせていただくべきであると言われているのです。

続いて『教行信証』「化身土巻」の後序の文は、

『華厳経』（入法界品）の偈に云うがごとし。もし菩薩、種種の行を修行するを見て、善・不善の心を起こすことありとも、菩薩みな摂取せん、

（『聖典』四〇一頁）

とあります。菩薩がもろもろの修行をされるのを見て、それを喜ぶ者もあれば、謗る者も出てくる。しかしそういうこころをすべて受け入れて、菩薩は、修行を失うことなく成就していくのであると言われています。この文は、いまの「信謗ともに因として、みな、まさに浄土にうまるべし」あるいは「世世に知識

として、ともに迷執をたたん」という文章と同じ意味だと思います。

ちなみに、ここに出てまいります「菩薩」という言葉をどう領解するかという問題があります。広瀬杲先生はこの「菩薩」を法蔵菩薩と言っておられますが、細川巌先生の『自己を超える道』には、「菩薩」というのは必ずしも法蔵菩薩ではなくて、念仏の道を歩む求道者として領解しておられました。私もそうだと思います。この場合、「菩薩」とは必ずしも法蔵菩薩と限定すべきではなく、まさに真の仏弟子、念仏の教えに出遇い得た者というように領解すべきだと思います。それがいまの後序の文に、『教行信証』を親鸞が著した願い、志願というものが表されています。ただひとえに仏道が伝えられていくことを願い、そのためにはいかなる者も受け入れていくべきであると言われている。これは『唯信鈔』を結ぶにあたっての聖覚の願いとまったく同じではないかと思います。

第三節　『唯信鈔文意』撰述の願意

ここで一応、聖覚の『唯信鈔』の文は終わりますが、『唯信鈔文意』の場合、奥書があります。これは『一念多念文意』の終わりのところにも同じ文章があります。

この文どものこころは、おもうほどはもうさず。よからんひとにたずぬべし。ふかきことは、これにてもおしはかりたまうべし。

南無阿弥陀仏

いなかのひとびとの、文字のこころもしらず、あさましき愚痴きわまりなきゆえに、やすくこころえさせんとて、おなじことを、たびたびとりかえしとりかえし、かきつけたり。こころあらんひとは、おかしくおもうべし。あざけりをなすべし。しかれども、おおかたのそしりをかえりみず、ひとすじに、おろかなるものを、こころえやすからんとて、しるせるなり。

康元二歳正月二十七日　愚禿親鸞八十五歳　書写之　（『聖典』五五九頁）

田舎の文字も知らない人びととは、具体的に申しますと、生産者である百姓、農民を友として、御同朋・御同行と敬いながら念仏の道を歩んでいかれた方です。晩年この『唯信鈔文意』『一念多念文意』あるいは『尊号真像銘文』『浄土三経往生文類』といった書物を次々に著していかれたのは、この奥書の文のお心持ちにおいて表されていったのだと思います。

最初の第一章のところで詳しく申したかと思いますが、「いなかのひとびとの、文字のこころをしらず、あさましき愚痴きわまりなきゆえに、やすくこころえさせん」と書いておられますが、私どもが領解するとすれば大変な書物で、決して分かりやすいとは言えません。それはなぜなのだろうか。親鸞は文字も知らない人びとに分からしめんがために書いたと言っておられる。親鸞の門弟は、法然の吉水教団とは違い、法然の門弟にはもとは天台のすぐれた弟子がたくさんおられる。聖覚は別ですが、隆寛にしてもすぐれた学者でした。そういう人びとを中心とする吉水教団、それに対して親鸞の門弟にはそれだけの人が果たしてどれだけおられただろうかと思います。たとえば、『教行信証』を写した真仏や顕智、あるいは御消息に出てきます教信、性信というような何人かのすぐれた弟子はおられたと思います。けれどもこれらの弟子にしても、比叡山で学問していた人はおりません。たまたま地方の豪族であったという人であって、仏教の学問を究めた人ではないのです。親鸞のほとんどの門弟は、ここに言われている文字も知らない愚痴極まりなき人びとであったと思われます。

親鸞は、『唯信鈔文意』を書くことにおいて、田舎の人びとは分かってくれるであろうと確信と期待をもって書かれたと思います。しかし今日の私どもが領解するとしますと、とても簡単に頷けるものとは言えない。どうしてなのだろうかということを、このごろあらためて思うようになりました。聖教読みの聖教読まずで、文字だけを見て文字のこころを領解しない、あるいは文字を読むことに終わって、その声を聞くことができなくなった。文字通り、無眼人・無耳人ということなのだろうかと感ずることが多くなりました。『唯信鈔文意』は、『唯信鈔』に引かれた『法事讃』などの文を簡単に説明された書物ではございません。そこには親鸞の思想の深まりというものが表されています。『教行信証』より深まった思想が随所に見られます。それほど大変な書物だと思いますが、それが私どもには分かりにくくなっているということを思います。教えを聞くということが欠けていると言いましょうか、あるいは、念仏が分かりやすく言われているこころに背いて、分かりがたいと思わせているのは何故だろうか。そんなことをこの頃あらためて感ずることが多くなりました。このことはこれからあらためて問い直していかなくてはならない課題であると思っています。

これまで、聖覚の『唯信鈔』と親鸞の『唯信鈔文意』とを対応させながら読んできたのですが、『唯信鈔文意』を著された親鸞聖人の願意は、いまの奥書の文と最初の文に明らかに表されています。『唯信鈔文意』の冒頭には、とても七十八歳の老齢に達した人の文章とは思えない、親鸞の極めて独自の深い領解が述べられています。

「唯信抄」というは、「唯」は、ただこのことひとつという。ふたつならぶことをきらうことばなり。

また「唯」は、ひとりというこころなり。

「唯」という文字に、ふたつの意味を見出しておられます。

「信」は、うたがいなきこころなり。すなわちこれ真実の信心なり。虚仮はなれたるこころなり。「虚」は、むなしという。「仮」は、かりなるということなり。「虚」は、実ならぬをいう。「仮」は、真ならぬをいうなり。本願他力をたのみて自力をはなれたる、これを「唯信」という。「鈔」は、すぐれたることをぬきいだし、あつむることばなり。このゆえに「唯信鈔」というなり。また「唯信」はこれ、この他力の信心のほかに余のことならわずとなり。すなわち本弘誓願なるがゆえなればなり。

（『聖典』五四七頁）

（『聖典』五四七頁）

『唯信鈔』という題名を通しながら、浄土真宗の信心とはいかなるものであるか。それはただ念仏してこの教えをただ信じていくことである。そしてそれは「ひとり」という、我が身において歩まれていくものである、と述べられています。それは一切の人間の自力による疑いのこころを離れた真実の信心であります。ここに示されました「ただこのことひとつ」という、非常に感銘の深い言葉は大事にしなくてはなりません。

『唯信鈔文意』を撰述された親鸞の願意は、「ただこのことひとつ」「ひとりというこころなり」という、念仏ひとつ、しかもそれはこの私が生きていく道としてこの念仏の教えをこの身にいただいていくということに尽きる、このことを伝えるために親鸞の願いが込められているものと言えます。これはもっと歳を取らないと読めないのかもしれません。細川巌先生の本のなかで、晩年七十歳を過ぎられたころに、これまでの人生は不勉強でしたということが書いてありました。どこまでいってもそういうこころはいただき直さなくてはいけないと思いますし、七十八歳で書き残してくださった『唯信鈔文意』のこころを本当に我われが後世の人に伝えていくには、もっともっと勉強していかなくてはならないのかとも思っております。

あとがき

『幡谷明講話集』第三巻は、一九九一年五月〜一九九三年二月までの間、計十二回にわたる『唯信鈔文意』の講義録です。

本講義は、幡谷明先生の一人娘であるご令嬢を亡くされたことによる悲哀から、うつ病を発症された時期でもあり、精神安定剤を服薬しながら講義されたとうかがっています。また長年奉職された大谷大学での定年を残すところあと一年に控えて、最後の仕事をまとめながらも、さらには本山から安居の本講を要請されたことなど、ご心労の重なった時期でした。晩年、先生は「あの頃は心身ともに一番しんどかったが、よくがんばってこれたなあ」と満足そうに語られていたお顔がいまでも目に浮かぶことです。

このような心身ともに大変な時期に、『唯信鈔文意』をテキストに選ばれた理由について、先生は「大学における最後の仕事として、できるならば親鸞聖人の晩年の著述について自分なりの領解をまとめたいと思うようになってまいりました。またそれは、母親が亡くなりますときに、「お前は間違って学問したから、自分が分からない人間になってしまった。だから学校を辞めて、そしてご門徒の方々から活きた教えの聞ける身になりなさい」と言い残してくれたことがこころの片隅に残っているからでもあります」と述べておられます。

ご周知のとおり、親鸞七十八歳の時の『唯信鈔文意』撰述の願意は、田舎の文字も知らない、愚痴極まりなき人びとに分かって欲しいという尊い思いのなかで書き残された書物であり、そうした人びとへいのちのあるかぎり伝え残していかなくてはならないという親鸞のいのちがけの使命感によって書かれた書物です。「そういう思いに少しでも触れさせていただきたい。それは私自身が文字を知っておりながら、まったく文字のこころをいただいていないということもあり、このたび『唯信鈔文意』をテキストとして選んだ」と講義中に言われているように、先生にとって本講義はまさしくいのちをかけた渾身の講義であったと言えます。

ご自坊に帰られてからの先生は、鈴木大拙や柳宗悦の著作に傾倒され、とくに大拙の「大地性」に心惹かれたご様子でした。そして石見地方の浅原才市や善太郎といった妙好人の生き方に強く共鳴していかれ、積極的にご門徒と関わり、教化活動に専念されました。その一方で、肺気腫による在宅用の酸素ボンベを抱えながら全国各地で講演活動を続けられ、八十歳を超えられてからも数冊の本を執筆されました。このときの先生は、酸素チューブを鼻に装着され、右目の視力をほとんど失いながらも、サンスクリット文字の綴りや経典の細部にまでこだわって指示をなされ、精微にきっちりと文献を読まれる姿勢は、最期まで研究者であり、学者のお姿でした。先生の口癖は「私はこの寺に生まれてご門徒に何もしてこなかった。寺を留守にして教学ばかりを追い求め、教化をしなかったことは非常に後悔され、申し訳なく思う人生である。晩年においても、過去の先生（曽我量深、金子大榮、山口益）との思い出にひたり、そして最近の若い学者の活躍を喜んでいるような自分勝手な人生であった」とよくおっしゃっていました。

本書を通して先生は、「ただこのことひとつ」「ひとりというこころなり」という、ただ念仏ひとつ、しかもそれはこの私ひとりが生きていく道として、念仏の教えをこの身にいただいて人生を歩んでいけ、それに尽きるということを繰り返し述べておられます。このことは、晩年、病床の先生のご自宅にお伺いしたときにいつもおっしゃっていた言葉、「私の人生は多くのよき先生に出会い育てられてきた、そして念仏のみ教えによって生かされてきた幸せな人生だった。私が亡くなっても南無阿弥陀仏のなかに包み取られ、念仏の声となって還って来ることでしょう。どうかお念仏と共に歩んでいく人生を送りなさい」という、遺言とも言える言葉と重なっていくことです。最後まで念仏のみ教えの大地に立ってこられた幡谷明先生の教学と遺志が、これからの後学の徒に受け継いでいかれることを願って止みません。

最後になりましたが、講話集の出版を誰よりも念願されていました山本秀晃氏と、法藏館からの出版を心待ちにされていました幡谷先生に向けて、ようやく完成のご報告ができましたことは、講話集の出版にあたり三十回以上にわたる編集会議を開催してきた刊行会の学兄諸氏と、当巻の編集に際して多くのご助言をいただきました土井紀明氏・平原晃宗氏に感謝するとともに、法藏館の満田みすず・榎屋達也両氏に甚深の謝意を申し上げる次第です。

二〇二四年一〇月二八日

第三巻編集担当　福間伸思

幡谷　明（はたや　あきら）

1928年、島根県浜田市真宗大谷派顕正寺に生まれる。1951年、大谷大学文学部卒業。1955年、大谷大学研究科修了。1962年、大谷大学専任講師に就任。1972年、大谷大学教授に就任。1980年、安居次講を務める。1992年、文学博士。安居本講を務める。1994年、大谷大学名誉教授に就任。2012年、真宗大谷派講師・董理院董理に就任。2021年、逝去（満93歳）。

幡谷明講話集　第三巻
唯信鈔文意講義

二〇二五年一月二〇日　初版第一刷発行

著　者　幡谷　明
編　者　幡谷明講話集刊行会
発行者　西村明高
発行所　株式会社　法藏館
京都市下京区正面通烏丸東入
郵便番号　六〇〇-八一五三
電話　〇七五-三四三-〇〇三〇（編集）
〇七五-三四三-五六五六（営業）

装幀者　山崎　登
印刷・製本　中村印刷株式会社

ISBN 978-4-8318-3455-3 C3315

幡谷明講話集　全七巻

Ａ５判・上製カバー装・各巻四、〇〇〇円＋税

第１巻　浄土文類聚鈔講義

第２巻　文類偈講義

第３巻　唯信鈔文意講義

第４巻　浄土三経往生文類講義

第５巻　浄土論註講義　上

第６巻　浄土論註講義　下

第７巻　講話集　帰るべき世界